法律职业伦理

张胜前　主编

郑州大学出版社

图书在版编目(CIP)数据

法律职业伦理 / 张胜前主编. —郑州：郑州大学出版社，2022.12
ISBN 978-7-5645-9324-7

Ⅰ. ①法… Ⅱ. ①张… Ⅲ. ①法伦理学 Ⅳ. ①D90-053

中国版本图书馆 CIP 数据核字(2022)第 252797 号

法律职业伦理

FALÜ ZHIYE LUNLI

选题策划	黄世昆	封面设计	曾耀东
责任编辑	王卫疆	版式设计	阮　帅
责任校对	胡佩佩	责任监制	李瑞卿
出版发行	郑州大学出版社	地　　址	郑州市大学路 40 号(450052)
出 版 人	孙保营	网　　址	http://www.zzup.cn
经　　销	全国新华书店	发行电话	0371-66966070
印　　制	广东虎彩云印刷有限公司		
开　　本	710 mm×1 010 mm　1/16		
印　　张	14.5	字　　数	262 千字
版　　次	2022 年 12 月第 1 版	印　　次	2022 年 12 月第 1 次印刷
书　　号	ISBN 978-7-5645-9324-7	定　　价	58.00 元

本书如有印装质量问题，请与本社调换

AUTHOR LIST 作者名单

主　编　张胜前
副主编　周海岭
编　委　张　崇　胡　燕　吴怡璇

PREFACE 前言

在国家推进民主与法治的进程中，人们已经开始发现并意识到，仅仅有完善的法律制度对于一个法治国家还远远不够。法律要获得有效的实施，树立法律的权威，就必须有一大批能够正确应用法律的高素质的法律人。培养什么样的法律人和法律人应该是一种什么样的人，是法学教育面临的一个重大的现实问题。法学教育承担着为法治中国建设培养高素质法治人才的光荣使命，在推进全面依法治国中有重要地位和作用。

2017 年 5 月，习近平在中国政法大学考察时强调，法学教育要“坚持立德树人、德法兼修，抓好法治人才培养”，2018 年初，教育部将“法律职业伦理”课程纳入法学专业核心必修课，同年 10 月，教育部会同中央政法委联合提出，要面向全体法学专业学生开设“法律职业伦理”必修课，实现法律职业伦理教育贯穿法治人才培养的全过程。

2023 年 2 月 26 日，中共中央办公厅、国务院办公厅联合印发了《关于加强新时代法学教育和法学理论研究的意见》，在工作原则上要求我们“坚持立德树人、德法兼修，努力培养造就更多具有坚定理想信念、强烈家国情怀、扎实法学根底的法治人才。”要达到 2035 年持续培养大批德才兼备的高素质法治人才的主要目标；培养过程中必须坚持正确的政治方向，加强思想政治建设。把思想政治工作贯穿法学教育教学全过程，加强理想信念教育和社会主义核心价值观教育，强化爱国主义、集体主义、社会主义教育，深入推进法学专业课程思政建设；在健全法学教学体系中，注重思想道德素养培育，结合社会实践，积极开展理想信念教育、中华优秀传统法律文化教育，大力弘扬社会主义法治精神，健全法律职业伦理和职业操守教育机制，培育学生崇尚法治、捍卫公正、恪守良知的职业品格。这给我们培养什么样的法律人和法律人应该是一种什么样的人指明了明确的方向和目标。

法律职业伦理是法律职业发展的标志以及健康有序发展的重要保障。职业伦理的产生与职业所承担的社会责任和公益性有很大的关系，为了保证其职务本身公共职能的有效发挥，防止个别人为了一己私利损害社会利益，需要对其职业活动加以职业伦理的规制。

本书共分为十二章。第一章概述了法律职业，第二章论述了法律职业伦理。第三章指出法律职业伦理基本要素和规范，第四章讲了法律职业伦理教育。第五章至第十二章分别介绍了法官、检察官、律师、公证员、仲裁员、行政执法人员、监察官、法律学者的职业伦理。

编写本教材，一是可使学生了解法律职业伦理的学科特质，比较系统地掌握法律职业伦理的理论基础，法律职业伦理与道德的关系，法律职业的角色关系，法律职业制度的规范性构建等；二是使学生能够评估并防止伦理风险，坚守法治信仰，有道德灵魂，投身公益事业，保护民众，帮助弱势群体，培养法科生的公平正义使命感，塑造法科生的美丽心灵；三是教育引导学生把国家、社会、公民的价值要求融为一体，提高个人的爱国、敬业、诚信、友善修养，自觉把小我融入大我，不断追求国家的富强、民主、文明、和谐和社会的自由、平等、公正、法治，将社会主义核心价值观内化为精神追求、外化为自觉行动，深化职业理想和职业道德，增强职业责任感，培养遵纪守法、爱岗敬业、无私奉献、诚实守信、公道办事、开拓创新的职业品格和行为习惯。把学生培养成具有高尚的法律职业道德和崇高的法治信仰，牢固的社会主义核心价值观及具有根植于灵魂深处的职业神圣感、敬畏感、尊荣感、责任感和正义感，培养成为德才兼备的社会主义法律专业卓越人才。

本教材由张胜前博士担任主编，负责制定编写大纲和定稿工作。周海岭副教授为副主编，负责讨论编写大纲和案例搜集及全书的通稿工作。本书编写人员分工如下（按章节编写顺序）。

第一章、第八章由张胜前（华北水利水电大学法学院党委书记，南开大学逻辑学博士，硕士生导师）编写；第二、三、七章，由周海岭（华北水利水电大学法学院副院长，硕士生导师）编写；第四、十、十一、十二章，由张崇（华北水利水电大学法学院讲师，英国利兹大学计算机网络法学硕士）编写；第五章、第九章，由胡燕（华北水利水电大学法学院讲师）编写；第六章，由吴怡璇（华北水利水电大学法学院团委书记，讲师）编写。

在编写本书的过程中，编者参考了一些专业书籍，借此向其作者表示感谢。由于编写时间和编者水平有限，本书疏漏不足在所难免，欢迎广大读者批评指正。

编　者

2022 年 11 月

CONTENTS 目录

第一章

法律职业

第一节　法律职业的内涵

一、法律职业的含义

“职业”一词在西方传统社会中是指本身蕴含着常人无法掌握的某种深奥的专业知识和技能而享有特权并承担特殊责任的某些特定的服务性行业。职业者运用自身职业知识通过各行各业的实践服务社会公众，这种职业特性与社会价值有机统一，因此“职业”具有特殊的权力与威望。

关于“职业”的概念，有学者认为：“所谓职业，是指人们在社会生活中所负担的特定职责和所从事的专门工作、业务，它是一个人具有的权利、义务、权益、职责乃至社会地位的一般性表征，也是对人们的生活方式、经济状况、文化水平、行为方式、思想情趣、道德品质等的一种综合性反映。”以往对于“法律职业”这一概念并没有一个统一明确的定义。《不列颠百科全书》将其定义为“通晓法律和以法律应用为基础的职业”。我们通常将法律职业统称为那些从事与法律相关的各种工作类型。美国著名法律学者将法律职业定义为一群人从事一种有学问修养的艺术，共同发挥为公共服务的精神，虽然附带地以它谋生，但仍不失其为公共服务的宗旨。我国著名学者王利明也指出：“法律职业者是一群精通法律专门知识并实际操作和运用法律的人……他们受过良好的法律训练，具有娴熟地运用法律的能力和技巧。由于他们以为公共服务为宗旨，又不同于虽有一定技巧，但完全追逐私利的工匠，在现代社会，他们不仅实际操作着法律机器，而且保障着社会机制的有效运作，而整个社会的法治状况在很大程度上要依赖于他们的工作和努力。”

我们通常将法律职业统称为那些从事与法律相关的各种工作类型。从世界各国情况看，法律职业人员广义上一般分为三种：一是应用类，主要指律师、法官和检察官，有的还包括立法人员、仲裁员、公证员；二是学术类，主要指法律教师和法律研究人员；三是法律辅助技术类，主要职责是辅助律师、法官和检察官。在我国，学者们对法律职业的定义也有广义和狭义之分。狭义的主要指法官、检察官、律师。广义的也包括书记员、法律助理、法律文秘、司法警察等辅助型法律职业，以及法律教师及法律研究人员、公证人员、仲裁人员甚至行政执法人员等。在建设社会主义法治国家的战略方针下，法律职业越来越受到重视，法治国家的建设也需要大量合格的法律职业人员。法律职业经过长期的发展，形成了高度专业化的法律共同体，有自身的法律知识和话语体系、法律语言与意识、法律伦理与信仰等。综上所述，法律职业可归纳为具有共同的政治素养、专业能力、职业伦理和从业资格要求，专门从事立法、执法、司法、法律服务和法律教育研究等工作的职业。在我国，法律职业是广义上的法律职业，主要是指担任法官、检察官、律师、公证员、法律顾问、仲裁员（法律类）及政府部门中从事行政处罚决定审核、行政复议、行政裁决的人员，也包括了立法工作者、其他行政执法人员、法学教育工作者等。

二、法律职业的特征

法律职业拥有自身的独特之处。国外学者格林伍德在《职业特征》一书中将法律职业的特征总结为：①职业人员的技能以系统的理论知识为基础，而不仅仅根据特殊技术的训练；②职业人员对他们的工作有相当大的自主性；③职业人员形成联合体，它调整职业内部事务，对外则代表职业人员的利益；④加入一个职业，受到现有成员的认真审查，要成为一个职业成员往往要参加职业考试，获得许可证，得到头衔，这个过程受到有关组织的调整；⑤职业拥有道德法典，要求其所有成员遵守它，违反者可能被从该职业开除。

法律职业的特征也可以总结为法律职业主义的三大基石：专业性、公共性和自治性。专业性指法律职业是建立于精深理论基础上的专业技术，区别于仅满足于实用技巧的工匠型专才，法律职业人员需要系统的法律理论教育和法律职业训练，从事法律职业必须有相当高的法律专业素养。公共性指法律职业是以公共服务为宗旨，其活动有别于追逐私利的商业，法律职业群体在从事具体的法律活动时不可避免地会涉及政治因素，因此也需要法律职业人员拥有一定的政治素养，承担一些公共活动角色。自治性是指形成某种具有资格认定、纪律惩戒和身份保障等一整套规章制度的自治性团体。自治性是职业主义最根本的特征和追求目标，一旦形成行业自治便取得了对职业者的有效管理和约束，进而需要伦理和道德规范的制约。也有学者指出，法律职业的特征包括了学识性、独立性、同质性、组织性、规范化和垄断性。

法律职业的特征也正是对法律职业群体的要求，既需要有别于其他职业的法律专业理论素养，也必须承担社会公共服务的责任并基于行业自治遵守职业伦理规范。当代中国的法治建设离不开法律职业共同体的努力。法律职业共同体是法律职业群体形成的专业和伦理共同体。它的组成成员必须经过专门法律教育和职业训练，具有共同的法律话语知识体系，以从事法律事务为根本，其同维护职业群体的利益，在以法律为谋生手段的同时，达成职业伦理共识并恪守职业伦理规范，形成高度统一的法律信仰共同体，投身于公共服务，致力于国家法治建设。

第二节　法律职业共同体

关于法律职业共同体的建构，目前学界观点各异，有的学者持比较乐观的态度，有的学者则显得相对悲观。葛洪义教授认为，国家司法考试的统一，是法律职业共同体建构的重要促进力量，至少在三个方面奠定了我国法律职业共同体的架构：首先，建构了司法工作的专业知识壁垒，即法律职业者必须具有一定的法律知识。其次，淡化了法官、检察官与律师之间的政治身份差别。在之前，中国的法官、检察官是中国干部队伍的组成部分，是掌握刀把子的“官”，而律师则属于“民”的范畴，“官”与“民”分别属于两个不同的系统。最后，强化了法官、检察官与律师之间专业身份的同一性。对此，喻中教授认为，实行国家统一司法考试，有助于把法官、检察官、律师打造成一个法律实践者的职业共同体。从应然的角度看，经过持续多年的努力，法官、检察官、律师等法律职业者在专业知识与职业伦理方面，应当形成一个法律职业共同体。但是，在实践过程中，法律职业共同体的建构又面临一些令人困惑的问题。喻中教授认为，导致这种困境的原因主要有以下几个方面：①法官与律师所追求的价值目标有差异。法官的核心目标是公正，而诉讼过程中律师必须服务于他的当事人；②理论逻辑与实践逻辑的差异也造成了法律职业共同体内部的裂痕。法律职业人员在法学院接受教育时所习得的理论逻辑，难免带有一些“理想主义色彩”。一旦进入实践，很容易受到当事人逻辑的修正与限制；③社会利益的多元化以及自媒体时代的传播格局，加剧了法律职业共同体内部的分裂，而任何分裂与分歧都直观地体现为不同的立场、观点、态度。

尽管法律职业共同体的内部成员之间可能在客观上存在一些差异——尤其是在面对具体个案时，但是提出法律职业共同体概念的主要目的在于寻求一种共同的法治理念和法治精神，倡导一种共同的法治信仰，真正实现以法律为志业。因此，在各方面条件具备的情况下，法律职业共同体的建构是有助于整个法律职业发展的，也是有利于国家、有利于社会的。

关于法律职业共同体形成的条件，孙笑侠教授认为，法律职业共同体的形成应具备以下四个条件：①法律职业或法律家的技能以系统的法律学问和专门的思维方式为基础，并不间断地培训、学习和选取；②共同体内部传承着法律职业伦理，从而维系着这个共同体的成员以及共同体的社会地位和声誉；③法律职业或法律家专职从事法律活动，具有相当大的自主性或自治性；④加入这个共同体必须受到认真考察、获得许可证，并得到头衔，如律师资格的取得。此外，对于前述条件，孙笑侠教授认为，这也是法律职业共同体需要自治以及能够自治的重要原因。

从孙笑侠教授提出的法律职业共同体的形成条件来看，法律职业伦理为四个条件之一。无独有偶，职业伦理也是职业的形成条件之一。因此，在法律职业共同体的建构过程中，相同的专业知识、思维方式等固然重要，但是统一的法律职业伦理意识、法律职业伦理规范，对于促进法律职业共同体形成共同的理念、共同的价值追求甚至共同的信仰，也至关重要。关于法律职业共同体伦理的基本构造，常艳和温辉两位学者认为，随着法律职业的形成与法律职业共同体在法治国家的对话、分工与合作的加强，直接关乎正义与公平，并蕴含着法律专业核心价值的伦理的基本构造主要呈现为：①现代法律职业伦理多以成文的、规范的形式加以表现，并诉诸制度化建构以保障实现；②法律职业伦理注重以法律职业共同体中“人”的品格要求为基础，以行为导向加以调整，并以行为作为道德评价的对象；③法律职业伦理是建立在信念、角色和责任基础上的规则体系；④法律职业伦理规范在逻辑结构上可以分为由低到高三个层次：一是以“人”的品格要求为基础的道德规范，二是规则诱导，三是纪律约束；⑤法律职业共同体伦理因共同体内部分工、角色的不同，对法官、检察官、律师的伦理规范分别进行规定，提出要求，并监督实现。

法律职业伦理对于法律职业共同体之建构至关重要，尤其是随着法律职业资格考试的改革以及法律职业内部流动机制的打通，建构法律职业伦理尤其重要。一方面，我们需要制定科学合理、符合中国法律职业发展的职业伦理规范；另一方面，我们要加强法律职业伦理教育，让“未来法官”“未来律师”等“未来法律职业人”形成法律职业伦理意识，明晰法律职业伦理底线，成为合格的、优秀的法律职业人。对于法律人来说，关于法律的最重要的事实是，它是一个职业，必须被认为摒弃了商业的成功标准，对服务国家正义承担了特殊义务；必须被认为是一门从业者需要经过特殊训练的应用科学。如果法律成为一种职业，那么它必须拥有自身的传统和准则，这些传统和准则应得到熟练掌握和严格执行。

第三节 法律职业的精神

一、法律职业精神的由来与内涵

对法律职业的渊源可以追溯到古罗马社会时期，它随着法律的出现而诞生，而法律职业精神最早也可以从这里发现。罗马共和国时便涌现了一批从事律师和法律顾问的人，他们替代古老的雄辩士，参与公众审判和法律事务。这些法律人在其所从事的职业中形成了一种正当的自豪感以及一种职业感——团体精神。“被他们所求助、被请求去捍卫他人、被置于公众信任之位，这些都在挑战他们的品行，激发他们的忠诚感和服务欲。”这样的职业感来自一种共同的理想、目标与实践，虽然罗马当时的法律人并不具有与现代社会的律师行业和团体组织相当的“职业”性质，但是这种精神内涵确是一种原生的状态和标志——追求善与正义，也是当代同样秉承的法律职业精神内核。西方这种古老的传统一直延续至今，深刻影响着法律职业的发展和传承，并催生出普世的法律职业精神。当今世界各国无不在大力呼吁法律职业精神的培育和促进。中国当下正加快推进法治建设，培育新时代的法律人才，法律职业精神的灌注不可或缺。

“法律人不仅是法律的代言人，还是人类灵魂的发言人。法律职业不应仅为一己之私利而离群索居，而应为了回应人类内心的一种原始的渴望而产生和存续。”法律不仅仅是一项赖以谋生的专业，更是维护社会公平正义的事业，需要法律职业人员在以法律谋生时，也要承担起社会责任，为建设法治国家做出贡献，因此法律职业是神圣而崇高的。法律职业人员不仅要有良好的专业素质,还要有优良的职业品质,也就是法律职业精神。

法律职业精神是指法律职业群体在长期的专业服务实践中逐渐形成的价值理念、行为方式、职业操守、精神风貌、制度规范以及相关物质表现的总称,是法律职业群体共同具备的人文素养和专业水平的集中反映。法律职业精神要求法律工作者必须具备国家法律信念、正确的法律价值观和现代法治理念,并以优秀的法律业务素质为基础、以法律职业道德为核心、以现代法治理念为指导,以实现法治国家、法治社会作为职业价值追求。法律职业精神的独特品性及其具有的重要社会功能决定了法律从业人员必须以法律职业精神的不断培养为目标。

法律职业精神具有精神引领功能,作为一种理性和自觉的文化,法律职业精神蕴含着法律职业界普遍认同的价值观念,使法律职业具有认同感、归属感、使命感,能够增强法律职业的凝聚力、向心力和感召力。法律职业精神具有理念导向功能,引导法律职业群体的行为举止,让专业服务更具高尚目的,使法律职业向外释放出文化张力。法律职业精神具有行为约束功能,引导法律职业行为在法治的轨道内进行。法律职业精神具有行为评价功能,作为关于法律职业信念、倾向、主张和态度的价值取向,法律职业精神起着评价标准、评价原则和尺度的作用。法律职业精神还具有形象塑造功能,先进的法律职业精神可以培养起法律职业群体崇高的职业道德,展现出法律职业良好的精神面貌,有效提升公信力,扩大影响力。法律职业群体能否坚守法律职业精神,关乎法律职业群体的职业素养和价值,进而关系着国家法治建设的进程。

二、法律职业精神与法律职业伦理的关系

法律职业伦理是与法律职业活动紧密相连、符合法律职业特点所要求的伦理规范、道德品质的总和,它既是对法律职业人员在从事法律业务、为社会提供法律服务时的行为标准和要求,同时又是法律职业本身对社会所负的道德责任与义务。以此观之,法律职业精神与法律职业伦理相辅相成,二者互相作用,共同保障并提高法律职业共同体的职业素养和职业价值。坚守并培育良好的法律职业精神是法律职业伦理的内在目标和追求,而遵守并维护法律职业伦理是法律职业精神的外在体现和要求。

法律职业精神要求每一个法律人怀有对社会整体公平、正义的追求,以及对自

身法律职责的守护。其所体现的价值观念能涵养法律职业群体的职业伦理，潜移默化，深入每个法律职业人员的心中，指引法律职业人员自觉遵守法律职业伦理。精神的指引往往具有长久性和深刻性，引导职业者的行为举止，并形成职业者对职业的认同感、归属感，使职业者具有崇高的信念，并展现出崇高的职业道德。法律职业伦理蕴含着对法律职业精神的追求和向往，它通过一系列的伦理道德规范和准则，约束并指导法律职业人员的行为活动，使法律职业人员在从事法律事务时践行法律职业的价值理念并提高职业操守，逐渐培育法律职业人员的法律职业精神。由此可见，法律职业精神与法律职业伦理密不可分。法律职业伦理可以看作是法律职业精神的最低要求，而法律职业精神则是法律职业伦理的理想状态。二者的价值和作用在司法实践中比比皆是，法律职业人员一旦克服急功近利的心态和一己之私，便能更好地塑造法律职业人员的形象。恪守职业伦理的律师更能赢得委托人的信任；一个不炒作宣传、重视公益诉讼的事务所更会受到社会的赞誉；同样，高素质的法官、检察官，良好的裁判能力和诉讼技巧，辅之以廉洁奉公的人格魅力和敬业精神，会提升司法判决的公信力，树立良好的司法形象。

法律职业人员在从事具体法律事务时，应时刻践行法律职业伦理的规范准则，摆脱庸俗的功利主义观，秉持法律人的正义感和使命感，追求崇高的法律职业精神，为法治国家的建设做出贡献，以此方能凸显法律职业的神圣崇高使命和价值。

第二章

法律职业伦理

第一节　法律职业伦理的内涵和渊源

一、法律职业伦理的基本内涵

法律职业伦理与伦理、职业伦理有着密切的联系。伦理包括职业伦理，而法律职业伦理是职业伦理的有机组成部分。职业伦理、法律职业伦理受社会整体伦理状况的制约。因此，在研究法律职业伦理之前应当对伦理与职业伦理这两个更为基础的概念进行理解和把握。

（一）伦理

1. 伦理的含义

根据《伦理学大辞典》的解释，伦理系指一定社会的基本人际关系规范及其相应的道德原则。“伦”是指人的关系，即所谓“人伦”。“理”是指道德规律和原则。“伦理”即人与人相处应当遵守的道德准则。

在我国古代，“伦”即辈、类序；“理”即分、条理、道理。二字一般单用，“伦”“理”连用，始于秦汉时期。《礼记·乐记》中说：“乐者，通伦理者也。”唐代孔颖达在《礼记注疏》中解释：“比音为乐，有金石丝竹干戚羽旄，乐得则阴阳和，乐失则群物乱，是乐能经通伦理也，阴阳万物各有伦类分理者也。”乐是声音的所由生。音乐本于人心，人心感觉事物不同，其声音也不同。乐得阴阳和谐，乐失群物混乱，阴阳万物都有条理顺序。这里的伦理意指把不同的事物类别区分开来的原则规范。后人将安排部署有条理秩序称为伦理,尽管这里也包含着对事物的处理规则,但主要指人伦关系。伦理最初被称为"五教",《尚书·舜典》有"敬敷五教"之说。根据《左传》的解释,"五教"是"父义,母慈,兄友,弟共(恭),子孝"(《左传·文公十八年》)。孟子时已出现了"人伦"这个概念,孟子说:"人之有道也。饱食暖衣,逸居而无教,则近于禽兽。圣人有忧之,使契为司徒,教以人伦:父子有亲,君臣有义,夫妇有别,长幼有序,朋友有信。"(《孟子·滕文公上》)战国时代"人伦"概念已被广泛使用,如荀子说:"人伦并处。"《管子·八观》提道:"倍(背)人伦而禽兽行。"《吕氏春秋·壹行》认为:"凡人伦以十际为安者也,释十际则与麋鹿虎狼无以异。"这里的"十际"即指君臣、父子、兄弟、朋友、夫妻五种关系。后来"伦理"被发展为表示人与人之间的关系及道德原则和规范的专门用语。如西汉贾谊说"以礼义伦理教训人民"(《新书·辅佐》),其义与"人伦"一词相通。在这一意义上,"伦理"也就是"人伦之理"。

在西文中,英文"ehie"(等于 ethics)一词源于希腊语 ethos,意为风尚、习俗、德性等,汉语译作"伦理"。"伦理"一词与"道德"一词一般通用,如"伦理关系"即"道德关系"。但也有主张分开使用,"道德"指人们之间的道德关系和道德行为,"伦理"指社会的人际"应然"关系,对这种"应然"关系的概括就是道德规范,而"道德"则是主体对道德规范的内化和实践,即主体的德性和德行。"伦理"更侧重于社会,更强调客观方面,强调从整体上关注人们的行为事实的规律以及如何对其进行规范。"道德"则更侧重于个体,更强调内在操守方面。在伦理学或道德哲学理论中,伦理是伦理学中的一级概念,而道德是伦理概念下的二级概念。两者各有不同的概念范畴和使用区域。当然,这种区分更多见于社会伦理学、制度伦理学的研究中。

马克思主义伦理学认为,在伦理道德和社会物质生活条件的关系问题上,社会物质生活条件决定伦理道德,伦理道德反作用于社会物质生活条件。

2. 伦理与法律的关系

伦理与法律均起源于风俗习惯。伦理道德发生史研究表明,人类的伦理道德发端于原始禁忌,而原始禁忌是原始习俗中的重要内容。人类伦理道德的形成和发展,经历了由原始族群的禁忌到氏族的禁令再到共同制定伦理道德规范的发展过程,这也是一个从他律到自律、从外在要求到内在需要、从无意识到有意识的发展过程。而人类学、历史学和社会学的研究表明,法律是氏族社会习俗的延续和变革。法律与伦理均源于社会关系的形成和社会秩序的需要。两者都是在人类历史发展的进程中产生和发展的,其共同基础是人类生活于其中的社会生产关系。从规范作用看,伦理与法律都是从整体上维护社会生活秩序的规范,承担着稳定社会的任务。两者的目的都是解决利益冲突、推动人际合作、促进社会和谐。一般来说,任何一种法律制度,都是特定社会伦理精神的体现和伦理要求的具体化。有什么样的伦理,就有什么样的法律制度。当然,这不等于说法律制度与社会伦理总是如影随形,一定社会的伦理在其具体化、程式化的过程中,也常常会出现分离甚至异化的情况。总体而论,现代社会的伦理与法律的关系可以概括如下:

第一,相互渗透、相互促进、相互作用。伦理原则常常通过影响法律制定者而体现于法律当中。正义的法律或道德的法律总具有伦理上的正当性,伦理正当性是法律的价值基础。伦理秩序是设定法律目的的直接依据,伦理关系体系直接影响着法律的内容;法律与伦理常常相互吸收整合,一些伦理规范被吸收到法律当中,许多在伦理上不能获得支持的行为在法律上也是被禁止的。

第二,有限度的分化和偏离。法律与伦理的分化是社会进步的表现。这种分化的直接原因是生产力水平的提高。生产力水平提高导致原始社会共同分配和共同劳动关系的解体,社会分化为不同群体。利益分化导致不同利益群体间的伦理道德规范分化,从而使同一国家或同一社会形态下存在多种内容不一的道德伦理规范,这是统治者无法根据某一种伦理道德管理或治理国家的现实原因。另外,由于各阶级间矛盾加深,社会问题复杂化,主要依靠内省和行业自律来规范人们行为的伦理规范已很难应对这些矛盾和冲突。统治者需要制定一个社会共同的行为准则来维护秩序、管理社会,这个由国家制定、以国家强制力为后盾的共同行为准则即是法律。

法律对伦理道德的偏离在法律发展史上时有发生。偏离的方式可能是在伦理道德上不被认可的行为在法律上予以认可;在伦理道德上肯定的行为在法律上不予认可。两者发生偏离的原因可能是因为法律移植中未充分尊重本国的传统伦理观,也可能是因为两者发展未能同步,或者因为价值取向发生了偏离。尽管一个社会对法律、伦理的偏离有一定的包容度,但偏离超过限度,则可能带来法律实施的问题。

同样是调整人们行为的规范体系,伦理与法律的不同体现在:①产生方式不同。伦理源于社会生活,并在社会生活中随着人们交往方式、生活习惯、价值取向的变化而变化。法律是国家制定或认可的,在国家政权的作用下运行,在相对稳定的时期具有确定性;②特征和性质不同。法律侧重于规范人的外部行为,而伦理则侧重于约束人的内部良心。法律靠国家强制力保障实施,虽内含伦理要求,但并不涉及内心服从的问题。而伦理规范则主要靠人们内心的良知自我约束;③所含内容不同。伦理产生于个体之间的公共生活中,作为一种规范,它以约束个体之间的思想和行为为基本作用方式。伦理主要是关于人与人之间相互关系所应遵守的规范。伦理规范对个体的约束,不随国家和阶级的产生而产生,也不随国家的消亡而消亡。而法律是国家制定的,是上升为国家意志的统治阶级意志的体现。④存在的时间不同。伦理先于法律出现,后于法律消亡。在法律出现之前,伦理已在一定程度上内化于人们的主观世界,显现于人们的行为和日常生活中。而法律是阶级社会的产物,它随着国家的出现而出现,随着国家的消亡而消失。伦理是伴随人类社会始终的。

法律与伦理之间既有分化和冲突,又有一致和联系。法律有伦理化的倾向,伦理有法律化的趋势。伦理与法律的这种关系主要通过道德的作用来实现。

(二)职业伦理

1. 职业伦理的含义

从社会伦理学看,职业伦理就是职业活动中的伦理关系及其调节原则。职业活动是人类社会中最基本、最普遍、最主要的实践形式,是社会分工体系中的重要组成部分。社会中的个体,都是作为社会角色存在的。角色是社会结构体系中的纽带,个人以其在社会结构网络中的具体位置而获得其角色的具体规定性。因此,角色要求对于个人来说是先在的,它所表达的是社会对于其成员的要求,它所追求的是社会系统整体功能。社会职业角色,是社会结构对于职业的功能性要求,有角色就有角色规范,就有角色伦理,即关于角色的权利和义务、责任的规定。据此,我们认同以下这个职业伦理的概念:它是在一定社会结构及制度下,以权利与义务关系统一为核心,凸显社会职业角色义务或者责任,对社会职业角色进行调整的职业伦理观、伦理规范及伦理惩戒制度。

职业活动是特殊的社会角色活动,职业伦理是特殊的角色伦理。以法律职业伦理为例,它是社会系统对法律职业角色及其功能性要求。职业伦理,可以认为是当职业作为社会角色的身份地位得以确定后,对应社会职业的角色伦理。

职业活动体现了特定的价值理念,职业关系是特殊的伦理关系。职业活动中一切关涉伦理性的方面构成职业伦理的现实内容。职业道德是职业伦理的内在方面。

职业伦理的结构包括职业角色功能定位和职业角色的伦理模式。职业角色的功能定位是职业角色的伦理模式建立的前提。如前所述,职业角色是社会结构对职业的功能性要求,职业角色决定了职业规范,决定了职业伦理。每个确定的人、现实的人、具体的人都是特定的社会角色,都在社会关系之网中占有特定的位置,与现实社会有着特定的联系,并形成特定的伦理关系,由此就具有了角色责任、职责和使命等社会伦理的规定性。职业角色的伦理模式包括三个层面的内容:职业伦理观、伦理规范和伦理惩戒制度。职业伦理观是基于职业角色定位的职业人应有的职业价值理念。职业伦理规范是职业者从业应遵循的行为准则。职业伦理惩戒制度是指当职业人违反了职业伦理观及职业伦理规范而应受到何种惩戒以及如何进行惩戒的制度。这三个层面从观念到制度、从理论到实践确定了职业伦理模式。

2. 职业伦理与职业道德的区别

职业道德是职业范围内的特殊道德要求,指与人的职业活动紧密联系的并具有自身职业特殊性的道德准则和道德规范的总和。职业伦理是某专门或特殊职业的从业人员应具备的行业道德和应遵循的基本职业规范。两者的区别主要体现在如下方面:

第一,作用的方式不同。职业道德是职业个体在职业活动中,根据社会对某一职业的要求对自己的内心和行为所作的约束。对于职业规范的遵守,它更强调主动性、内在性、个体性。而职业伦理更多是特定职业对从业人员的整体要求,是外在的、他律的规范形式。

第二,追求的价值目标不同。职业道德是个体通过职业活动体现出来的善,其本质的东西是个体心灵完善和自身的自由追求,因而从表现形式上看是主观的,具有个体的差异性。而职业伦理则是社会对职业角色的要求,其基本价值目标必须符合社会对该职业的价值认同。

第三,作用的领域不同。职业道德作用于个体职业活动的精神领域,是职业人士在职业活动中通过职业行为体现出来的精神修养。而职业伦理则作用于职业共同体的公共领域，它是职业整体根据社会对职业的功能定位，通过对话协商、达成共识而形成的共同的职业理念。

（三）法律职业伦理

“法律职业的社会地位是一个民族文明的标志。”法律职业是社会分工精细化的产物。随着社会生活日趋复杂、法律体系日渐发达、法学理论日益成熟、司法知识走向专门化，司法技能逐步专业化，法律职业在社会分工体系中的独立性和重要性日渐显现，法律职业就此形成。

法律职业的特征主要包括如下几个方面：①较强的专业性。法律职业的技能以系统的法学教育和体系完整的法学理论为基础，从业者通过严格的法学教育，建立包括法律规范、法律思维和法律方法在内的法律专业知识体系。这是法律职业具有法律专业性的保障；②特有的职业伦理。法律职业人在长期的职业实践中发展出符合法律活动规律的职业技能、职业伦理，从而为该职业的自我完善和自我发展提供了条件；③高度的自治性和自主性。法律职业的从业者从事职业活动受法律保护，不允许法外力量进行干涉。

法律职业伦理是法律职业发展的产物。法律职业伦理是指根据法律职业的角色定位，法律职业人在其职业活动中所应具备的心理意识和应遵守的行为规范。这一概念至少包含了三个方面的内容：①法律职业伦理源于社会结构对于法律职业的功能性要求；②法律职业伦理是关于法律职业者的权利、义务和责任的规定，以法律职业者的权利与义务关系统一为核心；③法律职业伦理以法律职业人职业理念和职业行为上当为或不当为的准则为基本形式。

法律职业伦理是法律职业的基本构成因素。法律职业在现代法治社会的存续和发展必须具备四个要件：法律知识和技能、法律职业精神、法律职业的自我管理机制、良好的社会地位。而法律职业伦理与这些要素均有重要联系。

首先，法律职业伦理是法律知识和技能的基本内容。法律职业伦理是法律职业者在职业活动中应具备的心理意识和应遵守的行为规范。从事法律职业必须掌握专门的法律知识和技能，其中就包括这种职业特有的心理意识和行为规范。一般人成为法律职业者之前，必须经过法律教育、法律职业培训，通过必要的职业入门考试。在这一过程中，他们要习得的不仅包括法律理论（术语）、法律规范、法律技能，还包括法律职业所要求的特殊的职业理想、职业操守、职业行为规范，这些都是法律职业伦理的重要内容。

其次，法律职业伦理是法律职业精神的核心内容。法律职业精神的核心，即在于服务社会、服务于民。换言之，这种精神强调的是利他主义的伦理观，而这恰恰也是伦理评价的精辟所在。法律职业伦理在调整职业与社会、职业者个人与职业群体、职业者个人与职业外个人的关系方面所作出的种种规范，均体现了服务社会的利他主义职业精神的要求。

再次，制定和实施职业伦理准则是法律职业自治、自我管理的重要手段。法律职业伦理是一种调整法律职业内外关系的行为规范，它不仅有引导作用，更有一定的强制性。可以通过职业惩戒机制，以限制进入职业组织。惩戒甚至清除那些严重违反职业伦理准则的人，维护和实现职业自治。可见，职业伦理建设是法律职业自治的重要途径。

最后，遵守法律职业伦理是良好社会地位的内在保障。一个职业在社会中的地位如何，取决于这一职业对社会的贡献和国家、社会给这一职业提供的外在保障。其中，职业的贡献是关键所在。法律职业伦理所提倡和要求的服务社会、利他主义行为准则，是法律职业充分发挥职业功能的保障，它能有效地支撑和巩固法律职业的社会地位。

此外，加强法律职业伦理建设是依法治国、促进司法公正的需要，也是以德治国、加强社会主义精神文明建设的需要，更是建立和完善社会主义市场经济体制的需要。

二、法律职业伦理的渊源

法律职业伦理的渊源是指法律职业伦理的表现形式。法律职业伦理的表现形式有规范形式和非规范形式。非规范形式如法律职业习惯、职业传统伦理等。本节主要讨论以规范形式表现出来的法律职业伦理渊源。

第一，法律。法律与伦理规范都是调整人们行为的规范，二者同为社会上层建筑的重要组成部分，有着共同的经济基础。因此，法律和伦理规范常常是相互补充、相互作用的。法律和伦理规范在法律职业伦理这里得到了完美的结合，许多伦理规范被直接纳入法律之中。

第二，行政法规及部门规章。这一类规范也是法律职业伦理的重要渊源之一。如国务院颁布的《法律援助条例》中对律师应当遵守的职业道德规范做了重要规定，司法部颁布的《律师和律师事务所违法行为处罚办法》，对律师执业中应当遵守的职业道德规范也做了相应的规定。

第三，行业规范。行业规范常常集中体现和规定各法律职业者的职业道德规范。如最高人民法院颁布的《法官职业道德基本准则》、最高人民检察院颁布的《检察官职业道德基本准则》、中华全国律师协会颁布的《律师职业道德和执业纪律规范》和《律师执业行为规范》等。这些行业规范一般能比较集中地反映法律职业的伦理规范要求。

第四，司法解释。司法解释是法律法规的重要补充，是法律职业者执业实践的重要规则渊源。这些具有法律规范效力的规则中有许多内容涉及法律职业者的职业道德问题。如最高人民法院、最高人民检察院等机关做出的关于《刑事诉讼法》适用的司法解释中，即有大量的涉及法官、检察官、律师职业道德的内容，如关于回避、辩护、审判中立的诸多规定。

第五，国际公约。在我国已经签署或参加的国际公约中，包含诸多对法律职业者的道德要求，特别是涉及刑事司法方面的文件中，关于法官、检察官、律师、警察等人员应当遵守的职业规范和道德要求构成了这些公约的重要内容。由于这些公约是我国司法制度的重要法律渊源，其中那些有关法律职业者职业道德规范的内容也构成了我国法律职业者的职业道德规范。

第六，社会大众伦理。法律职业伦理是社会伦理的重要组成部分，是社会伦理在法律职业中的体现和具体化。因此，一般来说，普通性的社会伦理原则与法律职业伦理间存在一般与特殊、抽象与具体的关系，它们对法律职业伦理起着补充、指导作用，是研究和制定法律职业伦理规范的重要渊源。如社会主义核心价值观中的“敬业”“诚信”，当然是法律职业伦理的核心内容。

第二节　法律职业伦理的原则

法律职业伦理的基本原则是法律职业伦理中的一线伦理，是法律职业核心的价值原则。法律职业伦理的基本规则为二线伦理。明确法律职业伦理的基本原则对于确定法律职业伦理的基本内容，规范法律职业人员的行为标准，形成法律职业共同体所共同遵循的职业使命要求具有十分重要的作用。不同的社会制度，法律职业伦理的原则有不同的内容，我国是社会主义国家，我国法律职业伦理的原则必然要体现社会主义国家的性质。当然，在体现国家性质的同时，也要体现法律职业道德共同遵循的规律。我国的法律职业伦理原则的要求主要包括六项内容：

一、忠实执行宪法和法律

《中华人民共和国法官法》（简称《法官法》）第3条规定："法官必须忠实执行宪法和法律，全心全意为人民服务。"《中华人民共和国检察官法》（简称《检察官法》）第3条规定："检察官必须忠实执行宪法和法律，全心全意为人民服务。"最高人民检察院发布的《检察官职业道德规范》中的"忠诚"规范就包括：忠于党、忠于国家、忠于人民，忠于事实和法律，忠于人民检察事业。《中华人民共和国律师法》（简称《律师法》）第3条规定："律师执业必须遵守宪法和法律，恪守律师职业道德和执业纪律。"《律师职业道德和执业纪律规范》第4条规定："律师应当坚持为社会主义经济建设和改革开放服务，为社会主义民主和法制建设服务，为巩固人民民主专政和国家长治久安服务，为维护当事人合法权益服务。"《公证员职业道德基本准则》第1条规定："公证员应当忠于宪法和法律，坚持以事实为根据，以法律为准绳，按照真实合法的原则和法定的程序办理公证事务。"无论从法律的规定还是实践的要求看，法律职业人员都必须把忠实执行宪法和法律、维护法律的尊严这一原则作为本职业的首要原则。坚持这一原则，要求法律职业人员明确自己所担负的职业使命，不断通过自己的职业活动服务于国家的改革开放和社会主义经济建设，服务于人民民主专政制度，运用法律手段保障国家的政治、经济、文化等各项建设的顺利进行。

二、以事实为根据，以法律为准绳

以事实为根据，以法律为准绳是我国法制的一项基本原则，法律职业伦理也必然体现这一原则。我国三部诉讼法中都规定了"以事实为根据，以法律为准绳"的原则。以事实为根据，就是法律工作要做到一切从与案件相关的客观事实出发，以查证属实的证据和凭借这些证据认定的案件事实为基础，而不能以主观想象、推测和查无实据的主观臆想、空口无凭的议论作为根据，必须认真查清事实真相，在充分掌握客观事实的基础上作出判断、决定、行动。以法律为准绳，就是要严格依法办事。作为法律职业人员，遵守法律、依法执业是基本的道德要求。在我国，"有法可依、有法必依、执法必严、违法必究”是社会主义法治的基本原则。以事实为根据，以法律为准绳，是法律职业人员贯彻社会主义法治基本原则和正确适用法律的基本要求。法律职业人员在执业中必须坚决贯彻这一原则。这一原则在规范法律职业主体的相关法律中都有反映。《法官法》第 7 条规定，法官“审判案件必须以事实为根据，以法律为准绳，秉公办案，不得徇私枉法”。《检察官法》第 8 条规定，检察官“履行职责必须以事实为根据，以法律为准绳，秉公执法，不得徇私枉法”。《律师法》第 3 条规定：“律师执业必须以事实为根据，以法律为准绳。”《公证员职业道德基本准则》第 1 条规定：“公证员应当忠于宪法和法律，坚持以事实为根据，以法律为准绳，按照真实合法的原则和法定的程序办理公证事务。”可见，“以事实为根据，以法律为准绳”不仅是社会主义法制的基本原则，而且是法律职业人员的职业道德的基本要求。

三、严守纪律，保守秘密

由于法律职业本身的特殊性，因此客观上要求法律职业人员做到严守纪律和保守秘密。严守纪律是法律职业人员依法履行职责的基本要求。作为法律职业人员必须遵守的行为规范，法律职业纪律是维持法律职业活动的正常秩序的重要措施。没有纪律保障，法律职业人员的职业活动就会失范，这既影响法律人员职业活动的有效性，也会给法律职业人员的形象带来很大的负面影响。这一原则具体体现在法律行业的许多纪律性规范性文件中，如最高人民法院的《人民法院审判纪律处分办法（试行）》《关于审判人员严格执行回避制度的若干规定》，最高人民检察院的《关于完善人民检察院侦查工作内部制约机制的若干规定》《关于检察人员严格执行回避制度的若干规定》，司法部的《律师违法行为处罚办法》等。对这些法律职业道德规范的具体内容的认真遵守，是法律职业人员完成如审判、侦查、法律监督起诉、代理、公证等工作的基本保障。不严格遵守法律职业纪律，便没有合理公正的法律行为，更不会有正确的行为结果。

保密问题在法律职业伦理中有着非常重要的地位。保守秘密是严守执业纪律的重要内容。由于法律职业的特点，使得法律职业人员在日常的工作中直接接触到各种秘密，包括国家秘密、侦查秘密、审判秘密、商业秘密、个人隐私等，因此，保守秘密成为对法律职业人员从事职业活动的必然要求，我国多项法律制度也都对这一内容作出了明确规定。比如，《法官法》第 32 条规定，法官不得泄露国家秘密或审判工作秘密;《检察官法》第 8 条规定,检察官应当保守国家秘密和检察工作秘密;《律师法》第 38 条规定,律师应当保守在执业活动中知悉的国家秘密和商业秘密,不得泄露当事人的隐私等。法律职业人员泄露职业活动中属于秘密事项的内容不仅会给国家和人民以及当事人的利益造成不同程度的损害,同时也会严重损害法律职业的严肃公正的形象。因此,保守职业秘密是法律职业人员职业道德中的又一项十分重要的内容。

四、互相尊重,相互配合

由于在法律职业活动中,法律职业人员的职务行为不是孤立的,既有职业内部的关系,也有职业外部的关系,法律职业人员必须发挥相互协作、互相配合的精神,才能顺利完成工作。在刑事诉讼领域,法官、检察官、律师各自担负着不同的职责,但是目的是一致的,就是要达到依法惩罚犯罪与维护人权的目的。法律职业人员之间的相互配合表现为两个方面:一方面是法律职业中同一行业的法律职业人员之间的相互配合,如法官之间、检察官之间、律师之间的内部的相互配合、相互协作;另一方面是法律职业内部不同行业的相互配合,如法官、检察官和律师之间的相互配合。

法律职业是享有崇高地位和声望的职业,法官、检察官、律师虽然各司其职、互相区别、互相监督,但是又互相配合、相辅相成。虽然各自担负的职责不同,但是目的相同,就是维护司法公正,维护国家和人民的利益。因此,法律职业人员在人格和依法履行职责的地位方面是平等的。如果法官、检察官、律师在履行职责的过程中不能互相尊重,而是互相贬低、互相拆台,就会严重损害法律职业在人们心目中的崇高形象。互相尊重,相互配合,要求法律职业人员在履行法律职责的过程中做到严格职业纪律,依法执业,不超越职权擅自干预和妨碍其他法律职业人员的正常办案。如法官之间不能随便过问其他法官正在办理的案件。法官、律师、检察官在办理案件的过程中,要防止先入为主、固执己见、刚愎自用的心理,要耐心听取不同的法律职业人员的意见。有的法官、检察官在审理案件之前就已经对案件有了自己的看法,于是在案件审理的过程中对于律师提出的代理意见、辩护意见采取不耐烦的态度,或打断,或制止,甚至呵斥;有的法官、检察官在法庭上盛气凌人、颐指气使;有的律师在法庭上目中无人、无理取闹。这些都是法律职业人员履行职责中的大忌。

互相尊重、相互配合，要求法律职业人员谦恭有礼，遵守有关司法礼仪。如最高人民法院的《法官职业道德基本准则》第32条规定："法官应当尊重当事人和其他诉讼参与人发表意见；除非因维护法庭秩序和庭审的需要，开庭时不得随意打断或者制止当事人和其他诉讼参与人的发言；使用规范、准确、文明的语言，不得对当事人或其他诉讼参与人有任何不公的训诫和不恰当的言辞。"《律师职业道德和执业纪律规范》第18条规定："律师应遵守法庭和仲裁庭纪律，尊重法官、仲裁员，按时提交法律文件、按时出庭。"《法官职业道德基本准则》第31条规定："法官应当严格遵守各项司法礼仪，保持良好的仪表和文明的举止，维护人民法院的尊严和法官的良好形象。"第32条规定："法官应当尊重当事人和其他诉讼参与人的人格尊严。"

五、恪尽职守，勤勉尽责

恪尽职守、勤勉尽责对于法律职业人员而言就是在自身职业活动中严格履行自己的职责，工作积极，认真负责。工作积极就是要求法律职业人员勇挑重担，埋头苦干，兢兢业业，一丝不苟，为国家的法律事业多做贡献，为做好法律工作肯花时间，能够吃苦耐劳，必要时牺牲个人利益把工作做好。认真负责最根本的一条就是对分内的职责负责。为此，法律职业人员既要认清自己的职责，还要在履行职责中以积极的态度想方设法按照职责要求做好每一项工作。恪尽职守、勤勉尽责的法律职业人员能够以负责的态度、积极的行为来完成自己的工作任务。相反，若法律职业人员对待工作的态度是消极的、行为是散漫的，那么其分内的工作任务就不太可能圆满地完成。在司法实践中，人民群众对法律职业人员的工作存有很多不满，这些不满不仅来自司法腐败方面的问题，还来自法律职业人员在具体工作方面的一些不尽如人意的表现，比如办案拖拉、态度生硬冷漠，等等。这些行为都是法律职业人员不能很好地恪尽职守、勤勉尽责的表现，其负面影响是明显的。

我国现行的许多法律规范都有对这一原则明确而具体的规定。比如，《法官职业道德基本准则》第二部分专章规定了"提高司法效率"问题，其第18条规定："法官应当勤勉敬业，全身心地致力于履行职责，不得因个人事务、日程安排或者其他行为影响职责的正常履行。"第19条规定："法官应当遵守法律规定的诉讼期限，在法定期限内尽快地立案、审理、判决。"《律师法》和《律师职业道德和执业纪律规范》都规定律师在执业过程中，应该尽职尽责向当事人提供法律服务。《律师职业道德和执业纪律规范》第5条规定:“律师应当诚实守信,勤勉尽责,尽职尽责地维护委托人的合法利益。”这些规定一方面以法律的形式确立了对法律职业人员在职业活动中恪尽职守、勤勉尽责的宏观要求,另一方面也明确了这一原则性规定的一些具体要求,这既可增强法律职业人员遵守这一原则的意识,又可提高他们遵守这一原则的能力。

六、清正廉洁,遵纪守法

清正廉洁,遵纪守法的原则,就是要求法律职业人员在工作中不利用职务上的方便为自己谋取非法利益,不在从事职业活动的过程中作出违反法律以及行业规章规定的行为,保持一身正气、清正廉洁的优良作风。法律职业人员要识大体,顾大局,不畏权势,不为权力、地位、名誉、金钱和其他物质利益所动摇,“俯首甘为孺子牛”,真正做到一心为公,强化法律职业者的服务意识。也就是说,法律职业人员要时时刻刻想到自己是一名法律工作者,自己的一言一行都要表现出良好的职业形象。由于法律和权力、权利、利益紧密联系在一起,因此一个法官、检察官和律师如果缺乏无私奉献、敬业献身的精神,就有可能利用法律为自己谋取非法利益,徇私枉法,造成损害他人和国家利益的后果。法律职业人员在司法和提供法律服务的过程中要始终把国家和人民的利益放在首位,保持清正廉洁,秉公执法,取信于民,维护法律职业人员的职业形象。

这一法律职业道德原则体现在许多具体的规范性文件中,《法官法》《检察官法》和《律师法》都有关于“清正廉洁”的规定。例如,法官、检察官不能私自会见当事人及其代理人、接受当事人及其代理人的请客送礼。《法官职业道德基本准则》专章对“保持清正廉洁”做出了具体规定,明确规定“法官在履行职责时,不得直接或间接地利用职务和地位谋取任何不当利益”。

第三节　法律职业伦理的功能

伦理道德对社会生活及社会关系的能动作用是通过主体的行为表现出来的。法律职业伦理作为社会伦理的一种,其功能总是通过法律职业者的职业行为和职业生活表现出来,主要有调节功能、示范功能、提升功能和辐射功能。

一、调节功能

调节职业内外利益关系，保障从业人员的职业权利、鞭策他们履行职业义务和责任、督促他们圆满完成本职工作是职业伦理最主要、最基本的社会功能。作为职业伦理的一种最主要的功能，调节功能是指法律职业伦理具有通过职业规范和职业意识来指导和纠正法律职业人员的执业活动，以协调法律职业人员之间、法律职业人员与法律职业对象之间关系的效能。法律职业伦理的调节功能，首先是通过提高法律职业群体的规则和道德意识，使其自觉提升职业境界，加强职业自律，主动处理好职业内部与外部的利益关系来发挥作用的。执业能力的提高、职业意识的增长、职业情感的培养、职业理想的树立、良好的职业习惯及职业心理的养成，使法律职业者能正确认识本职业的社会责任和社会功能，促其热爱本职工作，忠于职守，并自觉地将这种认识、情感、观念、理想变为职业信念、良心和责任感，在职业活动中自觉约束和规范自己的言行。这将有助于处理复杂的法律职业群体内部、法律职业群体与外部的关系。

尽管可以概括地说法律职业都是操作、实施法律的职业，但由于每一种法律职业在特征、性质上各有差别，各种法律职业者在工作中所代表的利益各不相同，产生冲突的可能性也很大。如在刑事诉讼中，检察官、法官、律师各自代表的利益不尽相同，职业角色的冲突在各个法律职业者完成职责的过程中不可避免地要显现出来，进而产生个人之间的、个人与职业集团间的、职业集团与职业集团间的冲突。但如果每一位法官、检察官、律师都能在忠于职守的前提下充分理解自己和他人的职责，冲突就容易化解，关系的协调就会简化。

在调整职业共同体与法律职业外部的关系上，伦理规范能够通过行业自律，从思想、情感、作风、意志和行为上加强对法律职业活动的约束，使法律职业者在理性的光芒下严格依法行使国家或社会赋予的权力，这无疑有利于协调法律职业者与其他职业以及与社会整体间的关系。

法律职业伦理的调节功能还能通过法律职业伦理的外部约束机制发挥出来。法律职业伦理具有一定的强制性，一方面，它通过舆论的压力、习惯的束缚，通过社会或职业内部的评价机制影响法律职业者的行为来调节法律职业者之间法律职业者与其他职业以及与社会整体的关系。另一方面，制裁是所有伦理规范的基本要素，法律职业伦理的制裁机制通过对违反职业纪律、违背职业义务的行为进行制裁来树立和倡导正确的法律职业关系模式，从而达到协调法律职业内、外部关系的目的。

简言之，作为社会调节系统中的一部分，法律职业伦理调节社会关系的主要特点在于通过舆论、良心、风俗、习惯、榜样感化、思想教育以及惩戒等手段，使法律职业者形成良好的职业理念，促其自觉遵守职业纪律，履行职业义务，从而达到协调某些特定社会关系的目的。在这一过程中，法律职业伦理评价是法律职业伦理调节的主要形式，社会舆论、传统习惯和内心信念是其借以发挥作用的主要力量。通过对职业行为“应该与不应该”的评价，来调节法律职业人员的行为，由此表现出规劝和引导的特点。法律职业伦理的调节功能主要是通过上述途径，广泛深入法律职业人员生活的各个方面，以此补充其他社会调节手段之不足。

二、示范功能

职业伦理是社会伦理的组成部分。社会伦理反映着一定时期内社会绝大多数人的伦理水平和精神文明状况。社会伦理从总体上制约着职业伦理的发展，职业伦理也对社会整体伦理产生影响。各行业的职业伦理构成了全部社会伦理的重要部分，各行业从业人员的职业伦理状况，对整个社会生活秩序和良好社会道德风尚的形成有重要作用，而与重要的职业活动相对应的职业伦理，对社会伦理的形成及发展则有着直接的作用。

法律职业活动是一种重要的社会活动。法律职业伦理通过影响法律职业者的职业行为，对公众及社会整体伦理产生影响。如公正、廉洁勤政为民、惩恶扬善、扶弱济困等这些法律职业伦理的基本要求，必然对法律职业者的职业活动和职业行为产生影响。而受到上述要求影响的职业行为，则会向社会传递一种善的行为风范，这些行为风范将有助于促进良好的社会伦理的形成。这正是法律职业伦理对社会及公众行为的示范作用。

另外，从法律职业伦理本身来看，它总会以一定的形式表现出来，或为原则或为规范，这些原则或规范对职业者的行为有重要的指引作用。我国目前的法律职业大多有自己成文的职业道德规范，这些规范本身就具有示范性。加强法律职业伦理建设就是要在法律职业者中弘扬这些优秀的法律职业伦理，树立先进的道德意识，培养良好的职业习惯和职业心理。法律职业伦理为法律职业者的职业活动和职业行为树立了航标，指引着法律职业者向更高的道德水平和职业水平努力。

法律职业伦理的示范作用，将有助于在法律职业中建立和贯彻一定的法律职业伦理原则和基本规范，这必然对建立起为社会所充分认可的法律职业群体具有重要作用。

三、提升功能

法律职业伦理的提升功能是指法律职业伦理具有提升法律职业从业人员整体素质、提高其职业道德和职业能力的作用。在法律职业群体中加强法律职业伦理建设，将有助于增强从业人员的职业意识、职业观念，促进其提高职业能力，敦促其遵守职业规范，帮助其树立职业理想和信念，强化其职业责任感和使命感，这无疑将从整体上提升法律职业者的职业素质。

法律职业伦理是法律职业者职业生活的指南，它对每个从业人员的思想和行为有着常规性的、深刻的影响，指导法律从业者在自己的职业岗位上树立强烈的职业责任感，培养各种优良品质。同时，由于职业伦理还能通过从业人员对义务、责任、荣誉的理解和追求，使从业人员内心产生塑造完善、发展自己的强烈愿望，明确自己对职业、对社会应负的伦理责任，努力塑造自身完善的职业品格。

现阶段我国法律职业群体构成复杂，素质参差不齐；职业伦理水平差距较大，总体水平不高。利用法律职业伦理的提升功能，加强法律职业的伦理建设，提升法律职业者的思想素质和业务素质，对优化我国法治环境具有重要意义。

一般而言，法律职业伦理对于法律职业人员的提升作用，是通过法律职业伦理教育来实现的。法律职业伦理教育既可以通过正规的法学专业教育、法律职业教育来完成，又可以通过社会评价、政策激励的方式来完成。法律职业伦理的任务是通过教育把国家、社会倡导的价值观念、行为准则灌输到法律职业者或未来法律职业者的思想意识中去，使之形成相应的法律职业伦理信念和道德品质。这些品质和信念将成为法律职业伦理发挥作用的内部机制，不仅能促进法律职业者不断提高自身素质，还能反作用于法律职业伦理本身，促进法律职业伦理的建设和发展。

四、辐射功能

法律职业伦理建设不仅有利于提高法律职业队伍的整体素质，树立法律职业人员的形象，同时它对整个社会的道德建设也具有辐射作用，从而能有力地带动整个社会的法治文明乃至精神文明的进步。

"新伦理学的职责便在于把那些理想——那些能够激起人们的热诚,而且将建设一个结合个人能力以谋万人福利的生活形态所必需的力量给予人们的理想注入在人们的脑中。"职业伦理以实践—精神的方式掌握世界,这一方式的特征在于它体现着主体对"应有"的追求,它具有直接启动实践的力量,即试图通过对客体的改造,使之转化为符合主体要求的"理想"状态。职业者的这种理想状态同时又以外化于伦理主体的方式对非职业主体产生影响,如公正的职业法官形象将激起人们对法律的尊重和对法治的信仰,从而自觉地遵守法律。从这一角度来看,每一种职业都或多或少地会对非职业内主体的思想和行为施加影响。

法律职业伦理以追求公正为理想,以惩恶扬善、扶弱济困为基本责任,以忠诚为民为核心义务,以诚实信用、爱憎分明为职业良心,以纪律严明为职业特点,强调职业活动的勤勉、谨慎、清正廉洁。这种职业伦理体系的基本准则、基本规范与社会主义道德文明的精神是一致的。这些基本原则和精神通过法律职业者的行为向外散发和传递,能起到激发鼓励人们主动、积极参与社会生活,促进其自我发展、自我完善的作用。另外,这种精神还能促进整个社会关系进一步有序化、规范化、法治化。

法律职业伦理的辐射作用是通过一定的社会机制完成的。这种机制包括道德理想、道德榜样和伦理评价三个构成因素。法律道德理想体现了一定社会道德规范的要求,是人们对所向往的美好未来的构想。它体现了人们的奋斗目标,为人们的行为提供了特定的价值取向,向人们展示了完美的道德人格应该表现出来的精神面貌,因而具有激励人们努力实现完美人格的作用。道德榜样是道德理想的具体化,通过道德榜样,人们认识了理想人格的具体体现。榜样的以身示范向人们昭示了至善品德的可习得性,因而道德榜样相对于道德理想更具激励作用。伦理评价是通过社会评价,揭露、谴责社会道德生活中的恶行,从而达到抑制不符合道德理想的意念和行动,并激发善行的目的。从一定角度来看,伦理评价是保持社会体制的生机与活力的重要因素。总之,法律职业伦理是通过这样的一个机制实现其辐射功能的:其一,以法律职业伦理理想影响社会及非法律职业人的道德理想的树立;其二,通过向社会树立道德榜样来传递法律职业的良好形象;其三,通过法律职业人的职业活动引导社会的伦理评价方向。这是法律职业伦理外向作用的方式。

第四节　法律职业伦理的学科建设

一、法律职业伦理学

伦理学是研究道德的科学。“在人类所关心的一切事情中,道德是最重要的。道德在我们一切交往中是经常有联系的东西。”法律职业伦理学就是研究法律职业活动中的道德问题的科学。法律职业伦理学是跨法学与伦理学两大领域的新兴的边缘学科。有的学者认为,法律职业伦理学就是狭义的法律伦理学。实际上,法律伦理学与法律职业伦理学还是有严格的区别的。法律伦理学研究整个法律现象中的道德问题,既包括法律中的道德问题,比如《刑法》《民法》等法律中的道德问题,也包括司法实践中的道德问题,比如立法、司法、执法等活动中的道德现象,其范围十分广泛。法律职业伦理学则主要研究法律职业人员在职务活动中的道德准则标准和规范。显然,从研究的范围看,法律伦理学研究的范围要比法律职业伦理学广得多。但是在西方,狭义上的法律伦理学则专指法律职业伦理学。

法律职业伦理学研究什么这个问题,看起来很容易回答。但是法律职业伦理问题本身与法律传统、司法制度、与社会伦理和司法心理等问题密切相关。因此,如何界定法律职业伦理的核心和与其他学科的边界就是一个难题。比如,公正问题,从本质上看是一个伦理问题,要达到司法的公正,需要公正的法律,公正的法律职业人员,还需要有可以实现公正的各种法律保障条件。仅仅依靠哪个方面都很难实现公正的目的。因此,研究法律职业伦理不可能脱离现行的法律制度和我国现在的司法条件。法律职业伦理在实现司法公正中扮演一个什么样的角色,这是法律职业伦理学科建设中要弄清楚的问题。

首先,法律职业伦理学要研究的是法律职业伦理的一般原理。法律职业伦理学要研究法律职业伦理的起源、本质和社会作用以及法律职业伦理的构成、法律职业伦理的一般原则。

其次,法律职业伦理学研究的是法律职业伦理发展的一般规律。现代法律职业伦理的形成有一个漫长的历史过程,是伴随着法治发展的进程不断完善和进步的。研究法律职业伦理必然要总结、分析和探求影响法律职业伦理发展的重要因素和其中的内在演变规律。

再次,法律职业伦理学要研究法律职业伦理的一般规则。法律职业伦理是职业道德的组成部分,其表现形式主要是法律职业伦理规范,对于各种法律职业伦理规范,包括一般规范和特殊规范要加以深入的研究和分析,揭示其内涵,分析其规律,以此为基础构建法律职业伦理的学科体系。

法律职业伦理学还要研究法律职业人员在履行职责过程中的具体的职业道德问题,包括审判伦理、检察伦理和代理伦理等。这是法律职业伦理研究的重点,也是难点所在。

最后,法律职业伦理学要研究的是法律职业责任问题。要通过法律职业伦理的进一步研究探求法律职业人员在职业上应当承担的伦理责任,以及责任的归属、责任的承担方式和机制等问题。根据上述法律职业伦理学研究的对象,法律职业伦理学科体系可以分为总论和分论部分,总论部分主要阐述法律职业伦理学的学科地位、基本范畴、历史渊源、社会功能伦理规则、内化养成、伦理教育、法律责任,阐述和确立法律职业伦理这门学科的基本理论。分论部分结合法律职业伦理建设的实际,分别阐述法官、检察官、律师、公证员、警察等法律职业的基本伦理要求、规范和实施中的一些具体问题。

法律职业伦理学是法律伦理学的组成部分,不仅研究法律职业主体在实施法律过程中所应具备的基本的道德素质以及职业的行为规则,还要研究当法律职业人员在执业过程中遇到法律与伦理冲突的问题时如何选择正确的伦理行为。后者是目前法律职业伦理研究中最为薄弱的环节,比如目前在司法实践中出现的对特殊群体暂缓起诉问题,拘留逮捕犯罪嫌疑人或被告人时采用强制手段的人性化问题,法官在审判案件中遭遇法律与伦理的冲突时应该如何采取正确行为的问题,律师在执业中经常遭遇的种种利益冲突该如何处理的问题,等等。这些都是法律职业人员经常要面对的问题,法律职业伦理学应该给予回答。而目前法律职业伦理学的研究往往停留在法律职业人员应该具备什么样的道德要求上,很少涉及职业的深层次问题,这也直接影响了法律职业伦理学的学科发展。

二、法律职业伦理学研究的价值

目前学界对于法律职业伦理学的理论体系很少关注,很少涉及。随着依法治国进程的推进和司法改革的深入,法律职业伦理问题必将引起高度的重视。因为任何法律的实施以及法律的保障都必须通过法律职业主体来最终完成。要实现法律的目的，显然离不开法律职业主体的伦理问题。法治和人治问题长期以来是政治家和法学家争论不休的问题。实际上只要有国家存在，纯粹的法治和纯粹的人治都是不存在的。就现代法治而言，法治之治也离不开人治，只不过法治之治在于通过接受过严格的法律训练并且崇尚法律的法律人按照正义和规则来推动法律的实施而已。儒家主张的“为政以德”与现代社会的“依法治国”并不是截然对立的。时下，我们的社会不是缺乏法律，而是缺乏法律的权威，缺乏大批可以树立法律权威的法律人。法律职业伦理教育的目的就是要培养可以树立法律权威的法律人。因此法律职业伦理的学科建设就显得尤为紧迫。民国时期的法学家孙晓楼先生就指出：“有了法律学问，而没有法律道德，那是不合乎法律本质上的意义，也不合乎法律教育的目的。”要培养高素质的法律人才，必然要进行法律职业伦理教育。

第一，法律职业伦理学的研究有利于解决依法治国需要什么样的法律人这样一个重大现实的问题。

要成功实现现代法治，仅有法律规范还远远不够，还需要创造实施法治的内外环境，其中非常重要的是法律人人格的塑造。我们需要什么样的法律人，我们需要什么样的伦理规则，这就是法律职业伦理学要回答的现实问题。法律职业伦理学的研究可以说是社会主义法制建设的历史选择和现实的呼唤。翻开报纸，打开电视或点击互联网都能看到：一方面，今日法律职业人员的职业道德面貌并不理想。有法官因徇私枉法被判刑，出现“三盲”法官，法官与律师沆瀣一气坑骗当事人；有的律师诈骗、行贿、参与伪证；有的检察官刑讯逼供；有的警察飞扬跋扈，与黑恶势力有千丝万缕的联系；有的公证员出假证，等等，不一而足。另一方面，我们的司法队伍整顿却一浪高过一浪，每年都要出台各种队伍建设的规章制度，比如法院的错案责任追究制度、检察院的廉政建设、政法委的“三条禁令”、司法行政部门试图建立的律师诚信制度。随着依法治国方略的实施，人们对于法律人员的职业道德问题的关注程度越来越高。司法人员的职业道德问题已经超越司法职业本身，成为社会普遍关注的问题。造成这一问题的原因固然是多方面的，但是职业道德素质绝对是其中的关键问题。法律职业伦理学的研究和运用，将进一步促进我国法律职业队伍的精神文明建设，培养法律职业主体的法律道德意识，促使其正确运用法律，客观公正处理各类案件和调整人民内部的各种纠纷，促进法律的正确实施。

第二，法律职业伦理学的建立和发展，将引起法学和伦理学研究的新进展和新突破，拓宽法学和伦理学研究的视野。

法律职业伦理学的研究可以进一步推动法律边缘学科的形成。长期以来法律领域的边缘学科始终没有引起学界的高度重视，处于边缘化的状态。实际上，法学的研究不应当仅仅局限在法学领域，法学的研究如果不能广泛借助其他社会科学以及自然科学的研究，必然会落后于这个时代。西方国家法律经济学、法律社会学、法律哲学、法律伦理学的兴起都很能够说明这一点。法与道德的关系是法学理论中由来已久且至今争论不休的重大问题。在依法治国的新时期，有必要重新重视和深入探讨法和道德的关系问题。特别是在党中央提出以德治国方略之后，如何处理依法治国与以德治国的关系，更是一个时代的重大课题，其中法律职业伦理建设问题必然是其中的一个重要环节。虽然法律与道德之间存在天然联系，但是并未因此在法学与伦理学领域自然催生法学与伦理学之间的整合。实际上，法学的发展需要借鉴伦理学，以便为法律的创制和实施提供价值评价的依据和标准，一方面使法律能正确地反映社会主义经济、政治和社会发展的客观规律，另一方面，使法律的实施更好地发挥其社会效果，以便妥善地处理法律与道德规范相冲突的复杂案件。反过来，伦理学的发展也应借鉴法学研究的成果，如吸取法学对人的行为、权利义务和责任的研究，从而使得伦理学研究摆脱对道德现象空洞的抽象分析而与实践紧密结合。同时，法学和伦理学的结合，将促进法律职业伦理科学体系的建立，进一步丰富伦理学的内容。总之，法律职业伦理学的出现，可以进一步促进法律伦理学的研究。法律职业伦理学的建立与研究无疑将拓宽法学与伦理学研究的视野，促进法学、伦理学研究的繁荣，提高司法实践和道德建设工作的规范性与科学性。

第三，法律职业伦理学研究的价值还表现为其具有教育和认知作用。

法律职业人才道德素质的提高离不开法律职业规则的严格和专门的训练。美国著名的法官本杰明·卡多佐指出："法官的训练，如果伴随所谓的司法品性，会在某些程度上帮助他从个人的喜好中解放出来，会扩大他下意识忠实，这是正当的群体范围。只要人性还是现在这个样，这些忠诚就永远不会完全消除。"从现状看，一些法律职业人员在履行职务的过程中不能依法正确履行职责，有的把法律职业当作发财致富的手段，有的甚至因此酿成犯罪，给国家的法制建设带来了严重的负面影响。这在很大程度上与缺乏严格的职业道德训练和良好的职业道德习惯有着密切关系。进行法律职业伦理的研究并在高等院校开设法律职业伦理课程，使未来的法律职业人才接受良好的法律职业规则的专门训练，将有助于从根本上全面提高法律职业人员的总体素质。长期以来,传统的法学教育重视法律知识的传授而忽视了对学生职业规则的严格和系统的训练,不利于培养德才兼备的高素质专业法律人才。我国的法学教育一直重视基本法律知识和基本理论的传授,而对于学生如何在将来的职业实践中运用这些知识来寻求实现法律的公正,如何保持职业的操守与规范以及职业的廉洁性,缺乏系统的、严格的和专门的训练。有关法律职业规则的内容散见于刑事诉讼、民事诉讼、行政诉讼等程序法学和律师学等课程中,而且所占的分量也很小,起不到专门的训练与教育的作用。开展法律职业伦理学研究并将法律职业伦理单独作为一门必修的课程在高等法律院校开设将有利于改变这种现状。

对高等院校法科学生开展法律职业伦理教育,同时也是国际上通行的做法。世界上法律制度和法学教育较发达的国家,其法学院都普遍开设法律职业伦理方面的课程,并把学生对法律职业伦理课程的学习与通过考试作为其成为具有执业资格的专业法律人才的必备条件。不仅如此,在法律职业人才的继续教育中,法律职业伦理仍然是必修的内容。法科的学生接受正规的、系统的法律职业伦理的训练,将有助于我国法律职业人员更好地运用法律执业规则处理各种国际法律事务,更好地应对日益广阔的国际法律服务领域的各种挑战,树立中国法律职业队伍良好的国际形象。统一司法考试制度的实施,有助于形成法律职业共同体,有助于各种法律职业人员在处理法律事务上的互相配合与协调,从而提高法律职业人员执法的效率与公正性,这是贯彻依法治国方略、推进司法改革的重大举措。开展法律职业伦理学的研究与教学正是顺应了这一形势。

在法学学科群中,学科之间的发展是不平衡的。改革开放初期,宪法学、法制史、理论法学、刑法学都是主流学科。后来,随着市场经济的发展,民法学和商法学等学科成为新的主流学科。法律职业伦理学科能否像上述的法学核心学科一样逐步成为法学核心学科,甚至发展为主流学科?笔者认为,答案是肯定的。

第一,法律职业伦理具有和其他法学主流学科相同的三维立体结构。几何学上三维立体结构,是稳定的立体几何图形。法学主流学科与其他社会科学在学科上的显著不同,就在于法学的主流学科具备三维的立体结构,即一门学科总是集科研、实践与教学三位一体的密不可分的结构。也可以形象地说是法律职业伦理具有"三驾马车"。我们可以看看,宪法学、民法学和诉讼法学,等等,都是科研、立法与教学的三位一体的结构,而且彼此均衡。在法学学科群中,如果不是三位一体,或者即便存在三位一体,但是彼此并不均衡的,都可能导致其被边缘化。只有三位一体,彼此存在均衡的支点学科才有可能成为主流学科。回到法律职业伦理学科来看,法律职业伦理具有很高的理论和科研的功能,具有立法和规则制定的功能,具有培养和塑造法律职业人员的职业道德的功能。这三个方面的功能在学科建设中都是互有优势、互相补充、互为条件的,具备均衡和立体化发展的三维立体的结构稳定性。从这一点上看,法律职业伦理学科与宪法学、刑法学、民法学和刑事诉讼法学等主流学科的特点是有共性的,是具备主流学科的三维立体或者三位一体的均衡性许可结构的标准条件。

第二,法律职业伦理具有成熟的研究对象。法律职业伦理要成为主流的学科,必须有明确而成熟的研究对象。这是任何主流学科都必须具备的基本条件。法律职业伦理作为主流学科的问题,要是在 20 世纪 80 年代初就提出来,是无法理解,甚至是不可思议的。道理很简单,那时候,法律职业也还没有成为成熟的职业群体。说到这里,我们有必要回顾一下邓小平同志关于法律职业建设和法律职业伦理的讲话。1980 年 1 月 16 日,中国改革开放的总设计师邓小平同志在中共中央召集的干部会议上做了一个重要讲话,标题是《目前的形势和任务》,其中专门提到法律专业人才的培养和建设的问题。他指出,我国“具有专业知识、专业能力的干部太少。比如,现在我们能担任司法工作的干部,包括法官律师、审判官、检察官、专业警察,起码缺一百万。可以当律师的,当法官的,学过法律、懂得法律,而且执法公正、品德合格的专业干部很少”。40 多年过去了,中国法律职业的建设所取得的巨大成就完全可以告慰邓小平同志,中国目前不仅法律职业人员过百万,而且可以说绝大部分法律职业人员“执法公正、品德合格”。邓小平同志提出的“执法公正、品德合格”不正是我们法律职业伦理建设的目标和底线吗?法律职业的相对成熟为这门学科提供了明确的研究对象,提供了丰厚的研究土壤。从这个角度看,中国法律职业伦理作为主流学科的发展是时代的产物,是历史的必然,不是由研究者的主观意志所决定,而是由中国法制发展的规律和现实需要所决定的。

第三,法律职业伦理具有总分结合的二元体系的学科范畴。法律职业伦理是法学与伦理学的结合,是职业伦理在法律领域的升华和体现,不仅具有成熟的研究对象,而且具有体系化的学科范畴。从法律职业伦理的学科内容上看,初步形成以法律职业伦理为核心的范畴体系,不仅包括总论范畴,譬如法律职业主体、法律职业准入、法律职业行为、法律职业功能、法律执业原则、法律职业责任、职业利益冲突等，还包括各种分论部分的范畴体系，譬如法官职业伦理、检察官职业伦理、律师职业伦理、公证员职业伦理等等。当然，这些范畴体系还需要在研究中进一步规范和抽象。具有总论和分论的二元结构的范畴体系，是法律职业伦理成为法学主流学科十分重要的条件。

第四，法律职业伦理的研究成果可以进入任何主流的法律学科中。在相对成熟的法学学科中，除了作为一级主流学科的宪法、民法、刑法等学科之外，还有次级主流学科，譬如法律经济学、法律社会学、法律思想史、法律史，这些学科有共同的特点，就是具有学科的贯通性，在其他任何学科中都能找到它们的地位。法律职业伦理同样具有类似的贯通性，因为任何法律的实施都离不开具体的法律主体的参与，而法律主体的伦理道德是保证法律有效和正确实施的必要条件。当然，"法治之治"并非"法人之治"，而是法律人利用法律规范保证法律的正确实施，具备高水平的法律职业伦理是避免法律人治的基本条件。因此，任何法律领域都不可避免地会遇到法律职业伦理的问题，正因为如此，在诉讼法领域，容易存在法律职业伦理的问题，譬如辩护律师的伦理刑事法官的审判伦理等。从这个角度看，法律职业伦理具备成为主流学科的条件。

第五，法律职业伦理具有理论和实践的高度结合性。理论和实践并重是法学主流学科的共性，理论的延展性是学科的重要特点。法律职业伦理不仅具有重要的理论价值，也具有非常重要的实践价值。法律职业伦理的理论研究的价值因为跨哲学和伦理学学科，紧密联系人的行为，因此在理论研究上具有无限的延展性，具有广阔的拓展的研究疆域，甚至可以构造学术流派。同时，法律职业伦理和其他主流法学学科一样，具有推进和完善法律职业伦理的规范和立法的功能。法律职业伦理的规范性立法在最近十年间有很多的建树，这直接为法律职业伦理的学科研究提供社会实验的场所和平台，为法律职业伦理的研究成果和效果提供规范性的依据。正因为如此，法律职业伦理体现出高度的理论性和实践性的融合，使其有可能成为真正意义上的主流学科。

三、法律职业伦理学的研究方法

首先，研究法律职业伦理学必须有正确的思想作为指导，即必须以唯物史观为指导，尤其要以邓小平建设有中国特色社会主义的道德理论来指导。马克思指出："物质生活的生产方式制约着整个社会生活、政治生活和精神生活的过程。不是人们的意识决定人们的存在,相反,是人们的社会存在决定人们的意识。”法律职业伦理学的研究也必然离不开现实的社会经济环境,因为社会的物质生产方式归根结底决定道德的发展。历史唯物主义为法律职业伦理研究指明了根本的方向,也提供了一个根本的方法。

其次,研究法律职业伦理学必须理论联系实际。法律职业伦理学不仅是一门理论科学,也是一门实践性很强的科学。法律职业伦理学必须面向司法实践,回答司法实践中法律职业主体所遇到的各种法律伦理问题,为法律职业主体提供解决道德问题的理论支持。目前法律实施过程中暴露出来的许多尖锐问题都与法律职业的伦理有关。在目前社会转型时期的司法实践中,法律与道德的冲突、新旧道德的冲突非常突出。同时由于历史的原因,我国法律职业队伍的构成非常复杂,反映出来的法律职业伦理问题非常严重。在这种情况下,对法律职业伦理的研究必然不能脱离现实,必然要为现实服务。因此,研究法律职业伦理必须面向生活,密切关注法律实践,总结分析实践中出现的各种与法律职业伦理相关的案例,并从中探求法律职业伦理的发展规律和解决问题的路径,为实现依法治国和国家民主政治的发展提供理论上的支持。

再次,研究法律职业伦理还必须运用历史考察的方法。列宁指出:“为了解决社会科学问题,为了真正获得正确处理这个问题的本领而不被一大堆细节或各种争执意见所迷惑,为了用科学眼光观察这个问题,最可靠、最必需、最重要的就是不要忘记基本的历史联系,考察每个问题都要看某种现象在历史上怎样产生,在发展中经过了哪些主要阶段,并根据它的这种发展去考察这一事物现在是怎样的。”虽然法律职业伦理学是一门年轻的学科,但是法律职业伦理本身的历史是悠久的,法律职业在人类历史上产生,就会有法律职业伦理问题。对中西方法律职业发展的历史考察无不折射出法律职业伦理在人类法制文明发展进程中所起到的重要作用。因此,研究法律职业伦理不能不研究中外法律职业发展的历史,研究职业道德在其中所起的重要作用。只有这样,我们对法律职业伦理的研究才能奠定坚实的基础。

最后,法律职业伦理学的研究还要广泛借助和吸收其他学科的知识和方法,不断丰富和发展自己。现代科学,包括自然科学,发展的重要趋势是渗透式综合发展。由于法律职业伦理学探寻的是传统法学和伦理学很难深入研究的复杂现象和问题,必须把法学和伦理学的方法论优点结合起来,用全新的角度和方法解答法律职业伦理中的一些复杂问题，因此对于法律职业伦理学的研究不应局限于法学和伦理学范围内，还必须广泛借鉴经济学、社会学、心理学、生物学、政治学、人类学、文化学的方法，以及经济分析的方法、逻辑分析的方法、比较分析的方法。法律职业伦理本身是跨学科的学科，其研究方法必然是多样的、开放的、发展的。任何一种方法只要具有科学性，对学科的建设与发展有促进，对学科规律的认识有启发，我们就应该大胆地使用。

虽然在我国法律职业伦理的研究起步比较晚，在学术界还没有引起足够的重视，但是随着我国依法治国和政治文明的进步，随着法律职业的专门化、精英化、法治化，社会和法律界对法律职业伦理在接受程度和内在要求上都会越来越高。特别令人欣喜的是，最近十多年来中国法律职业伦理的学科建设与发展都获得了比较大的进步。无论是法律职业伦理的教学，还是法律职业伦理的学术研究都获得了长足的发展与进步。法律职业伦理成为许多大学法学院的必修课，课程的内容更加丰富，教学方法和手段更加灵活多样，学生对该课程的兴趣也在增加；另外，法律职业伦理的学术研究，也出现了很有代表性的学术成果。虽然这种进步与主流法学学科相比可能还是显得稚嫩，但无论如何，法律职业伦理的学科建设已经从过去的“荒芜”中走出，并且不断展露“新芽嫩枝”，在不久的将来必将“枝繁叶茂”。可以预见，法律职业伦理的内在体系将越来越完备和精细，法律职业人员的教育将不再局限于一般意义上的思想整顿、教育整顿等传统的思想教育手段，法律职业伦理学的研究和教学必将走向繁荣，从而使得法律职业伦理成为全体法律职业人员内在的精神和信仰，成为法律职业取信于民、取信于社会、取信于国家，树立职业尊严、树立法治权威的重要保障。

第三章

法律职业伦理基本要素和规范

第一节 法律职业伦理的基本要素

一、正义规范

正义规范要求法律职业者崇尚法律，因为法律只有被信仰，才能得到切实的遵守。法律职业者比一般的社会普通大众更应该信仰和崇尚法律。这方面，对法官的要求最高。人们习惯上将法官看作是正义的化身，美国法官约翰·T.小努南曾引用亚里士多德在《伦理学》中的话，“理想的法官就是公正的化身”，这主要是由法官所担负的司法使命所决定的。为实现法律所确立的正义，现代法治确立了一系列司法的基本原则和要求，比如法官独立的原则、法官中立的原则、法官回避原则等。这些原则为各国现代法律体系和职业道德规范所吸收，成为规制法官职业行为的基本准则。法官只对法律负责，法律是法官的上帝。法官具体履行职责的行为能否体现正义，具体表现在法官是否尊重与服从法律。当然，法官具体执行法律的过程并不是机械的过程，而是运用法律实现和维护正义的复杂过程。

正义规范要求法律职业者依法维护基本人权。人权是正义范畴中的核心内容。关于维护人权，不仅对法官有特殊的要求，对于其他法律职业者，如检察官、警察，以及律师等法律服务人员也有具体的要求。联合国《公民权利和政治权利国际公约》(以下简称《公约》)等以国际法的形式确立了一系列保障司法公正、体现司法正义的基本原则和具体标准。

例如，《公约》第14条规定：“所有的人在法庭和裁判所前一律平等。在判定对任何人提出的任何刑事指控或确定他在一件诉讼案件中的权利和义务时，人人有资格由一个依法设立的合格的、独立的和无偏倚的法庭进行公正的和公开的审讯。由于民主社会中的道德的、公共秩序的或国家安全的理由，或诉讼当事人的私生活的利益有此需要时，或在特殊情况下法庭认为公开审判会损害司法利益因而严格需要的限度下，可不使记者和公众出席全部或部分审判；但对刑事案件或法律诉讼的任何判决应公开宣布，除非少年的利益另有要求或者诉讼系有关儿童监护权的婚姻争端。”第 16 条规定：“人人在任何地方有权被承认在法律前的人格。”联合国《执法人员行为守则》第 1 条规定：“执法人员无论何时均应执行法律赋予他们的任务，本着其专业所要求的高度责任感，为社会群体服务，保护人人不受非法行为的伤害。”第 5 条规定：“执法人员不得施加唆使或容许任何酷刑行为或其他残忍、不人道或有辱人格的待遇或处罚，也不得以上级命令或特殊情况，例如战争状态、战争威胁、国家安全的威胁、国内政局不稳定或任何其他紧急情况，作为施行酷刑或其他残忍、不人道或者有辱人格的待遇或处罚的理由。”联合国《关于检察官作用的准则》第 3 条规定：“检察官作为司法工作的重要行为者，应在任何时候都保持其职业的荣誉和尊严。”第 11 条规定：“检察官应在刑事诉讼，包括提起诉讼和根据法律授权或当地惯例，在调查犯罪、监督调查的合法性、监督法院判决的执行和作为公众利益的代表行使其他职能中发挥作用。”第 20 条规定：“为了确保起诉公平而有效，检察官应尽力与警察局、法院、法律界、公共辩护人和政府其他机构进行合作。”《关于律师作用的基本准则》第 14 条规定：“律师在保护其委托人的权利和促进维护正义的事业中，应努力维护受到本国法律和国际法承认的人权和基本自由，并在任何时候都根据法律和公认的准则以及律师职业道德，自由和勤奋地采取行动。”由此可见，除了法官之外，其他法律职业者在维护正义方面也具有重要的职责。另外，我国的三大诉讼法和关于法律职业主体的法律同样把维护正义和司法的公平作为法律职业者的职业使命的重要内容。

综上所述，维护正义是法律职业活动的一条基本原则，按照这条原则，以法官为代表的法律职业者在依法履行职责的过程中应当崇尚法律，维护人权，在法律实践活动中最大限度地体现正义、公平的精神。可以说，维护正义不仅是法律职业者的道德义务，更是法律职业者的法律义务，因此正义规范是法律职业伦理的最高层次，也是最核心的规范。

二、诚信规范

诚信为一切秩序之本。现代社会中诚信的价值正在受到越来越广泛的关注。在有关诚信的权威著作《诚信》中，美国经济学家福山认为，诚信是一种社会成本，诚信度的高低决定了经济组织的规模。他将诚信定义为“是在一个社团之中，成员对彼此常态、诚实、合作行为的期待，基础就是社团成员共同拥有的规范，以及个体隶属于那个社团的角色。”

法治国家的实现同样有赖于整个社会对法治权威的尊重。为了获得这种尊重，普通法甚至创设了藐视法庭罪、侮辱法官罪等，以强调法律的权威性。但是法治的权威除了建立在暴力惩戒的基础上，还有一个重要方面，就是公众与社会对法律的信仰。而建立一个具有公信力的法治社会离不开司法人员对法治精神的诚信信仰。法律是灰色的，只有司法实践之树常青。因为法律本身从形式上看仅仅是一种条文的规定，如同一架机器，完全由使用人来操纵。由于社会生活纷繁复杂，法律可能会缺位，可能会有缺陷，会对实现法治造成障碍。然而，“法律有时入睡，但绝不死亡”，司法人员在运用法律的时候必须首先确立诚信观念，才能真正地保持法律之树常青。

从法官的角度来说，诚信原则主要体现在法官应该忠实于法律，忠实于法律精神的本质，依法裁判，慎重运用自由裁量权。而法官如何正确地行使自由裁量权，则对法官的良知提出了要求。因此，对于那些明显违背自然与理性的恶法，法官应大胆地拒绝服从并拒绝在判决中援引。而对于那些有缺陷的法律，法官应正确地行使自由裁量权，通过符合法律精神的解释而使它们变得没有缺陷，以达到实现正义的目标。法官应当意识到裁判的作用不仅仅是定纷止争，也不仅仅是对权利和权力冲突的裁断，它是社会正义的最后一道防线，是社会公共福祉的最终保障。司法判决的意义重大，不仅个案正义通过法官的判决来体现，而且整个社会的正义也要通过整个司法审判制度来体现，只有秉持诚信之心，遵循法律精神，才能赢得人们的理解、尊重、热爱，才能使人们更加信仰法律。对司法判决的信服的力量，源头产生于法官自身对法律的诚信。因此，法官在判决的时候绝不应做不假思索的法匠，而应时时体现法律真正的价值，同时，体现善和美的价值，体现人性的光芒与理性的光辉及社会的关怀，以使人民亲近而自觉接受。那种枉法作出的不合法的判决，以及机械地运用法律条文作出、没有逻辑和心证过程、虽合法但却“不讲理”的判决,或者是滥用自由裁量权作出的荒诞的、不近人情的强词夺理的判决,绝不会使人民从中对法律产生任何信任感。

对于检察官来说,诚信意味着忠于党,忠于国家,忠于人民,忠于事实和法律,忠于人民检察事业。检察官履行好包括支持国家公诉和行使法律监督的各项职责,维护好广大人民群众的根本利益,就是最大的诚信。

对律师而言,诚信原则的主要体现是我国《律师执业行为规范》第 6 条的规定:"律师应当诚实守信,勤勉尽责,依据事实和法律维护当事人合法权益,维护法律正确实施,维护社会公平和正义。"良好的信用是律师执业的必备条件。律师只有具备良好的信誉品质,才能取得委托人的信任和社会的重视,才能成为公民、法人的保护神,也才能成为对抗强权、保护弱者的正义之神。律师工作的本质和法律服务的特点,决定了它必须以诚信为本。一方面,律师本身就是诚信制度的维护者。无论是律师的诉讼业务,还是非诉讼业务,其本质都是对信用制度的维护。另一方面,律师应该是信用的实践者,如果向社会提供法律服务的律师都失去了信用,那么,整个社会的信用状况只会更加糟糕。当事人委托律师为自己提供法律服务,表明他在某一方面或某一事项上存在困难,需要得到法律帮助。当事人按照与律师事务所签订的法律服务合同,所付出的不仅是金钱,更多的是对律师事务所和律师的信任。

在市场经济社会,法律服务也是一种贸易,也必须以等价交换和诚实信用为前提。当前,律师事务所对当事人的义务性条款的规定含糊不清,经常含有免除其责任、加重当事人责任的内容。即使有的法律服务合同详细地表述了律师应尽的义务,但是在履行时,也存在敷衍了事、玩忽懈怠、千方百计收费、想方设法开脱,为了取得当事人的代理费,故意作虚假承诺等情况。根据调查,律师业收费不透明已成为法律服务的消费者对律师不信任的重要原因。没有价格标准的服务,是一种没有规范的服务;没有规范的服务,是一种不透明的服务;不透明的服务,是一种不讲信用的服务。

律师违纪案件的投诉有以下趋势和特点:一是投诉案件数量逐年上升;二是当事人向律师主管部门几经投诉无果;三是投诉内容多为律师不能诚信执业或律师事务所管理混乱。律师违纪情况的主要表现是不正当竞争。具体表现为收费无标准,为争夺案源任意压价,走后门,办关系案、金钱案,虚假宣传,贬低同行;不能勤勉尽责、诚实守信;不在钻研业务上下工夫,刻意拉关系,建网络;一旦钱到手,怠慢客户;说大话,做虚假承诺,误导当事人;沾染不良习气,严重损害律师形象。这些问题的存在与律师自身对诚信的态度有很大关系。对一名律师来说,信用就是一种向当事人信守承诺的责任感,信用就是对自己提供的法律服务之后果负责的道德感。在市场经济发达的国家,人们会把律师视作一种神圣的职业,赋予律师维护基本人权、实现社会正义的职责。如在美国,律师被认为是法院官员,此角色需要他们不得从事不诚实的活动,不得做出与事实不符的陈述,或者以其他形式破坏司法运作。律师不得对法庭提供虚假的事实或法律,或他已知的虚假证据或协助证人做伪证。律师已提供的证据,如随后发现有错误,必须通知法庭纠正错误。律师有责任通知法庭他所掌握的所有法律规定,包括对客户不利的但对方尚未发现的。这些规定作为律师责任的一部分,有助于维持法庭的公正和严肃,也是对控方律师的特别规定,表明他们代表政府和公众,而非一个客户,因此必须确保被告得到公正的审判,定罪必须具有充分的证据。日本《律师道德》第 2 条规定:“律师应注重名誉、维护信用,努力培养高尚的品德和精深的修养。”忠诚是对律师与客户关系的基本要求,所以,许多国家关于律师与被代理人利益冲突的法规都规定,当律师代理了有直接利益冲突的双方当事人或因为律师其他责任或利益不能为客户作出判断、推荐或执行合适的法律诉讼时,他们就被认定是不忠诚。

上述事实说明,诚信原则是律师的职业道德制度的核心。无论是律师本人还是律师事务所,要生存,要发展,要在激烈的市场竞争中立于不败之地,必须诚实守信。信用已经成为律师最重要的资本。在现实中,法律服务中的信用危机仍然是中国律师业发展的主要障碍。因此,加强律师诚信执业的任务仍然十分艰巨。诚实守信是现代文明社会的基础,只有依靠诚信来推进法治建设,才能取得有效的法治之果。

三、责任规范

《现代汉语大词典》对“责任”的解释包括两个基本含义:一是指分内应做的事;二是指因没有做好分内应做的事而应当承担的后果。因此,我们可以认为,责任的含义包括两个层面的内容:一是职责层面的,二是后果层面的。从广义上说,职业责任也包括两个基本含义:一是指从业人员根据法律职业道德规范的要求应当完成的工作;二是指从业人员违反法律或职业道德规范的规定而应承担的不利后果。但在道德领域,职业责任常常仅指从业人员的工作职责。

职业责任包括职业集体责任和职业个人责任两个方面。职业集体责任指该职业集体对社会所承担的责任,是由该集体的各个成员共同承担的。职业个人责任由从业人员个人充分发挥主观能动性和创造性独立地完成。只有每个职业成员都能承担起各自的岗位责任,职业集体才能全面履行对社会的责任。广义上说,法律职业责任也有两层含义:一是指根据法律或伦理规范的要求,法律职业者应当完成的社会工作;二是指法律职业者违反法律和伦理规范的要求应承担的法律后果。但作为法律职业伦理要素的法律职业责任,则通常仅指第一个层面的内容。作为一个成熟的职业,法律及道德规范已对法律职业者应当履行的职业任务或应当完成的职业行为做了较全面的规定,这些规定既有原则性的,也有具体性的;既有实体上的,也有程序上的,法律职业者应当严格按照这些规范的要求从事职业活动。概括地说,这些规则的基本要求即抑恶扬善、扶弱济困。

(一)抑恶扬善

法律职业者以维护社会公平、正义为基本准则,实现公平、正义是法律职业者的职责,而抑恶扬善、扶弱济困是实现公平、正义最直接的手段。所谓抑恶扬善,即是对"恶"的行为进行抑制、追究、责罚,对"善"的行为予以褒扬、扶助。"善"与"恶"是一对相对应的道德范畴,用来对人的社会活动进行评价。虽然"善""恶"的判断因时因地因传统而未必一致,如古代希腊人视智慧公正、勇敢与节制为"善",孟子以仁、义、礼、智为善德,基督教强调信、望、爱。但在这些内容不一的理解中,却包含着许多共同的因素,这些共同的东西就是一切美好的、对人类的社会生活有益的品性和行为。法律职业者的职业活动以实现正义为核心价值理念,从道德层面看,就是弘扬善,抑制恶。保护有益的社会行为,维护良好的社会风尚,促进有序的社会交往,同时,对"恶"的行为或品性进行遏制,对作"恶"的人进行控制、改造。抑恶扬善,首先要求法律职业者努力实现立法所张扬的善,遏制立法所贬抑的恶。法律是上升为国家意志的伦理规范,从本质上看,法律就是对重要的社会行为和社会关系作出的价值判断。法律职业者在实施法律的过程中应正确理解和把握立法的价值判断,公正地"抑恶",正确地"扬善":法官在履行职责时不仅应当通过程序在形式上实现对"善"的保护,更应当通过实体裁判从实质上实现对"善"的维护。而对"恶"的惩罚,则应当严格依法律规定的范围、方式、程序进行。法律上表现出来的"恶"是指各种违法犯罪现象。对"恶"进行惩治除了严格依法进行外,还应当坚持公正、文明、人道，以惩罚为手段，以矫正和恢复为目的。检察官应当以维护国家利益和社会公益、追究违法犯罪等作为基本职责，同时坚守客观公正的立场，加强对"善"的保护。律师是当事人或委托人利益的代表，但律师维护的只能是当事人的合法的、正当的利益，律师不应当仅是法律工匠，其职业追求不仅仅是满足客户的个人需要，关注公众利益对其职业而言同样重要，即维护社会的公平和正义也是其职业目标所在。"那些把法律作为一种世俗的谋生方式的律师，不但失去了诚实的品格，而且也造成理想的陷落。"作为法律共同体的成员，律师不应当仅仅把职业活动当作谋生的手段，而应当有更高的境界和追求，通过向社会提供法律帮助，高擎正义之旗，在"抑恶"中"扬善"，在"扬善"中"抑恶"。

应当注意的是，法律职业伦理与一般伦理并不是两个完全对应的概念，二者在许多领域是有差距的。"这些伦理（职业伦理）与共同意识并无深层的联系，因为它们并不是所有社会成员共有的伦理，换言之，它们与共同意识无关。"法律职业者在职业活动中所因循的"善""恶"标准与一般大众所理解的"善"与"恶"并不完全相同。法律职业者对"善"与"恶"的评价总是以法律为核心和基础，以职业活动的目的为基本出发点，如律师在职业活动中常常需要作为罪犯的辩护人，竭力维护其合法利益；法官在执行职务时应始终保持中立立场，充分听取控、辩（原告、被告）双方意见，充分保障辩方的权利。这些职业要求与一般的大众道德是有区别的。因此，法律职业者之"抑恶"与"扬善"必须建立在法律评判的基础上，而不是按大众伦理进行。"抑恶"必须在法律规定的幅度内，以合法的方式，并在充分保障被惩处人合法权益的基础上进行；"扬善"也不能破坏职业活动的规则，如法官绝不能放弃中立立场和司法被动性原则。

另外，由于法律职业者还承担着发展法律的职责，在法律明显落后或法律明显缺失的领域，法律人应当通过职务活动将发展了的"善""恶"观念贯彻到司法活动中，促进法律的发展。法律人不仅是法律的忠实追随者，还是法律的智慧创造者。伦理道德是法律的基础，法律应当与伦理道德保持和谐一致的关系，但法律的滞后性又往往使其落后于伦理道德的发展。幸运的是，法律的适用是一个由抽象到具体的过程，这给法律人留下了巨大的创新空间，法律职业者可借此将法律标准与公众、社会的伦理标准拉近，将法律重新置于伦理道德的最有力的支撑之下。因此，法律职业者的"抑恶扬善"并非完全是一个将法律的标准投影到个案中的过程，也是一个法律职业者将法律的道德观与公众的道德观拉近，并使法律的实施获得公众、社会广泛支持的过程。

（二）扶弱济困

法律职业者还担负着另一项重要责任，即扶弱济困。法律的真谛就在于对权利的确认和保护。物质财富的拥有可以有先后之分，正义的获得却不应有先后之别，而正义的基本含义即平等。

法律上的平等包括立法意义上的平等和司法、执法等实践意义上的平等。前一层面上的平等已由我国宪法及其他法律所确认，但实践意义上的平等却任重道远。这是因为任何国家的司法、执法资源均是有限的，司法、执法需要成本，经济上的不平等必然导致对司法、执法资源利用的实质不平等。此外，知识、政治或社会地位上的差别也会导致司法、执法资源利用的不平等，这些因素是实践意义上不平等产生的原因。尽管到“2019 年末，全国农村贫困人口 551 万人，比上年末减少 1 109 万人，下降 66.8%；贫困发生率 0.6%，比上年下降 1.1 个百分点”，但随着绝对贫困数字的降低，相对贫困问题日益突出，而它也是阻碍人正常生活、正常享有权利的核心因素。联合国开发计划署认为，贫困不只是人们通常所认为的收入不足问题，它实质上是人类发展所必需的最基本的机会和选择权利被排斥，恰恰是这种机会和选择权利才把人们引向一种长期健康和创造性的生活，使人们享受体面生活、自由、自觉和他人的尊重。根据第 6 次人口普查统计，我国文盲人口约 5 466 万人，他们中的多数人构成了当今中国社会的弱势群体。加强对弱势群体的权益保护，既是由我国社会主义国家性质所决定的，也是我国宪法主张的人人平等的要求。只有实现了绝大多数人的平等，我国社会主义制度的优越性才能体现出来，也才能得到最广大的人民群众的支持。另外，只有为社会的弱势群体提供了最有效的平等保护，才能处理好经济高速发展中产生的尖锐的社会矛盾，维护社会稳定。

改革开放至今，我国经济高速发展，但制度建设尚不十分健全，现有制度仍不能很好地发挥作用。在这种形势下，弱势群体作为一个获得社会资源最少的群体，其利益往往最容易被忽视甚至被侵犯。如果社会不能提供很好的救济机制，消化和排解社会矛盾，则普通的纠纷也可能激化为剧烈的社会冲突。

法律职业者是法律的实施者或法律制度的设计者，不仅对法律制度的确立发挥着重要作用，更对法律运作过程产生决定性的影响，对此承担着不可推卸的责任。扶弱济困是法律职业者的重要职业责任，是法律职业者实现正义的职责要求。对此，我国许多法律均有规定。如我国《法律援助条例》第 6 条规定：“律师应当依照律师法和本条例的规定履行法律援助义务，为受援人提供符合标准的法律服务，依法维护受援人的合法权益，接受律师协会和司法行政部门的监督。”第 12 条规定：“公诉人出庭公诉的案件，被告人因经济困难或者其他原因没有委托辩护人，人民法院为被告人指定辩护时，法律援助机构应当提供法律援助。”《刑事诉讼法》第 35 条规定：“犯罪嫌疑人、被告人因经济困难或者其他原因没有委托辩护人的，本人及其近亲属可以向法律援助机构提出申请。对符合法律援助条件的，法律援助机构应当指派律师为其提供辩护。犯罪嫌疑人、被告人是盲、聋、哑人，或者是尚未完全丧失辨认或者控制自己行为能力的精神病人，没有委托辩护人的，人民法院、人民检察院和公安机关应当通知法律援助机构指派律师为其提供辩护。犯罪嫌疑人、被告人可能被判处无期徒刑、死刑，没有委托辩护人的，人民法院、人民检察院和公安机关应当通知法律援助机构指派律师为其提供辩护。”从这些法律规定中可见，扶弱济困不仅是一项道德要求，也是一项法律要求，是法律职业者不可推卸的责任。

四、清廉规范

法官扮演着正义守护神的角色，其廉洁与否直接关系到公众对法官裁判能力的信任与否，进而影响到公众对司法制度的信任，因此法官必须具备廉洁的品行，包括不收贿纳礼，不要求当事人提供和不接受当事人提供的各种请吃享乐活动，不允许其亲属、朋友或其他社会关系对其裁判行为产生影响，等等。此外，因为法官职业的特殊性，法官的个人行为必须保证不能使社会公众对其裁判案件的公正性产生怀疑，不能有损于法院的形象。因此，法官的个人行为必须正当，包括不利用法官的地位谋取个人私利；在社会活动中，不利用法官的地位获得与众不同的优待；不在商业机构中担任职务，等等。但现实中，少数司法人员行为不良，妨碍了司法公正。例如，某年的最高人民法院工作报告写道：“一些法官的思想政治素质和法律专业素质不高；少数法官特权思想严重；有的法官滥用审判权和执行权，有法不依，执法不严，裁判不公，久拖不执或者违法执行，甚至贪赃枉法，严重败坏了人民法院和法官的声誉。”戈尔丁曾说过：程序公正本身就包含了这样一个前提，即案件的裁判中不含有裁判者个人的利益，法官也不得借裁判案件谋取任何私利，否则，他就不再是一个法官了。法官具有双重身份。作为一个理性公民，他要遵守社会行为规范，尽一个公民的社会责任；作为国家法律的执行者，要受到法院性质和法官职业特点的限定。在有的国家,法院专门设立了法官职业道德的保障机构。例如,美国加州的"司法风纪委会"由法官代表、议员代表和律师代表组成,德国法院内部设有"纪律法庭",全部由法官组成。我国也应该建立法官职业伦理考评机制。

清廉同样是检察官的职业本色。清廉规范要求检察官在执法活动中要严格做到一身正气,两袖清风。如果把追求个人物质利益作为执法的目的和内容,就必然会违背社会主义法制的要求,进而作出为钱卖法贪赃枉法的行为。我国检察官职业道德的清廉基本要求是检察官模范遵守法纪,保持清正廉洁,淡泊名利,不徇私情,自尊自重,接受监督;在行使职务活动中必须正确运用手中的权力,自觉抵制来自各方面的干扰和腐蚀。

对律师而言,清廉规范要求律师不得私自向委托人收取报酬或者其他费用。律师不得在律师事务所正常业务收费外索要、收受报酬或实物。律师不得违反律师事务所收费制度和财务纪律,非法挪用、私分、侵占业务收费款项。律师在从事法律服务时,只能按照法律合理取得报酬,不能牟取非法利益。我国的《律师职业道德和执业纪律规范》第 35 条第 2 款规定,律师不得挪用或者侵占代委托人保管的财物。第 37 条规定,律师不得与对方当事人或第三人恶意串通,侵害委托人的权益。因此,清廉原则同样适用于律师。

第二节　法律职业伦理规范建设

一、法律职业伦理规范的概念

伦理道德中最常使用的词语是对的或错的、好的或坏的、善的或恶的、应该或不应该、有德的或邪恶的、义务或责任、公正或不公正等,这些词语涉及对行为的评价和要求,从而影响行为人的行为,命令或要求人们从事某些行为或禁止其从事某些行为。伦理学和其他领域最大的不同是其研究对象具有规范性,因为伦理涉及价值问题,而价值观念具有社会性及客观性,即以已经形成的社会价值观对社会行为进行价值判断,因而伦理是具有规范性的。

法律职业伦理具有一般伦理的特征,因而也具有规范性。当法律职业人员面对伦理冲突困境时,法律职业伦理将提供指引,助其解决伦理困境。一般而言,其途径大致可以分为内在控制和外在控制。内在控制以职业价值、精神及伦理意识来维持职业人员的责任行为。人们做决定时，免不了会涉及价值观，而对价值的考量是一种内在心理过程。即使决令缺乏对某些行为的指引，法律职业人员也会寻求内心的引导。外在控制通过设立种种限制、要求、界限、标准及许可来取代说服、教育及主观感受。当法律职业人员面临伦理冲突时，职业伦理规范提供了广泛的拘束力以解决这些问题。法律职业伦理规范是依据法律职业人员实施的法律职业行为之本质而产生的不同的伦理准据，其内涵具有高度浓厚之伦理色彩，对职业行为具有高度的伦理要求。法律职业伦理规范既是伦理规范性的体现与要求，也是对法律职业人员行为进行外在控制的重要载体。

二、法律职业伦理规范的作用

法律职业伦理既是法律职业共同体的“职业意识形态”，也带有“经济利导性”。法律职业伦理规范对于法律职业共同体的发展意义重大。法律职业伦理规范不仅是法律职业的指标，也指引法律职业人员的行为，使之有章可循。法律职业伦理规范的作用主要体现在以下几个方面。

（一）法律职业伦理规范的指引作用

法律职业伦理规范的指引作用是指法律职业伦理规范通过规定法律职业人员的权利和义务，以及违反规定应该承担的责任，来调整法律职业人员的个体行为，从而对法律职业人员发挥“向导”作用。要充分发挥法律职业伦理规范的指引作用，就必须让法律职业人员充分知晓法律职业伦理规范的具体内容。通过公布法律职业伦理规范的内容，让法律职业人员明白国家和社会需要法律职业人员做什么、反对法律职业人员做什么、限制法律职业人员做什么以及惩罚法律职业人员的什么行为等，来引导法律职业人员的行为。

（二）法律职业伦理规范的评价作用

法律职业伦理规范的评价作用是指法律职业伦理规范作为人们对法律职业人员行为的评价标准所起的作用，其对象是法律职业人员的行为。法律职业人员接触的事务往往涉及社会公众的生命财产安全，具有很强的公益性。因此，其行为更容易受到社会的广泛关注，并接受社会的评价。一名律师在一个案件中是否勤勉尽责,是否尽到了诚信义务,是否与当事人建立了良好的关系,是否与律师同行建立了良好关系,对这些问题的评价都需要一定的标准。一名律师被当事人投诉,律师协会在对律师的行为进行评价时,所采取的标准就是法律职业伦理规范。因此,法律职业伦理规范为社会公众、法律职业人员、行业协会、司法行政机构等各方主体评价法律职业人员的行为提供了具体、客观的标准。

(三)法律职业伦理规范的凝聚作用

法律职业伦理规范凝聚了法律职业共同体的基本伦理道德要求。作为法律职业共同体的伦理规范,其从业者应具备的道德品质至少包含四个方面的要求:①基于从事法律专业要求的美德;②基于追求社会正义要求的美德;③基于法律专业本身建立在纪律和信任之上而要求法律专业者应当具备的良好品格与声誉的美德;④服务于"法治"成为维护法治传统、捍卫自由民主价值次序的中道力量应具有的美德。例如,《律师执业行为规范(试行)》第 7 条规定:"律师应当诚实守信、勤勉尽责,依据事实和法律,维护当事人合法权益,维护法律正确实施,维护社会公平和正义。"这正是律师职业伦理规范对于律师职业人员共同职业道德的凝聚,无论是诉讼律师还是非诉律师,都需要具备这些基本伦理道德要求。

(四)法律职业伦理规范的教育作用

法律职业伦理规范的教育作用是指法律职业伦理规范对法律职业人员的价值取向产生的积极影响。在法律职业人员的整个职业生涯中,法律职业伦理规范都起着非常重要的作用。在法律职业人员接受大学法学教育阶段,研习法律职业伦理规范,能够让法律职业人员明确自己的职业底线,树立正确的职业理想;在法官培训、律师培训等法律职业人员继续教育阶段,法律职业伦理规范既能对法律职业人员实际遇到的现实伦理问题作出回应,也能对他们的行为以及观念起到适时纠偏的作用。这些都是法律职业伦理规范教育作用的重要体现。

(五)法律职业伦理规范的强制作用

法律职业伦理规范的强制作用是指法律职业伦理规范对于不当职业行为的威慑、惩罚或制裁作用。法律职业人员除了应该遵守宪法及其他基本法律外,还要遵守相应的法律职业伦理规范。换言之,法律职业人员除了可能承担一般意义上的民事责任、刑事责任、行政责任外，还要承担职业责任。在中国，法律职业人员的行为除了面临审判机关的评判，还要面临行业协会的监管。例如，律师一旦违反法律职业伦理规范，既可能面临司法行政机关的行政处罚，还可能面临律师协会的行业惩戒，这都体现了法律职业伦理规范的强制作用。

第三节　我国法律职业伦理规范

一、我国律师职业伦理规范概况

自改革开放以来，我国律师职业伦理规范建设大致经历了从纪律走向规则、从规则确立走向规则实施的转型发展。在我国，《中华人民共和国律师法》（以下简称《律师法》）是律师职业论理的基础性规范，它是司法行政机关制定律师职业管理规范以及律师协会制定律师职业行业规范的依据。有学者认为，律师职业伦理的建构完善是推动中国法律职业伦理和法律职业共同体建设的重要力量。在我国“两结合”的律师管理体制下，律师职业伦理规范效力不强，内容亦不够明晰。破解律师职业伦理规范的困境，亟须积极推进行业自律，厘清律师职业伦理规范的内容和结构，并建立相应的激励机制。

（一）《律师法》

中国律师法的架构变迁与国家司法行政和律师协会的关系的演变息息相关，中国律师法的理想图景就是形成律师职业组织法和律师职业行为法二者并驾齐驱的框架。律师行业组织法奠定中国律师行业的基本管理格局；律师职业行为法确立律师职业行为的界限，体现律师行业的独立与自治。《律师法》目前是我国律师制度的基本法，也是我国律师职业伦理规范的重要组成部分。

《律师法》第 1 条规定了立法目的，即“为了完善律师制度，规范律师执业行为，保障律师依法执业，发挥律师在社会主义法制建设中的作用，制定本法”。《律师法》第 2 条第 1 款规定了“律师”的内涵，即“本法所称律师，是指依法取得律师执业证书，接受委托或者指定为当事人提供法律服务的执业人员”。第 2 条第 2 款规定了律师职业的宗旨，即“律师应当维护当事人合法权益，维护法律正确实施，维护社会公平和正义。”此外，《律师法》第四章“律师的业务和权利、义务”则与律师的职业行为密切相关,是对律师职业行为的具体指引,体现了极强的律师职业伦理规范特质。

(二)《律师执业管理办法》

《律师执业管理办法》第1条规定了制定该法的目的,即"规范律师执业许可,保障律师依法执业,加强对律师执业行为的监督和管理"。因此,《律师执业管理办法》成为我国司法行政机关管理律师职业的具体指导与依据,也是我国律师职业伦理规范的组成部分。《律师执业管理办法》是对《律师法》的具体化,其中第四章"律师执业行为规范"对律师的职业行为提出了明确的要求,第五章"司法行政机关的监督管理"则主要规定了司法行政机关对律师的行政处罚权限及程序。

(三)《律师执业行为规范(试行)》

《律师执业行为规范(试行)》第1条规定了"制定目的",即"规范律师执业行为,保障律师执业权益"。由此可见,《律师执业行为规范(试行)》与《律师执业管理办法》的制定目的存在相似之处,但也有不同,《律师执业管理办法》更加突出"监督与管理"这一目的,《律师执业行为规范(试行)》目前是我国律师职业最为重要的职责伦理规范。

《律师执业行为规范(试行)》是律师协会为律师的职业行为提供的具体指引,在第二章"律师执业基本行为规范"中对律师职业的一些基本价值取向,理想追求等带有强烈的伦理性的内容进行了规定。此外,律师协会还制定了一些其他规范,如《律师协会会员违规行为处分规则(试行)》《律师职业道德和执业纪律规范》等,这些是对《律师执业行为规范(试行)》的重要补充,共同构成了律师职业伦理规范的组成部分。

(四)《律师职业道德基本准则》

中华全国律师协会依据《司法部关于进一步加强律师职业道德建设的意见》,制定了《律师职业道德基本准则》。《律师职业道德基本准则》带有很强的概括性与抽象性,主要表现为一种强烈的道德性,其内容如下:

律师应当坚定中国特色社会主义理想信念,坚持中国特色社会主义律师制度的本质属性,拥护党的领导,拥护社会主义制度,自觉维护宪法和法律尊严。

律师应当始终把执业为民作为根本宗旨,全心全意为人民群众服务,通过执业活动努力维护人民群众的根本利益;维护公民、法人和其他组织的合法权益。认真履行法律援助义务,积极参加社会公益活动,自觉承担社会责任。

律师应当坚定法治信仰,牢固树立法治意识,模范遵守宪法和法律,切实维护宪法和法律的尊严。律师在执业中要坚持以事实为根据,以法律为准绳,严格依法履责,尊重司法权威,遵守诉讼规则和法庭纪律,与司法人员建立良性互动关系,维护法律正确实则,促进司法公正。

律师应当把维护公平正义作为核心价值追求,为当事人提供勤勉尽责、优质高效的法律服务,努力维护当事人合法权益。引导当事人依法理性维权,维护社会大局稳定,依法充分履行辩护或代理职责,促进案件依法、公正解决。

律师应当牢固树立诚信意识,自觉遵守执业行为规范,在执业中恪尽职守、诚实守信、勤勉尽责、严格自律。积极履行合同约定义务和法定义务,维护委托人合法权益,保守在执业活动中知悉的国家机密、商业秘密和个人隐私。律师应当热爱律师职业,珍惜律师荣誉,树立正确的执业理念,不断提高专业素质和执业水平,注重陶冶个人品行和道德情操,忠于职守,爱岗敬业,尊重同行,维护律师的个人声誉和律师行业形象。

关于我国律师职业伦理规范的完善,有学者认为,律师职业伦理规范体系的制定以及律师职业伦理规范实施体系的设计都必须对外部评价格局进行必要的回应。首先,在律师职业伦理规范制定修改的过程中必须对这些外部群体的立场给予更多的考虑。目前我国律师职业伦理规范的修改更多地被视为律师自己行业的事甚至被看作是律师协会自己的事情,对于其他法律职业和社会公众的需求并没有给予足够的考虑。其次,在律师职业伦理制定和实施过程中,必须对某些群体的诉求给予更多的回应。调查研究显示,在不同法律职业当中法官对于律师职业伦理水准总体评价是最为负面的。最后,在具体律师职业伦理失范行为上应该给予更大的回应。唯有引入更多的社会力量,建构一个更为公开的律师惩戒机制,才可能使得律师职业伦理规范更具有权威性。

二、我国法官职业伦理规范概况

法官的职业性质及其在法治社会中的地位和作用,使人们有理由对其有更高的职业伦理要求。法官职业伦理规范体系建构是法官职业伦理建设的重要环节。我国对于法官职业伦理规范已经有不少规定，主要包括全国人民代表大会常务委员会制定的《中华人民共和国法官法》以及最高人民法院制定的《法官行为规范》《中华人民共和国法官职业道德基本准则》（以下简称《法官职业道德基本准则》）。

（一）《法官法》

《法官法》以立法文本的显著标识，开启了我国法官的职业化进程。《法官法》目前是我国法官制度的基本法，也是我国法官职业伦理规范的重要组成部分。

《法官法》第1条规定了立法目的：即"全面推进高素质法官队伍建设，加强对法官的管理和监督，维护法官合法权益，保障人民法院依法独立行使审判权，保障法官依法履行职责，保障司法公正"。由此可见，《法官法》的立法目的至少包括五个方面：①推进法官的队伍建设；②加强对法官的管理和监督；③保障人民法院依法独立行使审判权；④保障法官依法履行职责；⑤保障司法公正。《法官法》第2条对法官进行了界定，即"法官是依法行使国家审判权的审判人员，包括最高人民法院、地方各级人民法院和军事法院等专门人民法院的院长、副院长、审判委员会委员、庭长、副庭长和审判员"。根据这一规定，法官仅限于人民法院内经依法任命的具体承担审判工作的人员。人民法院内从事司法行政工作的人员如行政、后勤人员，从事其他辅助性司法工作的人员如书记员等不属于法官。为了进一步明确法官的范围，《法官法》还采用列举的方式规定，法官包括最高人民法院、地方各级人民法院和军事法院等专门人民法院的院长、副院长、审判委员会委员、庭长、副庭长和审判员。除了《法官法》明确列举的人员以外，其他人员均不属于法官。

在《法官法》中，与法官职业伦理密切相关的条文包括第一章"总则"、第二章"法官的职责、义务和权利"、第六章"法官的考核、奖励和惩戒"等。其中第一章"总则"第3条规定，"法官必须忠实执行宪法和法律，维护社会公平正义，全心全意为人民服务。"作为司法人员，法官能否忠实执行宪法和法律，对于确立法律的权威性具有极为重要的意义。这一方面是因为法官的职责是通过审判活动将国家法律适用到现实生活中，法官依法行使审判权本身就使得国家法律得以贯彻执行；另一方面，法官在审判活动中遵守法律对于当事人和其他社会成员具有重要的示范作用和教育意义。

（二）《法官行为规范》

相比于《法官法》而言，《法官行为规范》则更加具体，主要集中体现在法官的行为控制上。从立案到上诉信访，涵盖了法官职务行为的方方面面，此外，还涉及法官的非职务行为。即第八章“业外活动”。在第一章“一般规定”中，《法官行为规范》给出了一些抽象性的关键词。如忠诚坚定、公正司法、高效办案、清正廉洁、一心为民等，这些可以视为法官职业伦理的基本要求。总体而言，《法官行为规范》系统全面、客观公正、便于操作，在详细规范司法活动各阶段法官行为的同时，更加突出法官的自律意识和职业道德观念，为各级人民法院进一步强化队伍建设、改进司法作风、树立良好形象提供了基本依据。

（三）《法官职业道德基本准则》

从《法官职业道德基本准则》的框架内容来看，其基本上是对《法官行为规范》第一章“一般规定”的具体化。换言之，《法官行为规范》主要侧重于法官职业伦理的规范性，而《法官职业道德基本准则》则主要体现法官职业伦理的伦理性或道德性。

关于我国法官职业伦理的发展，有学者认为，法官职业伦理的“环境”包括两方面：一是法官的职业化，这是法官职业伦理的前提；二是法治的要求，这是法官职业伦理的价值取向。还有学者就具体职业道德规范体系的设计提出了以下几个方面的建议：①法官道德规范既要跳出旧有的法律与道德分开，制定基本的行为规范，又要制定完美的道德规范；②在职业规范体系包括两类规范的同时，又可以在技术上分别制定成不同的规范文件，主要起道德指引作用的规范可以制定得较为宽泛，以“道德准则”等名称命名；③在具体操作规范上以基本行为规范为主，以道德规范为指引；④对于法官的违法、违纪或不当行为进行处理的机构可以分别由监察机关、检察机关和司法机关按照法定程序处理，由法院内部的纪检、监察部门处理。

三、我国检察官职业伦理规范概况

检察官职业伦理规范是规范性的职业伦理，其主要采取了一种义务或者行为禁止的方式，从纪律约束及管理方面对检察官予以控制。对于检察官职业伦理规范而言,规范的限定性决定了检察官伦理行为的规则化,这在一定程度上也决定了检察官职业伦理规范的核心要义,就是规则应当被遵守。我国对于检察官职业伦理规范已经有不少规定,主要包括全国人民代表大会常务委员会制定的《中华人民共和国检察官法》(以下简称《检察官法》)以及最高人民检察院制定的《检察官职业行为基本规范(试行)》《中华人民共和国检察官职业道德基本准则(试行)》(以下简称《检察官职业道德基本准则》)。

(一)《检察官法》

《检察官法》在促进我国法制建设的进一步完善,保障我国检察工作的健康运行以及推动我国检察制度的创新发展等方面都发挥着重要的作用。《检察官法》是我国检察官制度的基本法律,也是我国检察官职业伦理规范的重要组成部分。

《检察官法》第 1 条规定了立法目的,即"全面推进高素质检察官队伍建设,加强对检察官的管理和监督,维护检察官合法权益,保障人民检察院依法独立行使检察权,保障检察官依法履行职责,保障司法公正"。从该条的规定来看,《检察官法》的立法目的可以从五个方面来理解:①推进检察官的队伍建设;②加强对检察官的管理和监督;③保障人民检察院依法独立行使检察权;④保障检察官依法履行职责;⑤保障司法公正。在我国,按照一般的理解,司法权又可分为审判权和检察权。根据宪法和法律,我国人民检察院是国家法律监督机关,其职责是依法实施法律监督,对公诉案件审查起诉、依照法律规定对有关刑事案件行使侦查权,依照法律规定提起公益诉讼。人民检察院的检察活动是由检察官具体承担的,因此,检察官的素质高低直接影响人民检察院检察活动的质量,关系法律能否得以正确贯彻实施,从而直接影响社会公正能否顺利实现。

《检察官法》第 2 条对"检察官"进行了界定,即"检察官是依法行使国家检察权的检察人员,包括最高人民检察院、地方各级人民检察院和军事检察院等专门人民检察院的检察长、副检察长、检察委员会委员和检察员"。根据这一规定,检察官仅限于人民检察院内,经依法任命的,具体承担检察工作的人员。人民检察院内从事司法行政工作的人员如行政、后勤人员,从事其他辅助性司法工作的人员如法警、书记员等不属于检察官。为了进一步明确检察官的范围,《检察官法》还采用列举的方式规定,检察官包括最高人民检察院、地方各级人民检察院和军事检察院等专门人民检察院的检察长、副检察长、检察委员会委员和检察员。除了《检察官法》明确列举的人员以外，其他人员均不属于检察官。在《检察官法》中，与检察官职业伦理密切相关的条文包括第一章“总则”，第二章“检察官的职责、义务和权利”，第六章“检察官的考核、奖励和惩戒”等。其中第一章“总则”第3条规定：“检察官必须忠实执行宪法和法律，维护社会公平正义，全心全意为人民服务。”检察官是具体行使国家检察权的司法人员，检察官的职责就是通过开展检察活动，执行国家法律。检察官能否忠实执行国家宪法和法律，直接关系法律能否得到切实的贯彻与执行。

（二）《检察官职业行为基本规范（试行）》

最高人民检察院发布了《检察官职业行为基本规范（试行）》，其目的是规范检察官职业行为，保障和促进检察官严格、公正、文明、廉洁执法。由此可见，《检察官职业行为基本规范（试行）》的核心是规范检察官的职业行为，其基本定位是规范检察官职业行为的基础性、原则性、框架性文件，是检察官应当遵守的基本行为准则。

《检察官职业行为基本规范（试行）》在结构上分为职业信仰、履职行为、职业纪律、职业作风、职业礼仪、职务外行为、附则等部分，共53条，重点从六个方面对检察官职业行为基本规范提出了要求。《检察官职业行为基本规范（试行）》的内容比较抽象，不涉及具体执法行为的规范要求，同时也是制定检察官执法行为、语言、着装、廉洁自律等具体行为规范的依据。按照最高人民检察院的观点，贯彻落实《检察官职业行为基本规范（试行）》需要注意解决四个方面的问题：①要把学习贯彻《检察官职业行为基本规范（试行）》与进一步完善检察官职业行为规范体系结合起来；②要把解决当前突出问题与长期养成良好职业行为结合起来；③要把学习贯彻《检察官职业行为基本规范（试行）》与推动各项检察工作结合起来；④要把树立宣传典型与加大查处惩戒力度结合起来。

（三）《检察官职业道德基本准则》

从《检察官职业道德基本准则》的内容来看，“忠诚、为民、担当、公正、廉洁”等具有很强的概括性与抽象性，同时也体现了很强的伦理性或道德性，成为检察官职业伦理的基本内核。换言之，这是检察官职业伦理的底线，也是一种“角色伦理”。作为一名检察官，“忠诚、为民、担当、公正、廉洁”应该贯穿其整个职业生涯。

检察官职业伦理具有道德要求和行为规范相结合的性质，既有原则性、倡导性，也有操作性、规范性，甚至许多要求还具有强制性。它既指引检察官的职业行为，也制约检察官与职责相关的职务外行为；既关注检察官内心对检察职责的认识和思维活动，也关注为检察官行使职权提供的具体行为标准。缺乏对检察官职业伦理的认知和恪守，算不上称职的检察官；没有检察官职业伦理的支撑，也无法塑造健全的检察官职业。

关于我国检察官伦理的建构，有学者认为，我国检察官职业伦理规范体系存在着层次混乱、内容模糊等方面的问题，为增强检察官职业伦理的规范性和指导作用，有必要对其进行整理和重构。纵向区分底线伦理和德行伦理，充分发挥检察官职业伦理的惩戒和激励功能；以检察官的特有职业伦理为中心，以职业内容为源点，构建从核心到外围逐步展开的伦理规范体系。还有学者认为，在完善检察官职业伦理方面，要着重解决以下四个问题：①检察官职业伦理的制度化建构；②在检察官职业伦理的内容上，应当就检察官职责性伦理以及德行性伦理分别规定；③基于我国检察官之司法官的定位，以及强化此角色的要求，没有必要苛求检察官遵循行政伦理；④对于检察官职业伦理而言，也需要与政治伦理适当脱离。

四、我国公证员职业伦理规范概况

公证是由法律授权的专业人员或机构，对法律行为有法律意义的文书和事实进行的证明活动。在大陆法系各国，设置和完善公证制度的根本目的，均在保障民法私权自治原则的基础上，实现国家对重大经济活动与公民的重要法律行为的适度干预，以预防经济纠纷的产生和避免可能发生的社会矛盾，维护经济活动的正常秩序和社会的和谐稳定。公证员是公证制度健康运转的关键，公证员是否具备职业伦理，关系到公证制度的目的能否有效实现。我国对于公证员职业伦理规范也做了很多规定，主要包括全国人民代表大会常务委员会制定的《中华人民共和国公证法》（以下简称《公证法》），司法部制定的《公证员执业管理办法》以及中国公证协会制定的《公证员职业道德基本准则》。

（一）《公证法》

《公证法》确立了公证法律体系，规定了公证机构、公证员职责，完善了公证基本程序，有力地维护了市场秩序，保障了自然人、法人和其他组织的合法权益。《公证法》作为我国公证制度的基本法,也是公证员职业伦理的重要组成部分。

从《公证法》的框架内容来看,与公证员职业伦理密切相关的条文主要包括第一章“总则”、第三章“公证员”以及第六章“法律责任”。第一章“总则”第3条规定:“公证机构办理公证,应当遵守法律,坚持客观、公正的原则。”该条不仅是公证机构办理公证事务时应遵循的基本原则,也是公证员职业伦理的基本内涵:①守法,即指公证证明的法律行为或者有法律意义的事实和文书的内容、形式及取得方式符合国家法律、法规、规章的规定,不违反有关政策和社会公共利益;②客观,即公证的对象必须是客观存在,通过直观或人证、物证为公证员所确认,而且事实的内容与公证证明的内容相符;③公正,即公证员扮演的是第二人的角色,他要考虑的是当事人双方的利益,是社会的公共利益。

(二)《公证员执业管理办法》

司法部发布了《公证员执业管理办法》,其目的是加强对公证员的任职管理和执业监督,规范公证员的执业行为。公证员作为法律职业人员,其职业伦理素养和专业素养的好坏,关系到公证质量的好坏。因此,对公证员的执业行为进行监督与管理,成为司法行政部门的重要工作。《公证员执业管理办法》既是司法行政部门的管理依据,也是公证员规范自身执业行为的依据。

从《公证员执业管理办法》的框架内容来看,与公证员职业伦理密切相关的条文包括第一章“总则”、第五章“公证员执业监督检查”、第六章“法律责任”。第一章“总则”第4条第1款规定:“公证员应当遵纪守法,恪守职业道德和执业纪律,依法履行公证职责。保守执业秘密。”由此可见,除了《公证法》提出的“守法、客观、公正”三原则外,这里尤其提出了“保守执业秘密”。

五、我国仲裁员职业伦理规范概况

仲裁作为一种社会纠纷解决机制,也是国家法律所认可的一种争议解决方式。仲裁以效益为其价值目标,程序灵活、一裁终局,极大地缩减了争议解决周期,减少了当事人的成本。仲裁员职业道德是仲裁员在长期的仲裁实践中养成的职业意识、行为规范以及由这些职业意识、行为规范逐渐演化的仲裁职业所具有的基本道德规范和伦理要求。在我国,仲裁员的职业伦理规范主要包括三类:第一类是由全国人民代表大会常务委员会制定的《中华人民共和国仲裁法》(以下简称《仲裁法》);第二类是中国国际经济贸易仲裁委员会与中国海事仲裁委员会发布的《中国国际经济贸易仲裁委员会》《中国海事仲裁委员会仲裁员守则》;第三类是各地方制定的仲裁员守则,如《北京仲裁委员会仲裁员守则》《上海仲裁委员会仲裁员守则》等。

(一)《仲裁法》

一般认为,仲裁法是指调整仲裁关系的法律规范的总称,其有狭义和广义之分。所谓狭义的仲裁法,主要是指专门调整仲裁关系的单行仲裁法或仲裁法典。《仲裁法》不仅是当事人参与仲裁活动的法律依据,也为仲裁员的职业伦理作出了根本性规定。换言之,作为仲裁员也必须遵守《仲裁法》的规定。从《仲裁法》的框架内容来看,与仲裁员职业伦理密切相关的条文主要是第一章"总则"。例如,《仲裁法》第 7 条规定:"仲裁应当根据事实,符合法律规定,公平合理地解决纠纷。"第 8 条规定:"仲裁依法独立进行,不受行政机关、社会团体和个人的干涉。"第二章第 13 条第 1 款规定:"仲裁委员会应当从公道正派的人员中聘任仲裁员。"这些条文背后所隐含的诸如"公平、公正、独立"等价值都成为仲裁员职业伦理的价值基础,是仲裁员在执业行为中必须遵循的。

(二)《中国国际经济贸易仲裁委员会》《中国海事仲裁委员会仲裁员守则》

中国国际经济贸易仲裁委员会,又名中国国际商会仲裁院,原名是中国国际贸易促进委员会对外贸易仲裁委员会,它是原中央人民政府政务院建立的仲裁机构,其目的是专门解决对外贸易契约及交易中可能发生的争议。中国海事仲裁委员会,原名中国国际贸易促进委员会海事仲裁委员会。为了使海事仲裁更能适应中国及国际海事交往的发展需要,国务院将中国国际贸易促进委员会海事仲裁委员会改名为中国海事仲裁委员会。

《中国国际经济贸易仲裁委员会》《中国海事仲裁委员会仲裁员守则》主要是对仲裁员在参与仲裁活动中应该遵守的职业伦理进行了规定,其中第 1 条就明确规定"仲裁员应当根据事实,依照法律,参考国际惯例,并遵循公平合理原则独立公正地审理案件。"

（三）《仲裁员行为考察规定》

相比于《中国国际经济贸易仲裁委员会》《中国海事仲裁委员会仲裁员守则》，《仲裁员行为考察规定》的规定更加具体，直接对仲裁员可能面临的职业伦理问题进行规定，并提供了指引。例如，《仲裁员行为考察规定》第11条规定：仲裁员聘任期限内有下列情形之一的，仲裁委员会有权将其解聘：①被法院定罪或因追反法律受到严重行政处罚的；②故意隐瞒应当回避的事实；③无正当理由不到庭审理案件；④不参加合议、调查或者一年内开庭迟到两次的；⑤一年内不更开庭时间两次的；或者一年内两次未预留足够开庭时间，导致案件不得不再次开庭的；⑥在案件审理中，有违仲裁员的公正立场的；⑦对案件审理严重迟延负有主要责任的；⑧向当事人透露本人看法或仲裁庭合议情况的；⑨违反仲裁员勤勉谨慎义务，不认真阅卷，不熟悉案情，严重不负责任的。

（四）《北京仲裁委员会仲裁员守则》

第一，明确了守则的定位。以往《北京仲裁委员会仲裁员守则》从未涉及“规则定位”问题，而这恰恰是导致仲裁员守则内容庞杂、缺少逻辑性的重要原因。此次修改在参照上述仲裁员行为规范后，明确了守则的定位在于为仲裁员提供道德行为规范指引。例如，《北京仲裁委员会仲裁员守则》第1条规定，本守则属于仲裁员道德准则，不是《北京仲裁委员会仲裁规则》（以下简称《仲裁规则》）的组成部分。

第二，从三个阶段强调了仲裁员的职业伦理。将仲裁员在整个仲裁过程中应具备的职业操守分为三个阶段表述：一是接受选任时应披露“可能引起当事人对其公正性或独立性产生合理怀疑的任何事由”，以及保证付出当事人期望的时间与精力完成案件的审理（第3条、第5条）；二是在审理案件过程中，应平等对待双方当事人，独立、公正、毫不迟延地推进仲裁程序（第6至10条）；只是公正独立地制作裁决书，并对整个案件审理情况承担保密义务（第11条至第12条）。

关于我国仲裁员职业伦理规范建设，有观点认为，仲裁员都是在专家中产生，具有较高的素质，能够公正地作出裁决，认真履行职责。但是，由于人所存在的私欲导致自我约束的松懈，实践中仍然存在一些仲裁员违反职业道德、枉法裁判的现象，这就需要道德规范的约束。但是目前缺乏统一的全国性的仲裁员职业道德规范的约束。各地方的仲裁员守则或管理规定零碎、分散，往往只能成为摆设而执行力不够。本书认为，相比于律师、检察官、法官等职业群体而言，我国仲裁员职业伦理规范建设略显滞后，目前缺乏统一的仲裁员职业伦理规范。要加强仲裁员的职业伦理建设，我们必须从制定仲裁员的职业伦理规范入手，包括仲裁员的行为规范和考察仲裁员的行为。

目前，国外一些仲裁机构和协会均通过制定类似的规则来对仲裁员的行为进行引导和规范。例如，美国仲裁协会和美国律师协会制定了《商事争议中仲裁员的职业伦理守则》，国际律师协会制定了《国际仲裁员职业伦理》，英国皇家御准仲裁员学会制定了《仲裁员职业伦理守则》。因此，我们认为，中国应该适时制定全国统一的仲裁员职业伦理规范，强化仲裁员的职业伦理建设，确保仲裁员能够独立公正、勤勉、审慎地履行职责。

六、我国行政执法人员职业伦理规范概况

长期以来，行政执法人员职业伦理并未引起法律职业伦理学者的重视，传统上将其归入行政伦理的范围。2018 年 4 月，司法部印发了《国家统一法律职业资格考试实施办法》，明确规定：行政机关中初次从事行政处罚决定审核、行政复议、行政裁决、法律顾问的公务员，应当通过国家统一法律职业资格考试，取得法律职业资格。换言之，行政复议、行政裁决等行政执法人员被纳入我国法律职业人员群体之内，因此，他们也必须遵守法律职业伦理的基本价值以及共同规范。就行政执法人员的职业伦理规范而言，必须考虑行政执法人员的特殊性。一方面，他们是行政机关的工作人员，必须遵守国家公务员的相关行为规范。另一方面，他们是法律职业人员的组成部分，必须遵守法律职业伦理规范。从目前的规定来看，行政执法人员的职业伦理规范主要包括以下几个部分：第一类是由全国人民代表大会常务委员会制定的《中华人民共和国公务员法》（以下简称《公务员法》）以及《中华人民共和国行政处罚法》（以下简称《行政处罚法》）、《中华人民共和国行政复议法》（以下简称《行政复议法》）等法律中的相关规定；第二类是国务院制定的《行政机关公务员处分条例》；第三类是人力资源和社会保障部（原人事部）制定的《国家公务员行为规范》；第四类是各地方政府或行政机关制定的行政执法人员行为规范（职业道德规范或职业伦理规范）。

（一）《公务员法》

公务员法是关于国家公职人员人事管理的综合性法律。这是中华人民共和国成立以来由国家立法机关制定的第一部公职人员基本法，其立法目的是规范公务员的管理，保障公务员的合法权益，加强对公务员的监督，建设高素质的公务员队伍，促进勤政廉政，提高工作效能。关于《公务员法》的适用对象，《公务员法》第 2 条进行了明确规定，本法所称公务员，是指依法履行公职、纳入国家行政编制、由国家财政负担工资福利的工作人员。由此可知，行政机关中初次从事行政处罚决定法制审核、行政复议、行政裁决，法律顾问的公务员也属于《公务员法》的调整范围，因此，也应当遵守《公务员法》的相关规定。从《公务员法》的框架内容来看，与行政执法人员的职业伦理相关的条文主要包括"公务员的条件、义务与权利""监督与惩戒""申诉与控告""法律责任"等内容。《公务员法》第 14 条规定："公务员应当履行下列义务：①忠于宪法，模范遵守、自觉维护宪法和法律，自觉接受中国共产党领导；②忠于国家，维护国家的安全、荣誉和利益；③忠于人民，全心全意为人民服务，接受人民监督；④忠于职守，勤勉尽责，服从和执行上级依法作出的决定和命令，按照规定的权限和程序履行职责，努力提高工作质量和效率；⑤保守国家秘密和工作秘密；⑥带头践行社会主义核心价值观，坚守法治，遵守纪律，恪守职业道德，模范遵守社会公德、家庭美德；⑦清正廉洁，公道正派；⑧法律规定的其他义务。这是所有公务员必须遵守的义务，行政执法人员也不例外。

（二）《行政机关公务员处分条例》

《行政机关公务员处分条例》是由国务院制定颁布的，其目的是严肃行政机关纪律，规范行政机关公务员的行为，保证行政机关及其公务员依法履行职责。从《行政机关公务员处分条例》的框架内容来看，其主要是对行政机关公务员的处分进行了规定，包括处分权限、处分程序、处分事由等，这些规定同样适用于行政机关中初次从事行政处罚决定审议、行政复议、行政裁决、法律顾问的公务员。

（三）《国家公务员行为规范》

《国家公务员行为规范》制定发布的目的是建设具有公仆意识、廉洁、高素质、专业化的公务员队伍。《国家公务员行为规范》的主要内容一共有 8 条，包括政治坚定、忠于国家、勤政为民、依法行政、务实创新、清正廉洁、团结协作、品行端正。《国家公务员行为规范》关于国家公务员的行为提出的基本要求同样也适用于行政机关中初次从事行政处罚决定审核、行政复议、行政裁决、法律顾问的公务员。

(四)《上海市行政执法人员执法行为规范》

《上海市行政执法人员执法行为规范》一共有22条,对于行政执法人员从事行政检查、行政强制以及行政处罚等行政执法行为提出了基本要求。例如,《上海市行政执法人员执法行为规范》第5条规定:“行政执法人员从事行政执法活动,应当仪表整洁、语言文明、举止得体、方式得当。行政执法人员在行政执法中,不得使用粗俗、歧视,侮辱以及威胁性语言,不得刁难当事人或者做出有损行政执法人员形象的行为。”第7条规定,“行政执法人员从事行政执法活动,应当遵守法定程序,严格按照法定的方式、步骤、顺序、期限等实施。行政执法人员从事行政执法活动时,应当向当事人出示行政执法证件;除适用简易程序外,必须两人以上共同进行。行政执法人员与案件有利害关系、可能影响公正处理的,应当回避。”在社会生活中,行政执法人员代表国家担负着维护社会稳定、保障公民人身、财产安全等职责,与社会公众生活关系密切。行政执法人员职业伦理水平的高低直接关系社会公众对政府的评价,因此,必须加强行政执法人员的职业伦理建设。目前,我国尚未在国家层面专门制定行政执法人员职业伦理规范,行政执法人员的职业伦理规范散见于各类法律法规中。为了能够提高行政执法人员职业伦理规范的实效性,强化行政执法人员的职业伦理意识,有必要制定全国统一的行政执法人员职业伦理规范。

第四节　国外法律职业伦理规范

一、国外法官职业伦理规范建设

（一）美国法官职业伦理规范建设

在美国，法官在担任法官之前必须有多年的法律实践经验，可以是私人律师、检察官或者公设辩护人，也可以是从事法学教学科研工作的学者或者担任政府部门法律顾问的官员。有关法官职业伦理的具体规范主要包括以下两类：一是由美国国会通过的《1980 年司法行为与资格丧失法案》和《司法行为与司法资格丧失程序规则》。根据这两个规范，任何人都可以对联邦法官的不当行为提起控诉。二是由美国司法会议通过的《美国法官行为准则》。该规范不仅包括联邦法官的职业伦理规则，还对联邦法官履行职责以及参与各种外部活动提供指导。《美国法官行为准则》主要内容如表 2-1 所示：

表 2-1　《美国法官行为准则》

章节	标题	主要内容
1	前言	规则的制定及修改情况、规则的适用对象（包括美国巡回法官、地区法官、破产法官等）
2	法官应坚持司法廉洁与独立	一个独立和光荣的司法机构对社会正义是不可或缺的。法官应保持并执行高标准的行为，并应亲自遵守这些标准，以保持司法机构的完整性和独立性
3	法官应避免在所有活动中出现不当行为	尊重法律、外部影响以及不歧视其他成员
4	法官应当公平、公正、勤勉地履行职责	裁决责任、行政责任、资格取消
5	法官可以从事与司法机关义务相一致的社会活动	与法律相关活动（写作、演讲、教学、咨询等）、慈善活动、筹款活动、金融活动、信托活动等

续表 2-1

章节	标题	主要内容
6	法官应避免政治活动	一般禁令、候选人辞职及其他政治活动
7	遵守行为准则	兼职法官、临时法官、退休法官
8	期限	在准则通过之前存在违反准则之相关情况的，应该在一定期限内妥善解决好相关问题

（二）德国法官职业伦理建设

在德国，法官属于国家公职人员，和其他公务员一样受到法院行政部门在业务上的监督。德国法官的职业伦理规范主要包括《法官法》和《联邦公务员法》。在德国，法官职务属于政府公务员序列，法官具有公务员身份，故适用于联邦公务员的惩戒法也适用于联邦法官。同时考虑到法官职业较之其他公务员有特殊性，德国《法官法》对惩戒法的规定进行了相应调整。因此，法官违反《法官法》第 38–43 条规定的职务义务及《联邦公务员法》第 52–76 条之一般公务员应尽之义务规定的，均构成失职行为，受到惩戒。

（三）国际层面的法官职业伦理建设

国际法官协会在奥地利萨尔茨堡成立。它是一个专业的、非政治性的国际组织，由各个国家法官协会组成，而非由法官个人组成。该协会的主要目的是维护司法独立，这是司法取证的基本要求，也是保障人权和自由的基本要求。国际法官协会中央理事会通过了《国际法官协会法官通用宪章》，并于 2017 年 11 月 14 日进行了修订。《国际法官协会法官通用宪章》主要内容如表 2–2 所示：

表 2–2　《国际法官协会法官通用宪章》的框架内容

章节	标题	主要内容
1	前言	规则的制定及修改情况、规则的适用对象
2	一般原则	法治信仰、法官独立性、法官公平公正
3	对外独立	独立性的层级、办公室安全、司法委员会（该委员会完全独立于国家权力，主要为了维持法官独立性）、保护法官和尊重判决等

续表 2-2

章节	标题	主要内容
4	内部独立	法官服从法律、个人自治、法院管理、如何分配案例、言论自由与结社自由等
5	招聘和培训	法官的招聘与培训
6	任命、晋升和考核	法官的任命、晋升与考核等
7	职业伦理	基本要求、公正、正直、克制、效率等
8	惩戒	惩戒程序、民事和刑事责任
9	薪酬、社会保障和退休	法官的薪酬、社会保障与退休
10	宪章之适用	宪章的适用对象及范围

二、国外检察官职业伦理规范建设

（一）美国检察官职业伦理规范建设

在美国，检察官的主要职责是将刑事程序中的事实真相予以呈现。不像律师仅是单纯辩护者，检察官代表的是整个社会。全美地区检察官协会制定了《美国检察官守则》，目的在于为检察官行使检察权提供指导。不过该守则仅具有补充性质，并不能取代美国各司法管辖区已有的伦理准则。《美国检察官守则》的框架内容如表 2-3 所示：

表 2-3 《美国检察官守则》的框架内容

章节	标题	主要内容
1	一般守则	检察官之责任、专业化、利益冲突、遴选、报酬、培训、豁免权等
2	关系	与地方团体的关系、与州刑事司法机关的关系、与联邦刑事司法机关的关系、与其他追诉机关的关系、与其他执法机关的关系、与法院的关系、与犯罪嫌疑人及被告的关系、与辩护人的关系、与犯罪被害人的关系、与证人的关系等

续表 2-3

章节	标题	主要内容
3	侦查	侦查通则、令状审查、大陪审团调查、豁免权之准许等
4	进入审判前之注意事项	筛选、提起公诉、分流处分、审前释放、首次听证程序、预审程序、没收、大陪审团之控诉功能、开示、少年司法等
5	认罪协商及认罪协议的适当性	总则、认罪协商之有效性、决定认罪协商之可行性及可接受性、认罪协议的履行等
6	审判	诚实公正面对法庭、遴选陪审员、与陪审团之关系、开场声明、证据呈现、证人询问、异议及请求等
7	量刑	量刑、缓刑、社区计划方案等
8	宣判后	捍卫有罪判决之责任、上诉等

（二）英国检察官职业伦理规范建设

在英国，皇家检控署根据《1985 年犯罪起诉法案》制定了《皇家检察官守则》，该守则目前已历经 8 次修订。《皇家检察官守则》主要对检察官执行职务时的职业伦理行为进行了规定，要求英国的检察官必须遵守。《皇家检察官守则》规定，检察官应公正、独立、客观地执行职务，以实现公平正义，不得因个人对犯罪嫌疑人、被害人或证人之种族或血统、身体残疾、性别、宗教信仰、政治或性别取向之观感，而影响其起诉与否之决定，也不应受到任何不当或不合理的压力之影响。检察官不得以追求有罪判决为意志，应确保起诉的公正性及正确性。《皇家检察官守则》主要内容如表 2-4 所示：

表 2-4　《皇家检察官守则》的框架内容

章节	标题	主要内容
1	前言	规则的制定及修改情况、规则的适用对象
2	一般原则	检察官的独立性是民主社会刑事司法系统的核心、检察官的职责不是决定一个人是否犯罪，而是评估是否适合提出刑事指控，决定不起诉并不意味着不存在受害者等

续表 2-4

章节	标题	主要内容
3	决定是否起诉	检察官有权在案件中决定是否提起控诉以及提起何种控诉、警察及其他调查人员负责对案件进行调查、检察官不得向警察及其他调查人员进行指导、检察官需要对警察提交的每一件案件进行审查等
4	完全守则审查	检察官在决定起诉或不起诉之前,必须进行两个方面的审查:证据审查和公共利益审查(公共利益阶段)
5	阈值审查	阈值审查主要包括5个条件:有合理的理由怀疑被指控的人犯了罪;进一步的证据可以为定罪提供现实前罪;案件的严重性或情况证明立即进行指控是合理的;有充分的理由拒绝任何情况下的保释;控诉是符合公共利益的
6	控告选择	检察官在选择罪名时需要考虑以下因素:反映犯罪的严重性;给予法院足够的权力来判决和执行适当的定罪命令;在适当情形下可以没收被告人的犯罪所得;以清晰简单的方式呈现案件
7	庭外处置	如果法庭外处置是对罪犯或犯罪严重性及后果的适当反映,则可以代替起诉
8	法庭选择	检察官在进行法庭选择时必须考虑的因素
9	接受有罪申辩	检察官在对待犯罪嫌疑人的有罪申辩时应该着重考虑的因素
10	重新审视起诉决定	检察官在面对一些需要重新审查起诉的案件时需要考虑的因素

(三)国际层面的检察官职业伦理规范建设

在国际层面第八届联合国预防犯罪和罪犯待遇大会通过了《关于检察官角色指引》,目的在于协助会员国确保和促进检察官在刑事诉讼程序中发挥有效、不偏不倚和公正无私的作用。《关于检察官角色指引》的框架内容如表 2-5 所示:

表 2-5　《关于检察官角色指引》的框架内容

章节	标题	主要内容
1	资格、甄选及培训	检察官的资格、甄选及培训条件
2	职务身份及工作条件	检察官的职业身份、工作条件、保障等
3	言论及结社自由	检察官在行使言论自由、结社自由等权利时应该遵守的职业伦理规范
4	在刑事诉讼中的角色	检察官在刑事诉讼中应该遵循的职业伦理，包括避免歧视、客观行事、以保障公共利益为念、保守秘密等
5	裁量权之行使	检察官行使裁量权时应该遵循公平性及一致性
6	起诉至替代方案	检察官基于尊重被告及被害人权益，应该慎重考量放弃追诉、无条件暂缓追诉等
7	与其他政府机关或机构的关系	检察官应确保起诉的公正性、有效性，妥善处理与警察、法院、辩护人等的关系
8	惩戒程序	检察官违反职业行为准则时，应该依据适当的程序，公平、及时、公正地处理

三、国外律师职业伦理规范建设

（一）美国律师职业伦理规范建设

在美国，“律师职业伦理”是一套完整的法律体系，它由美国律师协会和各州律师协会制定的有关规范、各个法院制定的相关法庭规则、法学权威人士的著述和权威法律文献以及法院的相关判例组成。但是，美国没有哪一部法律或判例可以单独被称为“律师职业伦理”。20 世纪 60 年代，美国律师协会认定，反复修订《法律职业伦理准则》于律师行业不利，于是颁布了《法律职业责任法典》（以下简称《法典》）。各地的律师协会，还有许多法院，都很快地将《法典》作为其处理涉及律师角色问题的指导原则，并把它当作规制律师伦理行为的利器。之后，《法典》曾几经修订。20 世纪末，美国律师协会制定了一套新的职业伦理法规，即《职业行为示范规则》。制定《职业行为示范规则》的主要原因是，美国律师协会职业伦理委员会认为,《法典》冗赘不堪,且漏洞百出。《法典》分为准则、伦理考量、惩戒规则等部分,而《职业行为示范规则》未做此划分,采取了较为简易的编写结构,只包括规则和注释两个部分。《职业行为示范规则》涉及 8 个方面,如表 2-6 所示:

表 2-6　美国律师协会《职业行为示范规则》框架内容

章节	标题	主要内容
1	委托人—法律关系	律师对委托人的基本职责,包括资质与能力、代理范围、勤勉尽责、与委托人的交流、收费、保密、利益冲突、机构代理、拒绝代理或中止代理、法律执业的出让以及对未来新客户的职责
2	代理律师	律师的法律顾问角色,包括在非讼代理中给委托人提供咨询意见、充任委托人的“法律审计师”和中立的第三方
3	庭辩律师	在法律允许的范围内积极辩护,包括无意义的诉求主张、加速诉讼进程、委托人欺诈或伪证行为、遵守法庭规则、审判的公开度、律师充任证人
4	与委托人以外的人员交往	律师公平对待非委托人的义务,包括谈判技巧、与有律师代理的人员和无律师代理的人员交往
5	律师事务所与律师结社	法律执业的组织,包括主管律师与下属律师相互之间的责任、对无律师资格的辅助人员的控制、非法执业、停业后不再竞争的承诺、提供与法律相关的服务
6	公益法律服务	从事公益活动,包括自愿或者被安排提供的法律服务、在法律援助机构及法律改革组织中提供法律服务
7	涉及法律服务的信息	在商业领域,美国联邦宪法第一天正案诸多价值与保护公众之间的相互作用,包括广告、当面说服委托人接受代理、律师的专业化
8	维护法律职业的体统	规制法律职业及其组织机构的附属规则,包括律师资格的获取、对律师及法官不当行为的举报、惩戒、规则的管辖及适用选择

由于美国律师协会是一个非官方的民间职业联盟，并不享有立法权，因此，该规则只是一个建议性规范，并不具有强制性。通常情况下，各州通过自主的正式采纳与批准，使该规则对州内的执业律师生效。例如，美国加利福尼亚州律师协会就制定了《加利福尼亚州律师职业行为准则》，该准则由加利福尼亚州律师协会理事会通过，并获得了加利福尼亚州最高法院的批准。该准则连同理事会据此通过的所有标准对加利福尼亚州律师协会的所有会员都具有约束力。《加利福尼亚州律师职业行为准则》主要内容如表 2-7 所示：

表 2-7　《加利福尼亚州律师职业行为准则》的框架内容

章节	标题	主要内容
1	律师—委托人关系	律师的代理范围和基本职责、勤勉义务、与委托人沟通、法律服务的费用、保密义务、利益冲突等
2	法律顾问	律师作为顾问、律师作为中立第三方、律师作为临时法官、律师作为调解员、律师作为法庭指派的仲裁员等
3	辩护	延迟诉讼、与法官联系、审判公开、律师作为证人、检察官的特殊职责等
4	与非委托人之关系	对他人陈述的真实性、与被代理人沟通、与非被代理人沟通、无意中传递文字的责任等
5	律师事务所与律师协会	管理和监督律师的职责、律师助理的职责、非律师助理的职责等
6	公共服务	法律服务组织成员、有限法律服务项目等
7	法律服务的信息	律师广告、非邀约客户、律师事务所名称等
8	维护法律职业的体统	关于申请律师执业资格的虚假陈述、司法官员、不当行为、禁止歧视、禁止性骚扰、禁止报复、惩戒权等

（二）日本律师职业伦理规范建设

在日本，有关律师职业伦理的具体规范主要包括由国会通过的《律师法》和由日本律师联合会通过的《日本律师职务基本准则》。日本《律师法》第一章“律师的使命与职务”、第四章“律师的权利与义务”、第八章“惩戒”都与律师职业伦理密切相关。《日本律师职务基本准则》则主要对律师执业行为进行具体规定，目的是明确有关律师职务的伦理与行为规范。《日本律师职务基本准则》主要内容如表2-8所示：

表2-8 《日本律师职务基本准则》的框架内容

章节	标题	主要内容
1	基本伦理	律师的使命、律师自治、司法独立的拥护、信义诚实、名誉与信用、钻研、公益活动的实践等
2	一般规则	广告及宣传、委托、与非律师的协作、报酬分配的限制、委托人介绍的等价报酬、违法行为的助长等
3	与委托人关系的规则	与委托人关系的自由与独立、正当利益的实现、对委托人意思的尊重、保密、律师的报酬、与委托人的金钱借贷等
4	刑事辩护的规则	刑事辩护的心理准备、会见的确保、防御权的说明、指定辩护案件的报酬等
5	职内律师的规则	自由与独立、对于违法行为的措施等
6	与案件对方关系的规则	与对方本人的直接交涉、来自对方的利益提供、向对方提供利益等
7	共同事务所的规则	保密、不得履行职务的案件、案件信息的记录等
8	关于律师法人的规则	保密、不得从事职务工作的案件、不能办理业务的案件等
9	与其他律师关系的规则	对名誉的尊重、对律师的不利行为、律师间的纠纷等
10	与审判关系的规则	判决公正与合法程序、教唆伪证、审判程序的拖延、与法官私人关系的不当利用等
11	与法律协会关系的规则	日本《律师法》等的遵守、委托事项的不当拒绝等
12	与政府机关关系的规则	委托事务的不当拒绝、受托的限制等
13	解释适用指南	解释与适用

（三）欧洲律师职业伦理规范建设

在欧洲大陆，除各个国家制定了相应的律师职业伦理规范外，欧盟还从整个欧洲律师职业发展的角度制定了统一的律师职业伦理规范，具体包括《欧洲律师行为准则》和《欧洲律师职业核心原则宪章》。欧盟制定职业行为准则的目的是，在其适用对象自愿接受的前提下，确保律师正确履行其职能。这对于所有文明社会而言都是必不可少的。如未能遵守此类准则，则该律师将会遭受违纪处罚。欧洲律师协会理事会通过了《欧洲法律职业核心原则宪章》，宪章的目标之一是协助正在努力取得独立的律师协会，加强律师间对律师在社会中的重要性的理解。宪章针对的对象包括律师群体本身以及更广泛的决策者和公众。《欧洲律师行为准则》主要内容如表 2-9 所示：

表 2-9　《欧洲律师行为准则》的框架内容

章节	标题	主要内容
1	序言	界定律师在社会中的功能，职业行为的目的，规则的宗旨及适用
2	总则	提出职业行为的一般性原则，如诚信与个人品行、保密、利益冲突、委托人利益、遵从规则
3	与委托人关系	利益冲突、关于接受和终止委托的训示、收费准则、保险
4	与法庭的关系	庭上行为规则、庭上举止、普用程序、虚假或误导性信息
5	律师间关系	律师间信函往来、业务介绍费、撤换律师、青年律师培训、争议管理

（四）国际层面的律师职业伦理规范建设

34 个国家律师协会在纽约举行会议，创办了国际律师协会。国际律师协会的目的是促进全世界范围内律师协会之间的信息交流，支持司法独立和律师权利，使律师的执业不受阻碍，通过其所属的人权研究所在全球范围内保护律师的人权。21 世纪初，国际律师协会通过了《法律职业行为国际准则》。该准则旨在设立一个普遍接受的框架，世界各地相关律师组织可据此设定行为准则，推动和促进律师执业的最佳状态。该准则并非为取代或限制律师在相应法律或职业行为准则下的义务，也不应用作强加责任、制裁或任何纪律措施的标准。《法律职业行为国际准则》主要内容如表 2-10 所示：

表 2-10 《法律职业行为国际准则》的框架内容

章节	标题	主要内容
1	独立	律师应当保持独立。并应获得该独立能带来的保护，给予客户无偏见的建议和代理。律师在建议客户时应作出独立、无偏见的职业判断，包括客户案件胜诉可能性
2	诚信、公正、公平	律师应在任何时间都对客户、法院、同事及在工作中接触的所有人保持最高水准的诚信、公正和公平
3	利益冲突	律师不应承接使客户利益与律师本人、同一律师事务所另一律师或另一客户的利益形成冲突的工作，法律、相关职业行为准则允许或客户授权许可的情况除外
4	保密性	律师应始终保持并能够获得必要保护从而对现有或之前客户事务保密，法律和/或相关职业行为准则允许或要求的情况除外
5	客户利益	律师应将客户利益放在首位，但该要求不能与律师对法院和司法、遵守法律、保持道德标准的义务相冲突
6	律师承诺	律师应在执业期间及时完成承诺，直到承诺履行、终止或解除
7	客户自由	律师应尊重客户选择代理律师的自由。律师应自由接受或拒绝案件，除非职业行为准则或法律禁止
8	客户和第三方财产	律师应尽职尽力、谨慎负责托付给他的客户或第三方财产，并与自己的财产分开
9	能力	律师工作应以胜任、及时的方式完成。对不适合按此方式完成的工作，律师不应接受
10	费用	律师有权对其工作收取合理的费用，不应收取超出常理的费用。律师不应制造出不必要的工作

第五节　法律职业的其他规范

一、独立规范

就职业的独立性而言，对法官的要求特别高。关于法官的独立性，德国学者包尔列举了八个方面：①法官必须独立于国家和社会间的各种势力；②法官必须独立于上级机关；③法官必须独立于政府；④法官必须独立于议会；⑤法官必须独立于政党；⑥法官必须独立于新闻；⑦法官必须独立于国民的声望；⑧法官必须独立于自我、偏见和激情。很多国家在本国宪法中确立了法官独立的原则，意大利《宪法》第101条规定："法官只服从法律。"俄罗斯联邦《宪法》第120条规定："法官是独立的，只服从于俄罗斯宪法和联邦法律。"美国律师协会制定的《司法行为准则》明确规定："独立的、受尊重的司法机构是在我们的社会中正义所必需的。法官应当参与建立、保持和履行较高的行为准则，并应当身体力行遵守这些准则，从而保持司法操守和独立性。""法官应尊重或服从法律，并在任何时候都应以增进公众对司法遵守和公正性的信赖方式行为。""法官应当信守法律，保持在法律方面的职业能力，法官不应受政党利益和公众议论的影响，也不应惧怕批评。"该司法行为准则中的许多关于法官职业道德的规定都与保持法官职业的独立性有着密切的关系。

我国《法官法》中明确规定法官必须"忠实执行宪法和法律"；"法官依法履行职责，受法律保护"；"审判案件必须以事实为根据，以法律为准绳。"这些规定都体现了法官职业的独立性。最高人民法院发布的《法官职业道德基本准则》第一部分"保障司法公正"中就法官保持职业的独立性方面更是做出了一系列具体的规定，其中包括："法官在履行职责时，应当忠实于宪法和法律，坚持和维护审判独立的原则，不受任何行政机关、社会团体和个人的干涉，不受来自法律规定之外的影响。""法官在审判活动中，应当独立思考、自主判断，敢于坚持正确的意见。""法官应当抵制当事人及其代理人、辩护人或者案外人利用各种社会关系的说情，并按照有关规定处理。""法官在审理案件的过程中，应当避免受到新闻媒体和公众舆论的不当影响。"等。

独立规范不仅适用于法官，也适用于检察官。联合国《关于检察官作用的准则》中规定:“检察官作为司法工作的重要行为者,应在任何时候都保持其职业的荣誉和尊严。”“各国应确保检察官得以在没有任何恐吓、阻碍、侵扰,不正当干预或不合理地承担民事、刑事或其他责任的情况下履行其专业职责。”“检察官在履行职责时应不偏不倚,并避免任何政治、社会、文化、性别或任何其他形式的歧视。”“有些国家规定检察官拥有酌处职能,在这些国家中法律或已公布的法规或条例应规定一些准则,增进在检控过程中作出裁决,包括起诉和免予起诉的裁决的公正和连贯性。”这些规定在一定程度上体现了检察官的职业独立性原则。在我国,检察机关属于司法机关,我国《刑事诉讼法》明确规定:“人民检察院依照法律规定独立行使检察权。”检察机关的独立最终要通过检察官的独立来实现。我国《检察官法》和《检察官职业道德规范》中也都有关于检察官保持执业独立性的要求的规范。

独立规范同样适用于律师职业。由于律师在执业中要接受当事人的委托授权,律师的执业对于当事人具有一定的依附性,因此律师的职业独立性相对于法官的独立性显得不是那么突出,但是这并不意味着律师执业就没有独立性。联合国《关于律师作用的基本原则》规定:“律师在保护其委托人的权利和促进维护正义的事业中,应努力维护受到本国法律和国际法承认的人权和基本自由,并在任何时候都根据法律和公认的准则以及律师的职业道德,自由和勤奋地采取行动。”美国律师协会制定的《律师职业行为示范规范》就有关于“律师职业独立性”的专节规定,在“代理范围”一节中更是明确指出:“律师代理客户,包括被指定代理,并不意味着建立起一种对客户政治、经济、社会道德观点和活动的认可。”中华全国律师协会在2001年修订的《律师职业道德和执业纪律规范》第27条规定:“为维护委托人的合法权益,律师有权根据法律的要求和道德标准,选择完成或实现委托目的的方法。对委托人拟委托事项或者要求属于法律或律师执业规范所禁止的,律师应告知委托人,并提出修改建议或予以拒绝。”这些规定都体现了律师执业独立性的要求。

独立规范也适用于公证员。《中华人民共和国公证法》第2条规定:“公证是公证机构根据自然人、法人或者其他组织的申请,依照法定程序对民事法律行为、有法律意义的事实和文书的真实性、合法性予以证明的活动。”公证活动本质上是一种证明活动,如果公证员缺乏职业的独立性,就会很容易破坏公证的权威性。关于公证员的独立性,中国公证员协会三届三次理事会通过的《公证员职业道德基本准则》第2条规定:“公证员在履行职责时,应当恪守独立、客观、公正的原则,不受非客观事实和法律之外因素的影响。”可见,独立规范是公证员非常重要的执业规范。

二、效率规范

许多国际和国外的涉及法律职业行为的司法文件和准司法文件对效率规范作出了明确的规定。联合国《公民权利和政治权利国际公约》第9条规定:“任何被逮捕的人,在被逮捕时应被告知逮捕他的理由,并应被迅速告知对他提出的任何指控。”第14条规定:“在判定对他提出的任何刑事指控时,人人完全平等地有资格享受以下的最低限度的保证:(甲)迅速以一种他懂得的语言详细地告知对他提出的指控的性质和原因;(乙)有相当时间和便利准备他的辩护并与他自己选择的律师联络;(丙)受审时间不被无故拖……”这些规定虽然针对的是人权的保护,但也是间接地规定了司法机关包括司法人员的义务。从这些规定上看,法律职业者的执业效率问题直接关系到当事人的人权。再如美国律师协会制定的《司法行为准则》(以下简称《准则》)有关效率的规定就更为详细。该《准则》第三部分第8条规定:“法官应当迅速地、有效地、公正地处理各种司法事务。释义:在迅速地、有效地、公正地处理事务时,法官必须表明其合理地考虑到了将要出庭的当事人的权利,在解决纠纷时没有付出不必要的花费或迟延,在控制成本且保护当事人的基本权利的同时保护了证人及公众的利益。法官应当控制和监督案件合理进度以减少或消除拖拉现象,避免迟延或不必要的花费。法官也应当鼓励和寻求和解,但当事人不应感到为了由法官解决争议而被迫放弃权利。有效地处理法院的事务,要求法官必须为履行义务付出足够的时间准时出庭、及时就提交的事宜作出裁决并为此目的与法院工作人员、诉讼当事人及其律师相互合作。”美国律师协会制定的《律师职业行为示范准则》规定:“律师必须合理告知客户事情进展的情况并及时适应新信息的要求。”“律师必须合理努力加速诉讼,如果加速与其客户利益一致。”这些规定都体现了效率原则。

效率规范在我国的相关法律职业伦理规范中也大都有体现。最高人民法院的《法官职业道德基本准则》第11条规定法官应严格遵守法定办案时限,提高审判执行效率,及时化解纠纷,注意节约司法资源,杜绝玩忽职守,拖延办案等行为。《律师职业道德和执业纪律规范》第30条规定:“律师应当严格按照法律规定的期限、时效以及与委托人约定的时间，及时办理委托的事务。”第 31 条规定：“律师应当及时告知委托人有关代理工作的情况，对委托人了解委托事项情况的正当要求，应当尽快给予答复。”《公证员职业道德基本准则》第 10 条规定：“公证员应当按规定的程序和期限办理公证事务，及时受理、审查、出证，不得因个人原因和其他主观因素拖延推诿。”这些规定都体现了效率规范。

效率问题是如此重要，那么当效率规范与正义规范相冲突的时候，应当如何处理呢？这就涉及效率规范与正义规范之间的关系。经济学领域提出效率优先，兼顾公平。那么在司法和法律服务领域能否适用这一规范呢？“合法权利的初始界定会对经济制度运行的效率产生影响。权利的一种调整会比其他安排产生更多的产值。”

由于法律资源配置上的效率优先，“效率与公平相冲突时，为了效率之价值目标，公平可以退居第二位，直至暂时作出必要的自我牺牲。”但是从总体上，在处理正义与效率的关系时，我们需要运用现有的法律机制尽可能平衡二者的冲突，扩大其互补性，缩小它们之间的矛盾与差别。

三、平等规范

对法官而言，平等规范要求其恪守职业操守，做到公正、中立、平等地对待案件的每一方当事人。如果法官对一方当事人心怀偏私，那么另一方当事人就申告无门了。法官在工作中要做到对待当事人一视同仁，不应当公私有别，内外有别。要坚持在法律面前人人平等，平等地保护各方主体的合法权益。法官应保持诉讼过程的平等性。《法官职业道德基本准则》第 10 条规定：“法官在履行职责时，应当平等对待当事人和其他诉讼参与人，不得以其言语和行为表现出任何歧视，并有义务制止和纠正诉讼参与人和其他人员的任何歧视性言行。”法官应当充分注意到由于当事人和其他诉讼参与人的民族、种族、性别、职业、宗教信仰、教育程度、健康状况和居住地等因素而可能产生的差别，保障诉讼各方平等、充分地行使诉权。法官要认真听取当事人的辩解与理由，还有律师、其他诉讼参与人的意见，在法官评议中、在裁决理由中、在法律文书中做出有理有据的回应，或采纳或批驳，即做到裁判说理。不能你说你的，我判我的，如果这样的话，就是司法专断。让法官做出的裁决结论，不但实体、程序上是公正的，而且要让这种公正获得合情合理的形式，能够说服普通人，为广大人民群众所接受。法官应当尊重律师的平等权利，不能无端打断律师的辩论陈词，或者对律师的陈词或主张加以道德上的指责，这样不但将使律师尴尬，也将损害法官在当事人与律师中的形象。司法公正不仅要求法官作出一个公正的判决，还要求公正以人们看得见的方式实现，其中也包括了法官应公正行事，平等对待诉讼当事人。德国联邦（最高）法院退休法官傅德在讲到德国法官法关于法官的行为不得有损于对自己独立性的信任时，认为，“法官与每一方当事人都保持相应距离并避免给人以怀疑，即他更多地听从一方当事人的意见或者不公平地受到一方诉讼当事人、某被告、某律师的影响”。

对检察官而言，平等原则表现为，依法尊重当事人的合法诉讼权利，尊重法官和律师，遵守法庭秩序，依法履行好国家赋予的职责。

平等规范要求律师公正对待当事人及其他律师。《英格兰和威尔士出庭律师行为法典与出庭律师理事会指导准则》第 305. 1 款规定：出庭律师不得因他人（包括委托人、其他出庭律师、民众或者法庭实习生）的种族、肤色、民族、国籍、性别、性倾向、出身、身体残疾、宗教信仰或者政治主张的差异而对其产生直接或者间接的歧视。律师不得妨碍另一方律师搜集证据。他们不得变更、损坏或隐瞒将被视为有价值的证据，或协助别人这样做。律师应以文明和体面的方式执业，尊重法官和律师同行。律师不得为个人便利或仅仅是挫败对方、试图得到救济而使事态复杂化或拖延诉讼、辩护。不得进行不公平的竞争。律师有责任维护整个法律界的团结，有责任向某机关报告任何不当职业行为，包括他们熟悉的其他律师或法官。法国学者认为，律师对待法官和其他司法辅助人员同样应保持独立平等的态度。鉴于法官和律师两者都是在执行法律，律师不得以任何借口对法官表现出不拘礼节或过于亲热，因为这样可能使那些初次从事辩护的人以为这个律师在法庭上享有特殊的地位而怀疑司法的公正性。平等规范的确立是实现司法正义的必要前提。

四、保密规范

法官需要保守审判秘密。所谓审判秘密是指按照有关的法律规定在审判活动中不宜或不应向他人公开的内容，具体包括审判委员会笔录、合议庭笔录、院庭领导的批阅意见、涉案个人隐私和商业秘密、案件收结案统计情况、案件排期情况、庭审动态等。而审判泄密就是指以上内容通过不适当的途径为不宜或不应知悉的人所知道。法官职业道德要求法官应当严格做到：①除履行审判职责或者管理职责外，不得询问其他法官承办案件的审理情况和有关信息；②不得向当事人或者其代理人辩护人提供有关案件审理情况和其他有关信息；③不得为当事人或者其代理人、辩护人联系和介绍承办案件的法官和透露承办法官的联系方式。

对法官而言，按照其所处的审判阶段的不同，审判泄密有以下一些表现形式：有关人员违反规定携带案卷外出或随意放置、保管不慎致案卷材料遗失；将有密级的信息、材料随意传阅、复制，扩大知晓范围；将案卷或诉讼材料借给无阅卷权的人员观阅；案件尚未审结即向新闻媒介透露案件的审理情况或公开发表评论；将未经宣判的案件的合议庭评议意见、审判委员会讨论决定的具体内容或法律文书原本等透露给当事人及其诉讼代理人、辩护人；在调查阶段将证人证言、某一当事人的供述情况等传递给相关的当事人、诉讼代理人或其他人；将法院对犯罪嫌疑人采取的强制措施、财产扣押等决定提前透露给相关人员；泄露当事人的个人隐私、商业秘密，等等。其危害主要有以下几个方面：①损害当事人的合法权益。有些案件涉及个人的隐私或商业秘密等内容，当事人本不愿或不想为社会公众所知晓，如果这些内容泄露出去，便会造成当事人名誉之损害或是应有利益之损失，不利于当事人合法权益的保护；②严重影响人民法院执法的公正性。法律最终的理念是公平与正义，人民群众把纠纷交给人民法院裁决，也是为了能够找到第三方公平诚实地去判断谁是谁非以及责任的归属问题，而公平与正义也是对一个法官最严肃、最基本的要求，但审判泄密明显有悖于公平与正义。对案件的双方当事人来说，对于同一案件事实，提早获悉的一方必然比另一方有更充足的时间去收集资料和证据，也会给当事人规避法律、逃避责任创造条件，这对于另一方来说显然是不公平的；③审判泄密容易导致审判人员滥用职权，故意偏袒一方当事人，枉法裁判，索贿受贿，从而滋生司法腐败，妨碍司法公正，不利于法院的廉政作风建设和队伍素质的提高。

检察机关同样也存在保密原则。例如，最高人民检察院和国家保密局将“检察机关正在立案侦查（包括立案前的初查）的案件的侦查计划，处理意见及有关材料（包括举报材料）”定为机密级保密事项。根据调查，目前检察机关泄密的情况类型有：①检察人员的故意或过失泄密。知晓案情的检察人员泄露案件的机密有两种方式，一是过失泄露，因为平时保密意识不强，对自己保管的案卷随意丢放，不注意影响，与亲人朋友、邻里，甚至在公共场合谈论案情，造成案件机密泄露。二是故意泄密，如部分了解案情的检察人员，故意向案件当事人的亲属、朋友通风报信，泄露案件机密。检察人员泄露案件机密无论是过失还是故意,其后果是十分严重的,他们的泄密行为,为不法分子逃避法律制裁创造条件,严重干扰检察机关的执法活动;②检察人员用电话(包括移动电话)谈论案情,将案件机密资料录入上网的计算机而导致的泄密的情况时有发生;③新闻报道方面的泄露。保密规范要求检察人员必须做到严格遵守《保密法》和检察机关保密规定;不因工作以外的原因打听国家秘密和案件情况;在公共场所和家属、子女、亲友面前谈及国家秘密和检察工作秘密;不在私人交往中泄漏国家秘密和案件情况;不私自抄录、复印秘密文件资料;不携带秘密文件和卷宗到宿舍和公共场所;不用电话和无线电话传递国家秘密事项;不用明码电报和不加密传真机传输秘密文件、资料;不在个人著作和文章中引用国家秘密,未经批准不向任何单位提供正在办理的案件情况;发现泄密问题要及时向领导报告,并立即采取补救措施,防止扩散。

律师的保密原则体现的范围更为广泛。在美国,关于律师保守职业秘密的规范,体现在三类不同的规范中。证据法中的律师—委托人特权保护的对象是律师和委托人之间的秘密交流,按照证据规范特权,不得强迫律师就其与委托人之间的秘密职业交流作证。程序法中的律师工作成果豁免原则保护的对象是律师在诉讼过程中准备的工作成果,避免为对手知悉而减少诉讼的必要对抗性和律师的工作积极性。另外就是职业道德中的保密规范。对律师而言,保密原则体现为保守当事人的秘密。美国学者克罗曼指出,一个“杰出的律师首先应该是具有献身精神的公民。他关注公众利益,并随时准备为其牺牲自己的利益,不像那些只为自己私利使用法律的人”。尽管律师保守职业秘密可能使律师面临严重的道德困境,并因此有可能使自身的权利受到损害,但是“对于法制而言,最根本的价值不是效率而是公正,不是利益而是信赖”。律师揭露当事人的秘密,也许在个案中是实现了个体公正,但是它却割断了当事人与律师之间的联系纽带,破坏了当事人与律师之间的信赖基础,从而将导致整个辩护制度走向衰落。辩护制度是现代诉讼为追求程序公正所设计的伟大制度之一,如果因此而使辩护制度夭折,那么程序公正的实现则成为不可能。法律在追求公正的过程中,必然存在着多种价值的取舍,因为“所有的规范实际上都是相互冲突的期待与利益的一种混合的产物”,律师保守当事人秘密的义务正是法律取舍的结果,它充分地保障了当事人对律师的信任,保障和促进律师辩护制度的发展,从而为公正的实现奠定了基础。

美国律师协会颁布的《职业行为示范规范》(MRPC)1.6(a)规定,律师不能泄露任何与代理当事人有关的信息，此范围更宽于律师—当事人特权所保护的秘密信息。法国刑法典和有关律师的职业规范也规定律师负有保守秘密的义务，该项义务甚至适用于实际已为他人知晓的事实。作为法国现行法律的第468号法令第89条规定："律师绝对不得泄露任何涉及职业秘密的事项。律师尤其必须保守与刑事侦查活动有关的秘密，而不得传播从案卷材料中了解到的情况，也不得公开与正在进行的预审程序有关的案卷材料、文件或信件。"如果违反上述规定，不论产生的实际后果如何，均按"既遂"处理。《法国刑事诉讼法典》第101条规定，任何人在被法院传讯出庭作证时都必须出庭作证，但如果律师被传唤出庭作证，他必须独立确定哪些事情属于职业秘密，并根据其本人的良心决定是否要在法庭上公开这些事实。在有些地区，即使当事人主动让律师公开有关的情况，律师也可以拒绝泄露。《法国刑事诉讼法典》明确规定，预审法官有责任预先采取一切有效的措施以保护职业秘密和保障被告人的权利。《英格兰和威尔士出庭律师行为法典与出庭律师理事会指导准则》第702条规定："无论律师与委托人之间的委托关系是否存续，律师必须对委托事务保守秘密。未经委托人许可或者没有法律的准许，律师不得将委托事务中有关文件的内容泄漏给第三人（包括其他律师、普通民众或者需要该信息开展工作的其他人），也不得与第三人就该信息进行沟通，这些信息是委托人交由律师秘密使用的。律师更不得使用这些信息为自己或者第三人牟取利益。"

我国《律师职业道德和执业纪律规范》第8条规定："律师应当严守国家机密，保守委托人的商业秘密及委托人的隐私。"第39条规定："律师对与委托事项有关的保密信息，委托代理关系结束后仍有保密义务。"《律师法》第38条规定："律师应当保守在执业活动中知悉的国家秘密、商业秘密，不得泄露当事人的隐私。"《行政诉讼法》和《关于律师参加诉讼的几项具体规定的联合通知》也有相应规定，从而表明我国已基本上确立了律师保守职业秘密的义务。在确定律师保守职业秘密原则的同时，我们必须将保守职业秘密与故意隐藏证据区分开来。律师保守职业秘密尽管有时的后果是使他人不能了解案件的情况，从而放纵了犯罪，但是它涉及的是律师只是不告知其他人有关当事人与他之间的交流内容，而并不涉及律师故意采取其他一些手段使案件的事实情况被隐藏起来。律师保守职业秘密并非等同于放纵犯罪。

保密规范同样适用于公证员。公证员在公证活动中对于接触到的当事人的秘密和国家秘密以及商业秘密和其他非公开的信息应当保守秘密。许多国家和地区都规定了公证保密制度，如遗嘱赠与、保全证据和继承事项等都需严格保守秘密。因为当事人申请公证的事项大多与自身的利益密切相关，如果泄露出去，就有可能会损害当事人的利益。因此，保守秘密是公证员职业道德中的一项十分重要的内容。

五、勤勉规范

法律职业者首要的工作态度应当是勤勉。勤勉就是要求法律职业者在职业活动中表现出来的认真履行职责，对工作努力、不懈怠的态度和行为。

法律职业以促进社会公平和正义、维护社会秩序、保护人权为己任，职业活动常常要涉及公民的财产、自由甚至生命，任何懈怠、疏忽和散漫都可能给国家、社会、公民个人造成无法弥补的损失。因此，法律职业者对待本职工作应当积极、认真、一丝不苟，对自己职责内的事力求做好、做实。

认真履行职责就是要在正确理解法律设定的职责的前提下，以积极的态度完成职责要求的每一项工作。努力、不懈怠是要求法律职业人员敬业、爱岗，主动积极工作，谨防因自己的疏漏给国家、社会、公民造成损害。勤勉是一种工作态度，是做好工作的一种精神力量。“徒法不足以自行”，法律职业者是法律实施的主观要素和法律机制的软件部分，而使主观要素充分发挥预定作用的前提是职业者勤勉的工作态度和积极的工作行为，这是保障职业者充分发挥工作创造力的基础。只有勤勉尽责的法律职业者才能以负责的态度认真完成工作任务，相反，消极的态度、散漫的职业行为则容易给司法工作造成难以挽回的后果。因此，《关于完善人民检察院司法责任制的若干意见》《关于完善人民法院司法责任制的若干意见》中均将重大过失产生严重后果作为法官、检察官承担司法责任的条件。

目前，我国司法实践中出现的办事拖拉、工作松散、态度生硬、神情冷漠等问题，已成为人民群众对司法人员工作不满的主要原因之一。这种现象已严重影响了司法权威的树立，严重影响了人们对司法的信任，容易导致人们对法治丧失信心。

勤勉作为对法律职业者的职业态度上的要求不仅表现在其对待工作的态度和行为上，还表现在其努力提高自身素养的态度和行为上。法律职业是一门专业性很强的职业，其职业理论博大精深，职业技能和职业伦理系统性强、内容庞杂，需要不断地学习才能真正掌握。从另一个角度来看,运用和操作法律又是一种以其积极活动塑造和决定法律样式的活动,即法的适用是一种高度创造性的活动,法律的形式在一定程度上是法律职业者在实施法律的过程中确定的。这要求法律职业者不断学习,不断提高职业能力和职业道德素养,使法律在稳定和发展的均衡关系中得到适用。因此,不断地学习、不断提高自己的能力,也是法律职业者勤勉工作的职业态度的表现。

六、礼仪规范

对法官而言,司法礼仪的一个重要目的是体现法官的个人修养和人格魅力,具有良好司法礼仪的法官往往办案态度谦和,语言文明,耐心听诉。任何不文明、粗暴的言行都是对法官形象的损害。例如《美国司法行为准则》第3条规定,法官应公正和勤奋地履行司法官的义务;应保持在其审理案件时的法庭秩序,注意礼仪;对当事人、陪审团成员、证人、律师和其他在正式场合与法官打交道的人耐心,具有尊严,且彬彬有礼。法官也应当要求律师、法官助手、法院工作人员及其指导和控制的人士如此行为。澳大利亚行政审查委员会制定的《裁判所法官行为准则》第四部分规定,法官应当耐心、尊敬、热忱地对待各方当事人、证人、诉讼代理人、裁判所职员和官员以及其他相关人员,并应要求接受其领导和指挥的人员也同样行事。同样,国外对检察官的按时出庭、遵守法庭秩序也作了类似的规定。国外的法官穿法袍、戴假发的目的是很好地界定法官职业的特殊性。英国法官的服饰无论让当事人还是旁听的人都会感觉到这个职业的特殊性和神圣性,也就是不能玩忽职守,不能贪赃枉法。

法官的司法礼仪的一个重要目的就是通过法官的外在形象表明法律权威。现实中法律不可能没有权威,如果法律没有权威,就不可能实现法治。从这个意义上讲,由司法礼仪支撑起来的法官尊严、司法尊严构成了一个国家法律权威的重要组成部分,也是法律权威的一种体现和保障,而最终体现的,是国家法治的要求。依法治国,建设社会主义法治国家,已作为我国的一项基本方略庄严载入我国宪法。要实现依法治国,建立法律权威是应有之义。法官在这一过程中则扮演着十分重要的角色。法官作为一个国家的司法者,负有保障法律的实施、保护公民和法人合法权利的神圣使命,因此,他是社会公平和正义的代表,也是法律的代表。法律权威由此演变为一种司法权威,法律尊严也演变为一种法官尊严。国外法官着黑色长袍开庭审理案件、出席重大法律纪念活动或庆典活动，代表着庄重和严肃，象征着思想的成熟和独立的判断力，体现的是一种尊严，昭示着法律的权威、法治的权威。法官司法礼仪不仅反映了现代司法的文明有序和效率，而且也成为建立法律权威、推进依法治国进程的努力的一部分。

在我国，就司法礼仪而言，不合理、不文明、不合法的现象尚在一定范围内存在。在一些基层法庭开庭时，当事人拖拖拉拉，迟迟不到；开庭中手机声此起彼伏，递烟、敬茶、早退、外出；此外还存在书记员办案，合议庭人员不齐，庭前庭后法官和当事人随意接触等现象。这些实际上是对司法神圣的亵渎，破坏了法庭和法官的形象，是司法不公平和缺少公信力的重要原因。可见，我国的司法礼仪和法庭秩序急需进一步的革新和重建，法官的职业形象急需树立。法官形象由法官的着装、庭审言谈和举止三要素构成。

第一，我国法官、检察官制服的使用体现出我国司法理念和司法形象的转变。从传统的行政色彩极为浓厚的军警式样的制服转化为体现公平正义的法袍与西装制服佩戴胸徽，体现出我国在司法礼仪方面与国际接轨的进步。

第二，法官、检察官的言辞也有一定的礼仪要求。主要是应当简明严谨、庄严，符合法言法语，客观公正，避免偏激化的语言，避免方言土语、流氓黑话，而要体现语言的逻辑美、声音美、修辞美、态度美。言语是法官、检察官的一面镜子，反映出他们的内在素质、业务能力、文化水平、生活作风以及思维的敏捷性、思辨性和洞察力。

第三，法官、检察官的举止，即准确的角色定位和恰当的形体语言展示出法官、检察官的庄严、高雅、大方、稳重的外在美。法官不能在法庭上超越检察官的指控范围，主动出击，采用定罪式样的语言讯问被告人，使公众怀疑司法公正。检察官不能在支持公诉过程中威胁、辱骂律师或犯罪嫌疑人被告人。在工作之外，法官、检察官都要保持审慎的社交形象。国外有法学家认为“法官是一个孤独的职业”，也有人说“法官是仅次于上帝的人”。这些都说明社会公众对法官、检察官的期待。美国法律规定，法官应在其所有活动中，避免各种不正当的行为；法官不得允许其家人或朋友干涉司法行为，不得利用其职位、声望谋取利益或使人产生类似的印象。这些规定都是为了确保司法公正。

对律师而言，同样需要遵守法庭礼仪要求，对待当事人时应该体现出良好的法律素质。律师着装的改革也是律师司法礼仪制度建设的一大进步。中华全国律师协会四届十二次常务理事会通过《律师出庭服装使用管理办法》。根据该办法,律师担任辩护人、代理人参加法庭审理,必须穿着律师出庭服装。律师出庭服装由律师袍和领巾组成。律师出庭应按规定配套穿戴:内着浅色衬衣,佩戴领巾,外着律师袍,律师袍上佩戴律师徽章。下着深色西装裤、深色皮鞋,女律师可着深色西装套裙。律师徽章内圈图案为由一大一小两个同心圆、五颗五角星、三组正反相背代表律师的"L"图案组成的律师协会标志,外标有"中国律师"黑体、中英文字样。律师袍,仅使用于法庭审理过程中,不得在其他任何时间、场合穿着;服装不整洁或有破损的不得使用;不得穿着或佩戴其他衣物或饰品。律师袍的出现是我国司法改革在形式上的一大进步,对于维护法律尊严、树立律师形象都有积极意义。与对法官、检察官的要求一样,律师同样应该注重其言语文明和行为文明,以反映出律师良好的精神风貌。

第四章

法律职业伦理教育

第一节　法律职业伦理教育概述

一、法律职业伦理教育的概念

顾明远教授主编的《教育大辞典》中，关于教育的定义是："教育是传递社会生活经验并培养人的社会活动"。教育的含义有广义和狭义之分。广义的教育，泛指影响人们知识、技能、身心健康思想品德形成和发展的各种活动，产生于人类社会初始阶段，存在于人类社会生活的各种活动过程中。狭义的教育，主要指学校教育，即根据一定的社会要求和受教育者的发展需要，有目的、有计划、有组织地对受教育者施加影响，以培养一定社会或阶级所需要的人的活动。

法律职业伦理教育作为法律教育的重要内容，是内化法律职业伦理理念，提高法律人职业素养的社会活动。法律职业伦理教育存在于法律职业的执业活动中，同时延伸至法律职业准入前的阶段及法律职业执业活动结束以后的阶段。

二、法律职业伦理教育在法律教育中的战略地位

法律职业伦理对于法律职业是十分重要的。从法律职业发展史来看，是否存在法律职业伦理被认为是法律职业产生、存在与否的标志之一。如果没有法律职业伦理，那么法律家纯粹技术性的功能也会受到威胁。有学者认为，法律家的职业技术是一种有意识地排斥道德与政治等诸种法外因素的所谓"人为理性"或"技术

理性”,其中道德的含量很低。法律职业除了要加强其职业技能专长即“业务”能力之外,还需要通过职业伦理来抑制其职业“技术理性”中的非道德性成分,使之控制在最低程度;需要通过职业伦理来保障其职业技术理性中的道义性成分发挥到最高程度。这就使业内人士更关注职业伦理。法律职业伦理的形成是法律职业形成的一个重要标志,没有法律职业伦理的社会是不存在成熟的法律职业的。

在我国,关于法学教育的目标,有三种鲜明的观点。

第一,精英说。即将我国的法学教育目标定位为法律精英教育。如有学者提出,我国的学院式法学教育应当突破非职业化模式,而转向重视素质教育和职业教育,同时还应借鉴国外的法学教育模式(如日本的“法律职业精英”模式),在法学教育上侧重精英教育。原因在于,一方面精英教育是作为高度经验理性的法治的需要;另一方面,法律职业者作为“产品”要有众多的知识,更需要高尚的职业道德和职业品格。

第二,职业教育说。有学者认为,我国的法学教育目标应当定位在培养适应社会经济、政治、文化等各方面发展要求的职业法律人才。法学教育的最终目的在于对有志于从事法律实务的人进行科学且严格的职业训练,使他们掌握法律的实践技能及操作技巧,能够娴熟地处理社会当中各种错综复杂的矛盾。因此,法学教育的使命在于进行职业教育或者说在于进行职业训练。

第三,通识说。有学者指出,具有高尚的职业道德是培养法律人才的首要价值标准。平等、公正、正义的民主思想应当是法律人才职业道德品质的应有内容。有学者指出,法学教育作为现代普通大学教育的一部分,其所提供的应当是一种通识教育。无论哪一种学说,大家的共识就是法学教育要注重职业技能及法律职业伦理的培养,因此,法律职业伦理的教育在法律教育中起着举足轻重的作用。

第二节　法律职业伦理教育的任务

一、提高法律职业群体的素养

法律职业者担负着正确适用法律、公正解决纷争、有效维护社会秩序的重要职责。“徒法不足以自行”。司法的最终目的是使法律得到严格遵守,司法正义得以完全实现,作为司法活动行为者,人的因素至关重要,因为法律的成效最终取决于法律职业人的素质。一般而言，现代法治社会都要求法律职业者必须具备较高的职业素质，这种素质的内涵或特征至少应包括以下三个方面：①对法律知识的掌握。“知法懂法，信仰法律”是对其简单的描述。法律职业者应当成为法律的专家，通晓程序法和实体法，同时也要知道如何正确地应用法律。更重要的是具有法治意识，法律理念；②法律职业者还必须具备他们处理法律事务中所必需的社会知识和人文素养，具有文化修养和广博知识；③对法律有着深刻的理解和准确的把握并能将其灵活地运用到具体案件中的技术化的高素质。它包括法律思维与推理能力、对法律规范的理解与解释技能法律意识、掌握证据和事实的能力、思辨、辩论和撰写法律文书的能力，等等。这种技能使法律职业者在从事司法的过程中，能够对各种证据作出正确的认定，对各种案件事实进行准确的分析。它决定着法律运作过程及其结果的质量与效率。

一个国家法治化程度高低与其法律职业素养的要求呈正比，二者应当相互适应、相互促进。法律职业素养的构成包括职业语言、职业知识、职业思维、职业技术、职业信仰和职业伦理等六个方面。法律教育是从事法律职业的必经之路，从逻辑上讲，法律教育提供的系统的法律学问为法律职业技能和职业伦理铺设了专业基础，否则，法律职业就是无源之水、无本之木。法律职业的技能与伦理的统一主要是靠法律教育来实现的。未经法律专业训练者是不大可能在实践中靠自学、靠摸索而系统地掌握一整套法律职业技能与职业伦理的。因为法律职业素养是一种不同于大众的“自然理性”的专业化的“人为理性”。即使是法律职业伦理，也只能在法律专业学习过程中结合法律原理从而得以理解和培养。

二、培养法律职业人的职业荣誉感，促进法律人个体职业伦理的内化

作为以社会正义为最终追求目标的法律职业人士，法官、检察官以及律师应具备为其他行为人所尊崇的品质，具有很高的伦理要求。然而，法律职业人同其他自然人一样，有着一般人所具有的感情和弱点，有着常人趋利避害的平凡心理。因此，法律活动的特性要求他们超越一般的日常生活行为模式，即他们的法律职业身份使他们多了一份监督——内化的职业伦理和法律职业共同体具体制度规范的制约作用，法律职业人因遵循有别于其他职业的职业伦理而形成了一种身份意识，这种身份意识或职业伦理对法律职业人士构成了一种无形的约束，使之保持警觉和

自我批判,以自觉维持自身作为法律职业代表的荣誉。社会对追求公平正义的法律职业有着较高的伦理期望,赋予法律职业神圣的社会使命。法律职业的职业荣誉感及法律职业人的身份意识反过来要求他们遵循法律职业伦理,他们需要严格地遵循相关的职业伦理规则,并且形成职业内部对这些规则的共识。面对今天的司法腐败问题,人们往往过于倚重思想教育和来自职业之外的严厉监督,却忽略了真正有效的监督机制恰恰不是来自外部,法律职业者相互之间对相关职业伦理形成一致认识并将这种认识加以内化,在这种情况下,法律职业人才更有可能自觉地恪守法律职业伦理,维护法律职业荣誉,任何对伦理准则的违反都可能为同事所觉察,并受到来自周围的一致鄙视。这样的环境会形成巨大的压力,同时也是一种巨大的动力,因为它会在心理上激发人们在一个职业共同体内部崇尚法律职业荣誉,有效地减少腐败和其他不当行为。

三、培养法律职业人的法治观念及程序正义观念

法律职业的最高品格是公平、公正,对法律职业者而言,这既是执法的技术问题,更是一种道德要求。尤其是司法人员所从事的司法活动常常被视为主持公道、伸张正义、惩恶扬善、抑浊扬清,是社会正义的最后一道防线。这就要求他们必须具有不可动摇的正直品格,能够成为社会公众信赖的楷模。没有了这种正气,司法就不再是正义之源。维护公正首先被视为一种对法律职业者职业道德品质方面的要求。鉴于法律职业者的活动具有较大的独立性和自治性,相对于外在的监督制约,职业道德和行业自律是更为重要和有效的保证机制。其基本要求是对实体法和程序法的严格遵守。这些职业道德不能仅仅停留在观念的层次或沦为口号,而应当成为具体的行为规范,它是内部控制司法腐败的重要防线。通过法律职业伦理教育培养法律职业人的依法治国观念、司法独立与公正观念,使之在司法工作和法律服务工作中,真正做到依法独立行使职权,公正地裁决或者提供优质的法律服务,从而树立我国法治的良好形象。

职业伦理使法律职业能够与社会相互融合,法律职业人在适用法律的活动中要基于这种共同的伦理要求为产生这种法律制度的社会服务,以恢复被破坏的社会秩序。法律职业伦理不同于普通的社会道德或职业道德,有时甚至相互抵触。在法律职业中,他们可能追求“客观真实”,但更主要的是遵从“法律真实”;他们因为“十个有罪的人逍遥法外,远胜过一个无罪的人冤枉坐牢”而“宁纵勿枉”,等等。

实质正义反映的是普遍的道德要求，而程序正义反映的则主要是伦理要求，两者的有机结合使正义不仅应当得到实现，而且还应以人们能够看得见的方式得到实现。

四、更新法学教育观念

伦理学通常将建基于人性之上的伦理自然法则分为三个层面：第一层面的伦理自然法则是自明的道德法则，不需要通过理性的思考即可以为人所认知。第二层面的伦理自然法则由第一层面的伦理自然法则直接演绎出来，譬如：父母应当爱护子女，子女应当孝敬父母，不可杀人，不可盗，等等。这些都是第一层面法则的分析和说明，也具备了自明的特性。第三层面的伦理自然法则是以第一层面伦理自然法则为基础，加上客观的认识论，经过逻辑推演而形成的。这种伦理自然法则的性质并不是自明的。它涉及人类知识的不同方面，往往必须经过缜密的思考和研究，才能看出其性质。职业伦理便是属于这种第三层面的伦理自然法则，它是某种职业或专业的从业人员以第一层面的伦理自然法则为基础，根据本行业的专业知识，经过逻辑推演而形成的。法律职业伦理除普通职业道德中共通的要求之外，还包括法律职业特殊的道德，它们来源于法律职业的专门逻辑，因而区别于大众的生活逻辑。法律家的职业逻辑包括两部分：一是法律家的“技术理性”，即法律家特有的语言知识体系和技能思维方法；二是法律职业伦理中的程序伦理；前者属于技术问题，后者属于伦理问题。法律职业特殊的道德要求是表现法律职业伦理的个性方面的那些内容，因为它们主要表现在法律程序中，法律职业伦理的绝大部分内容都与法律程序有关，所以我们称之为“法律家在法律程序内的伦理”，亦可简称“程序伦理”。程序伦理是法律职业伦理的主要构成部分。

中共中央、国务院《关于深化教育体制改革全面推进素质教育的决定》指出，实施素质教育，要以培养学生的创新精神和实践能力为重点，造就“有理想、有道德、有文化、有纪律”的德、智、体、美等全面发展的社会主义事业建设者和接班人。法科学生将来毕业后所从事的职业，是一种执掌和维护国家法律的特殊职业，因此，法科学生的素质教育，除应符合素质教育的一般要求外，还要特别注意培养他们公平正义的理念，崇尚和献身法治的精神，清正廉洁的职业道德，忠于法律和维护法律的使命感与责任感。而法律职业伦理的教育也一直为我国的法律教育所忽视，我们只是依赖于一般的政治和德育教育。当今中国法学教育中最缺乏的不是一般法学知识的教育，而是法律职业伦理道德的教育。法律职业伦理的教育不仅应该融于法律职业信仰的培养和法律技能的训练之中,体现在法律教育的各个环节,还应设置专门的法律职业伦理课程加以强化。职业伦理的训练是伴随着接受法律教育的过程而进行的,一个人没有经过专门的法律教育,则不可能形成系统的法律职业伦理素养。法律职业教育要改变长期以来法学教育存在的重视法学理论的教学而忽视职业伦理教育,依赖于一般的政治教育和德育的做法。

一切社会腐败的危害莫过于司法腐败的危害。屡治不止、日益严重的司法腐败现象,迫使人们反思和关注法律教育体制和传统存在的问题。我们长期以来没有把握法律教育的职业性特点,忽视法律职业伦理教育。法律职业伦理是法律职业产生与存在的重要标志,如果没有法律职业伦理,那么法律职业人员纯粹技术性的作用不仅难于正确体现出来,而且还会变异出背离法律职业要求的非职业化行为。司法体制的改革,不仅仅是对制度加以变革,更应该考虑的是法律职业人员的素质问题,良好的立法如果不能通过具备良好素质的法官、检察官、律师甚至广大行政执法人员适用和执行于社会生活,落实在每一个具体的司法和执法行为之中,也只能是一纸空文。法律职业的特殊性对于法律职业人员的素质和职业操守提出了超出其他职业的特殊要求。要培育这一特殊职业素质和道德,大学法律教育责无旁贷。

第三节 法律职业伦理教育理念和方法

一、认真对待法律职业伦理教育

法律职业伦理教育在法治人才培养中占据重要位置。然而,长期以来,法律院校并不重视法律职业伦理教育。师资条件相对较好的法律院校,法律职业伦理教育也严重不足,大部分院校没有专职从事该领域教学科研的教师。职业伦理教育不足,表明法学教育存在严重缺失。

职业伦理课程有助于法科生职业伦理意识的养成。诚然,单凭法律职业伦理这门课程并不足以将法科生培养成职业伦理意识很强、有法律信仰的法律职业人员。但是,这一课程让学生能够区分可以接受或不可接受的职业行为,或者至少思考一些法律职业伦理的重大问题。

美国学者的统计研究表明,法律职业伦理课程与法律职业伦理行为之间有很大关联。在很大程度上，职业伦理信仰是可以教导的。法学院开设法律职业伦理课程的教学目标是：首先，通过相关课程的学习，法科生应当了解职业伦理的相关内容；其次，能够评估并防止伦理风险，面对特定情况，能够分析其是否具有导致自身违背职业伦理的风险，并对风险进行防控；最后，能够投身于公益事业，用自身的法律知识与实务经验保护公众，特别是弱势群体的利益，使法科生具有法律职业的公共主义使命感，避免成为只关注收益的“精致的利己主义者”。应当指出，在法律院校讲授法律职业伦理是个难点。首先，当下讲授该课程的教师往往将法律职业伦理视为一堆抽象的所谓“正义”等空洞观念，意识不到它涉及的其实是具体的行为规则，旨在教会法律人在面临职业伦理困境的时候学会如何作出选择；其次，开设该课程的教师往往以课堂灌输为主，教学手段单一，提不起学生的兴趣。

法律院校对法科生的培养目标是使其成为德才兼备的法治人才，这里的“才”是指职业技能，“德”是指良好的职业伦理。法律职业伦理课程对法科生职业伦理的养成显然是至关重要的，因此，强化法律职业伦理课程建设势在必行。强化课程建设的思路有：将其设为必修课；增加案例教学及探讨课的比重，以克服灌输式教学的弊端；在教学方法上予以改进。另外，将法律诊所及模拟课程等体验式教学方式纳入教学中，鼓励学生在教师指导下从事公益法律服务，践行法律职业公共主义的使命。总之，从多方面多渠道、理论教学加上法律实践课程，多管齐下，提升学生的法律职业伦理水准。

鉴于法律职业资格考试对法学教育的引导作用，除了重视法律职业伦理教学之外，还应当增加法律职业伦理在法律职业资格考试中的占比。在国外法学教育中，法律职业伦理是重要内容。水门事件将很多律师牵连到丑闻之中，美国律师协会和法学院便采取行动，加强法律职业伦理教育，将法律职业伦理课程设置为必修课，法科生只有通过法律职业伦理考试后才能毕业。美国大部分州都要求学生在参加律师职业资格考试之前必须通过全国一的法律职业伦理考试——美国跨州职业伦理联考（MPRE）。这无疑是一种促使法科生认真学习法律职业伦理的有效措施。

反观我国以往的司法考试（现改为国家统一法律职业资格考试），法律职业伦理在考试中所占比例较小，无足轻重。从历年命题看，将相关法律法规直接变换为考试内容的题目较多，难度不大，综合性较差。法律职业伦理课程有助于法科生职业伦理意识的养成。诚然，单凭法律职业伦理这门课程并不足以将法科生培养成职业伦理意识很强、有法律信仰的法律职业人员。但是,这一课程让学生能够区分可以接受或不可接受的职业行为,或者至少思考一些法律职业伦理的重大问题。美国学者的统计研究表明,法律职业伦理课程与法律职业伦理行为之间有很大关联。在很大程度上,职业伦理信仰是可以教导的。

法学院开设法律职业伦理课程的教学目标是:首先,通过相关课程的学习,法科生应当了解职业伦理的相关内容;其次,能够评估并防止伦理风险,面对特定情况,能够分析其是否具有导致自身违背职业伦理的风险,并对风险进行防控;最后,能够投身于公益事业,用自身的法律知识与实务经验保护公众,特别是弱势群体的利益,使法科生具有法律职业的公共主义使命感,避免成为只关注收益的"精致的利己主义者"。

二、以法律诊所教学促进法律职业伦理教育

诊所式法律教育,就是在法学院中设立法律诊所,学生在有法律实务经验教师的指导下办理真实的案件。在办理案件过程中,学生不仅可以学习到职业技能,而且可以学习到职业价值。法律诊所是法学院管理的律师事务所,旨在给学生提供教师督导下的安全职业环境,从而使学生有机会从事法律实践,从经验中学习。

把学生置于职业角色当中是职业教育的核心。在法科生已有相关法律知识的基础上,法律诊所教给学生那些法学院通常不教或者教得不够的东西。法律诊所的最大优势在于它向学生倡导这样一种价值,即一个人要对自己的言行负责,也就是法律人要对自己向委托人给出的法律意见负责。学生不再进行所谓某甲在某种情境下如何的法律案例研究,而是面对一个特定经济地位、特定社会地位的活生生的人,此人的命运可能受到学生法律意见的影响。此时此刻,学生面对的风险绝非分数的高低,而是面对自己的良心以及对他人命运的责任感。

法律诊所的目标之一就是教会学生正确看待知识以及良知。以往学生在实习时才开始实践活动,而现在在法学院学习期间,学生就可以学习法律职业伦理及职业技能。法科生对法律职业的看法或多或少来自电影、书本、电视,这种认识是脱离现实的印象。只有在实习的时候,他们才能意识到现实和想象截然不同。他们在和真实委托人接触的时候,受到贫穷、无助、受冤屈的委托人的影响,委托人的悲惨命运使他们看到了社会中存在的不公,意识到做一个法官、检察官或者律师究竟意味着什么。通过和真实的委托人接触,学生可以了解到自己的才智水准,认识到

自己未来职业的前景。在法律诊所的经历常常帮助学生意识到他们将来愿意从事什么职业,从而减少未来因现实落差而产生的消极情绪。将诊所式法律教育引入法学教育制度的目的,也在于让未来的法律职业人员体会向需要得到帮助者提供无私帮助所能获得的满足感。法律诊所并不仅仅是职业学习或者法律应用而已,它也是生活的学校。向委托人提供帮助或者仅仅表达关切所能获得的满足感,常常要比经济回报更有价值。委托人来函所包含的对学生的感激之情以及对其办理案件付出努力的肯定,对年轻人开启法律职业生涯具有宝贵价值。这种价值会让学生受益终生。

诊所式法律教育的独特之处在于它以学生为主体,调动学生学习的积极性和主动性。具体而言:①它把学生分成小组,以小组学习的方法培养团队合作精神;②法律诊所指导教师针对学生学习中存在的个别性问题,通过向该学生提供个别指导来向其传授职业经验;③它通过让学生进行情景模拟和角色扮演使学生能够理解委托人的处境;④它通过头脑风暴的学习方法让学生能够集思广益,开阔视野;⑤它强调对学习效果的评价和反馈,让学生从评价自身代理案件的经历中学习;⑥它关注法律的实际运作效果,强调法科生要在不断变化的环境和条件下思考法律的实际作用。

目前,国内法学教育面临改革,以实现培养德才兼备法律人的目标。诊所式法律教育将成为法学院从"法学教育"转向"法律教育"的中介。"法学教育"只关注文本和理论,"法律教育"则必须关注案件事实和社会现状。诊所式法律教育有助于推进这一转型的实现。

第五章

法官职业伦理

第一节　概述

一、法官职业伦理的概念和特点

法官职业伦理，是指法官、法官辅助人员以及其他相关人员在与其职业身份有关的活动中应当遵守的行为规范的总称。

第一，法官职业伦理适用于法官及其辅助人员。《最高人民法院法官职业道德基本准则》第27条规定："人民陪审员依法履行审判职责期间，应当遵守本准则。人民法院其他工作人员参照执行本准则。"最高人民法院、司法部《人民陪审员培训、考核、奖惩工作办法》第8条规定："人民陪审员依法履行审判职责期间，应当遵守《中华人民共和国法官职业道德基本准则》。"《法官行为规范》第94条规定："人民陪审员以及人民法院其他工作人员参照本规范执行，法官退休后应当参照本规范有关要求约束言行。"最高人民法院《关于审判人员在诉讼活动中执行回避制度若干问题的规定》第13条规定："本规定所称审判人员，包括各级人民法院院长、副院长、审判委员会委员、庭长、副庭长、审判员和助理审判员。""本规定所称法院其他工作人员，是指审判人员以外的在编工作人员。"第14条规定："人民陪审员、书记员和执行员适用审判人员回避的有关规定，但不属于本规定第13条所规定人员的，不适用本规定第八条、第九条的规定。"根据《法官法》及上述规定，适用法官职业伦理的法官，是指依法行使国家审判权的审判人员，包括最高人民法院、地方各级人民法院和军事法院等专门人民法院的院长、副院长、审判委员会委员、庭长、副庭长和审判员;法官的辅助人员,包括书记员、执行员;其他相关人员,包括审判人员以外的在编工作人员和履行审判职责期间的人民陪审员。

第二,法官职业伦理适用于上述人员的与其职业身份有关的活动。这些活动既包括业内活动,也包括业外活动。这种调整范围的全面性,有助于切实塑造法官队伍的职业形象,确立法官的权威,促进裁判的可接受性和司法正义的有效实现。

二、法官职业伦理的类型

从我国现行的规定来看,对法官职业伦理可以做如下区分。

1. 关于业内活动的职业伦理和关于业外活动的职业伦理

按照法官职业伦理所调整的职业行为的具体背景,可以将其区分为关于业内活动的职业伦理和关于业外活动的职业伦理。前者调整法官在职业活动中的中立性、独立性、回避等事项,后者调整法官在业外的与其职业身份有关的事项。

2. 核心要求与基本要求

这是根据实证法的规定所进行的划分。最高人民法院《法官职业道德基本准则》第 2 条规定:“法官职业道德的核心是公正、廉洁、为民。基本要求是忠诚司法事业、保证司法公正、确保司法廉洁、坚持司法为民,维护司法形象。”核心要求是实体性的要求,要通过基本要求中的实体性和程序性要求来加以体现与实现。

第二节　法官职业的行为准则规范

随着依法治国基本方略的逐步实施,法院在建设社会主义法治国家、构建和谐社会方面,担负的职责显得尤为重要,作为审判中心的法官越来越受到社会大众的关注,人们对于法官应当遵循的行为规范和职业伦理的要求也愈发严格,不仅法官的职业内行为,包括一些与职业相关的职业外行为都会直接影响社会公众对司法形象的认知与评价。作为一门特殊的职业,法官在执业过程中的行为受到诸多规范和约束。在我国,对法官执业进行规范的法律性文件纷繁复杂,但又存在些许的交叉与重叠。总的来看,文件对法官职业伦理进行规范的核心要点为“公正、廉洁、为民”的六字诀,其基本的要求概而观之,即为法官必须忠诚司法事业、保证司法公正、确保司法廉洁、坚持司法为民。

一、忠诚司法事业

相较于立法、执法事业而言，司法事业更为特殊。司法事业从广义上来说，是包括了审判事业和检察事业。但是从狭义上讲，司法事业仅仅是指审判事业。本章所言的司法事业是狭义上的，也即审判主体——法官的事业。忠诚于司法事业，简单地说，就是法官要忠实履行司法职责，主动遵守职业伦理对之提出的要求，维护司法公正的形象、树立司法的权威和公信力。对此，《法官行为规范》进行了一般规定，要求法官对司法做到忠诚坚定，具体包括坚持党的事业至上、人民利益至上、宪法法律至上，在思想上和行动上与党中央保持一致，不得有违背党和国家基本政策以及社会主义司法制度的言行。具体来说，则主要是以下四个方面。

首先，牢固树立社会主义法治理念，忠于党、忠于国家、忠于人民、忠于法律，做中国特色社会主义事业建设者和捍卫者。无论是对一般人抑或是对法官而言，思想意识决定行为方式。由于法治理念是一种能够对法官的思想意识产生重要影响的因素，所以，法官必须树立适合我国国情，贴近我国现实情况的正确理念——社会主义法治理念，也只有理念根基坚定，才可以成为真正的中国特色社会主义事业的建设者和坚决的捍卫者，才可以咬定青山不放松，为社会主义司法建设贡献自身的力量。从本质上说，人民是国家的主人；党是中国特色社会主义最本质的特征，是历史和人民的选择；法律则是由人民选举产生的代表组成的人民代表大会进行制定和认可的，而国家则是保证法律执行的强有力后盾，因此，法官忠于法律，就是忠于人民、忠于国家、忠于党。

其次，坚持和维护中国特色社会主义司法制度，认真贯彻落实依法治国基本方略，尊崇和信仰法律，模范遵守法律，严格执行法律，自觉维护法律的权威和尊严。在树立了坚定的社会主义法治理念之后，对于战斗在司法一线的法官来说，他们不仅仅是法律的适用者，更是普法中的重要一员，具体的司法制度和法律在法官的坚守与维护、尊敬与信仰、遵循与执行之下，更为形象和通俗地为社会公众所知晓，进而遵守，最终形成公众知法、懂法、用法、守法和信仰法律的社会新局面。

再次，热爱司法事业，珍惜法官荣誉，坚持职业操守，恪守法官良知，牢固树立司法核心价值观，以维护社会公平正义为己任，认真履行法官职责。法官作为一种职业，寄托了社会公众对司法公正的期许；作为一类主体，享受着社会群体对其的尊敬与仰慕。所以，法官应该恪尽职守、勤勉敬业、加强修养、乐于奉献，不因个人私事及利益影响司法工作的正常进行，珍视社会给予的荣誉和信任，增强法官职业的使命感与归属感，坚守法官的司法职业底线，营造良好的司法解决纠纷的氛围，树立公正的司法形象。

最后，维护国家利益，遵守政治纪律，保守国家秘密和审判工作秘密，不从事或参与有损国家利益和司法权威的活动，不发表有损国家利益和司法权威的言论。司法工作所固有的中立性及国家权威性，致使司法权在行使过程中极具私密性，如相关的国家秘密、商业秘密、个人隐私、合议庭笔录等。不偏不倚，公正裁判是法官的职业追求，出于对法官独立行使裁判权，排除外界干扰以及对诉讼参加人个人信息保护的考虑，法律赋予法官保密义务，要求法官谨言慎行。此外，由于法官是我国的国家公职人员，肩负着维护国家形象的职责，因此，法官不得散布有损国家声誉的言论，不得参加非法组织，不得参加旨在反对国家的集会、游行、示威等活动，不得参加罢工。同时，法官是司法工作队伍中的一员，因此，也肩负着维护司法中立公正形象的职责。所以，法官在写作、授课过程中，应该避免对具体案件和有关当事人进行评论；在接受采访时，不得发表有损司法公正的言论，不得对正在审理中的案件和有关当事人进行评论。

二、保证司法公正

公正，蕴含着公平和正义两层含义。公正是社会公众对司法的最大期望，是司法核心价值观的首要内容，是法治的生命线和魂魄。司法是维护社会公平正义的最后一道防线，司法公正对社会公正具有重要引领作用，司法不公对社会公正具有致命的破坏作用。法官是法律纠纷的居中裁判者，所以，其工作的定位决定了其必须以公正作为自身的追求。司法公正要求法官坚持以事实为根据、以法律为准绳，平等对待各方当事人，确保实体公正、程序公正。最终实现司法的形象公正，并努力实现办案的法律效果和社会效果的有机统一，禁止滥用职权、枉法裁判。保证司法公正作为法官的职业伦理主要表现为：

（一）维护审判独立

我国《宪法》《人民法院组织法》《刑事诉讼法》《民事诉讼法》《行政诉讼法》都对审判独立原则进行了规定，即人民法院依照法律规定独立行使审判权，不受行政机关、社会团体和个人的干涉。所以，从广义上看，审判独立，首先，是指法院较其之外的行政机关、社会团体和个人的独立。其次，是指每一个法院较其系统之内的同级、上下级法院之间的独立。这是由于在我国法院系统之内，上下级法院是一种监督关系，上级法院可以通过二审、再审等程序，对下级法院的审判行为进行监督，但不可影响其独立审判权的行使，因此，各法院都享有独立的审判权。最后，是指法官个体较其自身之外任何主体的审判独立，包括其所在法院其他法官和上级法院法官在内的任何人的干预和影响。但就法官职业伦理而言，此处的审判独立则主要是指最后一种情况，即作为职业伦理主体的法官个体的审判独立。

（二）确保案件裁判结果公平公正

法官审判的目标是定纷止争，而对于胸怀怒火的诉讼各方而言，法官的裁判结果要想达到审判的目的，首先，要确保裁判的结果体现出公平公正，以公平正义说服当事人，因为公正是公众对司法的终极追求。《法官职业道德基本准则》第 9 条规定："坚持以事实为根据，以法律为准绳。努力查明案件事实，准确地把握法律精神，正确适用法律，合理行使裁量权，避免主观臆断、超越职权、滥用职权，确保案件裁判结果公平公正。"虽然片面地追求裁判结果的公平公正会为人诟病，但不可否认的事实却是强调程序公正的最终目的也是实现结果的公正。就目前中国的现实情况来看，导致涉诉上访、缠诉等非正常现象发生的重要原因之一，即为诉讼当事人对裁判结果的不认同。而解决这些问题则需要法官在审理、裁判过程中切实履行自身职责，认真审查相关证据，不可进行无端猜测，在职权范围内审慎使用自主裁量权，制裁违法犯罪行为，保障各方应有的合法权益，不允许麻痹懈怠、玩忽职守。裁判结果公平公正是法官说服诉讼当事人的重要前提，所以，法官职业伦理要求法官作出的裁判结果必须满足公众对公平公正的基本要求。

（三）坚持实体公正与程序公正并重

现代法治的重要特征即为强调司法的实体公正兼顾程序公正，正如英国哲学家培根所言："一次不公正的审判比多次不当的举动为祸尤烈，因为后者不过弄脏了水流，而前者败坏了水源。"因为在程序公正得以确保的情形下，实体毫无例外是彰显公正的，而反之则存在极为不确定的情形。本着保障人权与有利于被告人，甚至于刑法中的无罪推定等理念,为了防止刑讯招供、暴力取证等程序不当的存在,我国《法官职业道德基本准则》第 10 条规定:“牢固树立程序意识,坚持实体公正与程序公正并重,严格按照法定程序执法办案,充分保障当事人和其他诉讼参与人的诉讼权利,避免执法办案中的随意行为。”程序公正虽然具有保证实体公正的重要作用,但是程序公正也具有其自身的独立价值。所以,虽然程序公正与实体公正在很多情况下是相辅相承的,但是在某些程度上依旧存在一定的矛盾和冲突,急需进一步予以协调。对此,《中共中央关于全面推进依法治国若干重大问题的决定》提出,坚持以事实为依据、以法律为准绳,健全事实认定符合客观真相,办案结果符合实体公正、办案过程符合程序公正的法律制度。总之,法官职业伦理要求法官把握好实体与程序之间并重的关系,以程序公正促实体公正,最终实现司法整体上的公正。

(四)提高司法效率

根据《法官行为规范》第 3 条的规定,法官应该树立效率意识,科学合理安排工作,在法定期限内及时履行职责,努力提高办案效率,不得无故拖延、贻误工作,浪费司法资源。司法效率同司法公正一样,是司法所必须追求的主题。不讲求效率的司法在实质上也就无公正可言,正所谓“迟来的正义非正义”。倘若司法不讲求效率,案件常常久拖不办,正义时常姗姗来迟,那么,司法正义又将如何彰显?司法权威又应如何树立?注重司法效率既是对当事人权利的一种关注与重视,也是增加当事人对最终司法裁决的可接受度的重要方法,更是树立司法高效公正形象的重要途径。

随着经济的快速发展和普法活动的不断深入,社会公众的生活日渐丰富,维权意识也不断提高,越来越多的纠纷被诉诸法院,面对更多更新更难的案件,司法效率成为司法改革之下法官必须面对和解决的问题。《法官职业道德基本准则》第 11 条规定:“严格遵守法定办案时限,提高审判执行效率,及时化解纠纷,注重节约司法资源,杜绝玩忽职守、拖延办案等行为。”因此,在确保司法公正的前提下,法院及法官应该积极探讨法官业绩考核、案件分流程序以及智慧法院等可以提高办案效率的方法,缩短诉讼周期,减少诉讼投入。节约司法资源,保证案件在法定期限内尽早结案。

三、确保司法廉洁

法官作为国家公职人员，被社会公众期待具有高尚的品格与廉洁的操守。考虑到司法工作的目的和性质，以及社会公众对法官工作的期许，法官不仅应该具有良好公民所拥有的高尚品格，还应当具备较一般公众而言更高的道德涵养、无可怀疑的职业操守以及依据内心确信而为的职责坚定性。法官的清正廉明，是全社会廉洁风尚的重要方面，如果法官自身不廉洁，不具备克己奉公的奉献精神，司法腐败必将泛滥成灾，社会公正也将丧失。而在法官应当具备的诸多高尚品性之中，廉洁尤其为社会公众看中。“找法官”更通俗的意义上可以理解为找具有高素质、多知识、更理性的中间人，法官的职责是身居中立之处，平衡天平两侧，定纷止争，作出有说服力的裁决。审判工作对于诉诸法律解决纠纷的人们来说，具有天然的公正性与神圣性。然而，倘若当事人对于法官个人职业操守的廉洁性产生怀疑，则无论审判工作公正与否，在当事人心目中，审判都有所偏颇，不具公正性，裁判不具权威性，司法的公信力将遭到质疑，司法形象随之将彻底坍塌。所以，司法工作中法官的清正廉洁是体现法官审判立场中立、审判过程公正以及审判结果权威的基本前提。

四、坚持司法为民

我国是人民民主专政的社会主义国家，人民是国家的主人，人民代表大会制度是根本政治制度。人民代表大会是国家的权力机关，行政机关、司法机关由之产生，对之负责。因此，从本质上看，司法权力应该取之于民，用之于民。法官理应遵守司法为民的原则。《法官行为规范》要求法官一心为民，落实司法为民的各项规定和要求，做到听民声、察民情、知民意，坚持能动司法，树立服务意识，做好诉讼指导、风险提示、法律释明等便民服务，避免“冷硬横推”等不良作风。

（一）树立司法为民的理念

《法官职业道德基本准则》第19条明确规定，法官要牢固树立以人为本、司法为民的理念，强化群众观念，重视群众诉求，关注群众感受，自觉维护人民群众的合法权益。法官在工作中应该时刻关注广大人民群众的利益诉求，切实解决人民群众遇到的司法问题，在涉及广大人民群众切身利益的重大案件中，如环境污染、劳动与社会保障、消费者权益保护等，要倾听民声，坚持群众路线，积极稳妥地发挥司法的能动作用，同时做好普法工作的最后一环——裁判文书说理。

（二）发挥司法的能动作用

《法官职业道德基本准则》第20条规定，法官应该注重发挥司法的能动作用，积极寻求有利于案结事了的纠纷解决办法，努力实现法律效果与社会效果的统一。司法活动并非法条输入与判决输出的机械过程，而是需要法官进行适当权衡，进而合理裁量的行为，法官在司法过程中要充分发挥主观能动性，灵活运用疏导、说服、调解、协商、裁判等多种途径，促使案件解决。如根据《法官行为规范》第19条的规定，法官发现涉及群体性的、矛盾易激化的纠纷，要及时向领导汇报并和有关部门联系，积极做好疏导工作，防止矛盾激化。法官要主动探索解决涉诉信访等问题的新方法，将法理、情理、道理集中于司法工作之中，彰显司法活力。

（三）落实司法便民规定

《法官职业道德基本准则》第21条强调，法官应当认真执行司法便民规定，努力为当事人和其他诉讼参与人提供必要的诉讼便利，尽可能降低其诉讼成本。《法官行为规范》强调，法官在立案阶段要便利人民群众诉讼，减少当事人诉累；在当事人不能书写诉状且委托他人代写有困难的情况下，要求其明确诉讼请求、如实提供案件情况和联络方式，记入笔录并向其宣读，确认无误后交其签名或者按印。此外，法律规定了上门立案、远程立案等便民措施。司法便民是司法为民的重要体现，在社会公众法律知识薄弱的情况下，法官应该增强服务意识，在保持审判中立的前提下，进行客观的法律指导与阐释，树立良好的审判作风。同时，在人员流动性强，居住地、行为地、财产地分离现象司空见惯，而司法管辖多元复杂的情形下，司法应该体察民情，尽力利用现代科学技术为各方当事人提供便利的诉讼条件，禁止滥用职权，刁难当事人的不当司法行为。

（四）尊重诉讼参与人

《法官职业道德基本准则》第22条规定，法官应该尊重当事人和其他诉讼参与人的人格尊严，避免盛气凌人、“冷硬横推”等不良作风；尊重律师，依法保障律师参与诉讼活动的权利。法官应该以为民解决纠纷、伸张正义为己任，对于处于不同认知水平的诉讼参与人,法官应该以礼相待、一视同仁。给予充分平等的尊重,以现行法律规定和内心道德良知为标准进行案件审理与裁判。庭中,法官应该礼貌示意当事人及其他诉讼参与人发言,不得随意打断当事人、代理人、辩护人等的陈述,即使遇到诉讼参与人发表意见重复或案件无关,也应适当提醒制止,不得以生硬言辞进行指责。律师作为欠缺专业知识的当事人的代理人或辩护人,其目的虽然是保护其委托人的最大权益,但其对于旨在查明案件事实的审判工作也具有一定的积极作用,律师也是当事人之间以及当事人与法官进行专业交流的最好桥梁,因此,法官应该给予律师必要的尊重。在审判实践中,最高人民法院为了增强广大司法工作人员自觉行使文明用语的意识,养成自觉使用文明用语的习惯,并使文明用语内化于心、外化为言,印发了《人民法院文明用语基本规范》,该规范第1条,对法院工作人员提出了“对待当事人及其他诉讼参与人,应当做到称谓恰当、语言得体、语气平和、态度公允,避免盛气凌人、语言生硬、态度粗暴,严禁使用伤害群众感情、可能激化矛盾的语言,防止因用语不当对司法公信力产生不良影响”等基本要求;并列举了法院工作人员于接待来访、立案、庭外调查、庭审、诉讼调解、执行以及安全检查和文书送达等各个环节可参考适用的规范用语。

第三节　法官职业责任

一、法官的审判责任

中国共产党十八届三中全会提出,“让审理者裁判、由裁判者负责”。这引发了审判权力运行机制的根本性变革。中国共产党十八届四中全会《中共中央关于全面推进依法治国若干重大问题的决定》提出,要“明确各类司法人员工作职责、工作流程、工作标准,实行办案质量终身负责制和错案责任倒查问责制,确保案件处理经得起法律和历史检验”。审判权作为公权力,尽管在权力性质和运行方式上具有一定的特殊性,但是仍然要受到约束与限制,不受限制的权力必然导致绝对的腐败。尊重司法权自身运行规律,建立科学、符合中国国情的司法责任体系,是司法改革的基础性制度建设,具有重要意义。中共中央办公厅《关于加强法官检察官正规化专业化职业化建设全面落实司法责任制的意见》规定:“法院、检察院负责对法官、检察官涉嫌违反审判、检察职责行为进行调查核实。惩戒委员会根据法院、检察院调查的情况,审查认定法官、检察官是否构成故意违反职责、存在重大过失、存在一般过失或者没有违反职责。惩戒委员会认定构成故意或者因重大过失导致案件错误并造成严重后果的,法院、检察院依照有关规定予以惩戒。法官、检察官的其他违法违纪行为,由有关部门调查核实,依照法律及有关纪律规定处理。”

为贯彻中共中央关于深化司法体制改革的总体部署,优化审判资源配置,明确审判组织权限,完善人民法院的司法责任制,建立健全符合司法规律的审判权力运行机制,增强法官审理案件的亲历性,确保法官依法独立公正履行审判职责,最高人民法院《关于完善人民法院司法责任制的若干意见》规定了审判责任的认定和追究程序。根据该规定,法官应当对其履行审判职责的行为承担责任,在职责范围内对办案质量终身负责。法官在审判工作中,故意违反法律法规的,或者因重大过失导致裁判错误并造成严重后果的,依法应当承担违法审判责任。法官有违反职业道德准则和纪律规定,接受案件当事人及相关人员的请客送礼、与律师进行不正当交往等违纪违法行为,依照法律及有关纪律规定另行处理。有下列情形之一的,应当依纪依法追究相关人员的违法审判责任:①审理案件时有贪污受贿、徇私舞弊、枉法裁判行为的;②违反规定私自办案或者制造虚假案件的;③涂改、隐匿、伪造、偷换和故意损毁证据材料的,或者因重大过失丢失、损毁证据材料并造成严重后果的;④向合议庭、审判委员会汇报案情时隐瞒主要证据、重要情节和故意提供虚假材料的,或者因重大过失遗漏主要证据、重要情节导致裁判错误并造成严重后果的;⑤制作诉讼文书时,故意违背合议庭评议结果、审判委员会决定的,或者因重大过失导致裁判文书主文错误并造成严重后果的;⑥违反法律规定,对不符合减刑、假释条件的罪犯裁定减刑、假释的,或者因重大过失对不符合减刑、假释条件的罪犯裁定减刑、假释并造成严重后果的;⑦其他故意违背法定程序、证据规则和法律明确规定违法审判的,或者因重大过失导致裁判结果错误并造成严重后果的。负有监督管理职责的人员等因故意或者重大过失,怠于行使或者不当行使审判监督权和审判管理权导致裁判错误并造成严重后果的,依照有关规定应当承担监督管理责任。追究其监督管理责任的,依照干部管理有关规定和程序办理。

因下列情形之一导致案件按照审判监督程序提起再审后被改判的,不得作为错案进行责任追究:①对法律、法规、规章、司法解释具体条文的理解和认识不一致,在专业认知范围内能够予以合理说明的;②对案件基本事实的判断存在争议或者疑问,根据证据规则能够予以合理说明的;③当事人放弃或者部分放弃权利主张的；④因当事人过错或者客观原因致使案件事实认定发生变化的；⑤因出现新证据而改变裁判的；⑥法律修订或者政策调整的；⑦裁判所依据的其他法律文书被撤销或者变更的；⑧其他依法履行审判职责不应当承担责任的情形。

根据上述意见，独任制审理的案件，由独任法官对案件的事实认定和法律适用承担全部责任；合议庭审理的案件，合议庭成员对案件的事实认定和法律适用共同承担责任。进行违法审判责任追究时，根据合议庭成员是否存在违法审判行为、情节、合议庭成员发表意见的情况和过错程度合理确定各自的责任。审判委员会讨论案件时，合议庭对其汇报的事实负责，审判委员会委员对其本人发表的意见及最终表决负责。案件经审判委员会讨论的，构成违法审判责任追究情形时，根据审判委员会委员是否故意曲解法律发表意见的情况，合理确定委员的责任。审判委员会改变合议庭意见导致裁判错误的，由持多数意见的委员共同承担责任，合议庭不承担责任。审判委员会维持合议庭意见导致裁判错误的，由合议庭和持多数意见的委员共同承担责任。合议庭汇报案件时，故意隐瞒主要证据或者重要情节，或者故意提供虚假情况，导致审判委员会作出错误决定的，由合议庭成员承担责任，审判委员会委员根据具体情况承担部分责任或者不承担责任。审判委员会讨论案件违反民主集中制原则，导致审判委员会决定错误的，主持人应当承担主要责任。审判辅助人员根据职责权限和分工承担与其职责相对应的责任；法官负有审核把关职责的，法官也应当承担相应责任。法官受领导干部干预导致裁判错误的，且法官不记录或者不如实记录，应当排除干预而没有排除的，承担违法审判责任。

违法审判责任追究从启动到调查、处理、决定，必须建立一套严格的符合司法规律和法官职业特点的法官惩戒程序。根据前述意见，需要追究违法审判责任的，一般由院长、审判监督部门或者审判管理部门提出初步意见，由院长委托审判监督部门审查或者提请审判委员会进行讨论，经审查初步认定有关人员具有前述意见所列违法审判责任追究情形的，人民法院监察部门应当启动违法审判责任追究程序。各级人民法院应当依法自觉接受人大、政协、媒体和社会监督，依法受理对法官违法审判行为的举报、投诉，并认真进行调查核实。人民法院监察部门应当对法官是否存在违法审判行为进行调查，并采取必要、合理的保护措施。在调查过程中，当事法官享有知情、辩解和举证的权利，监察部门应当就当事法官的意见、辩解和举证如实记录，并在调查报告中对是否采纳作出说明。人民法院监察部门经调查后，认为应当追究法官违法审判责任的，应当报请院长决定，并报送省（区、市）

法官惩戒委员会审议。高级人民法院监察部门应当派员向法官惩戒委员会通报当事法官的违法审判事实及拟处理建议、依据,并就其违法审判行为和主观过错进行举证;当事法官有权进行陈述、举证、辩解、申请复议和申诉。法官惩戒委员会根据查明的事实和法律规定作出无责、免责或者给予惩戒处分的建议。法官惩戒委员会工作章程和惩戒程序另行制定。

对于应当追究违法审判责任的相关责任人,根据其应负责任依照《法官法》等有关规定处理:①应当给予停职、延期晋升、退出法官员额或者免职、责令辞职、辞退等处理的,由组织人事部门按照干部管理权限和程序依法办理;②应当给予纪律处分的,由纪检监察机关依照有关规定和程序依法办理;③涉嫌犯罪的,由纪检监察部门将违法线索移送有关司法机关依法处理。免除法官职务,必须按法定程序由人民代表大会罢免或者提请人大常委会做出决定。

《法官法》将上述改革的成果以法律形式确定下来。《法官法》第 46 条规定:"法官有下列行为之一的,应当给予处分;构成犯罪的,依法追究刑事责任:①贪污受贿、徇私舞弊、枉法裁判的;②隐瞒、伪造、变造、故意损毁证据、案件材料的;③泄露国家秘密、审判工作秘密、商业秘密或者个人隐私的;④故意违反法律法规办理案件的;⑤因重大过失导致裁判结果错误并造成严重后果的;⑥拖延办案,贻误工作的;⑦利用职权为自己或者他人谋取私利的;⑧接受当事人及其代理人利益输送,或者违反有关规定会见当事人及其代理人的;⑨违反有关规定从事或者参与营利性活动,在企业或者其他营利性组织中兼任职务的;⑩有其他违纪违法行为的。第 48 条规定:"最高人民法院和省、自治区、直辖市设立法官惩戒委员会,负责从专业角度审查认定法官是否存在本法第 46 条第 4 项、第 5 项规定的违反审判职责的行为,提出构成故意违反职责、存在重大过失、存在一般过失或者没有违反职责等审查意见。法官惩戒委员会提出审查意见后,人民法院依照有关规定作出是否予以惩戒的决定,并给予相应处理。""法官惩戒委员会由法官代表、其他从事法律职业的人员和有关方面代表组成,其中法官代表不少于半数。""最高人民法院法官惩戒委员会、省级法官惩戒委员会的日常工作,由相关人民法院的内设职能部门承担。"第 49 条规定:"法官惩戒委员会审议惩戒事项时,当事法官有权申请有关人员回避,有权进行陈述、举证、辩解。"第 50 条规定:"法官惩戒委员会作出的审查意见应当送达当事法官。当事法官对审查意见有异议的,可以向惩戒委员会提出,惩戒委员会应当对异议及其理由进行审查,作出决定。"

二、法官的纪律责任

为了规范人民法院工作人员的行为，促进人民法院工作人员依法履行职责，确保公正、高效、廉洁司法，最高人民法院《法官职业道德基本准则》第28条规定："各级人民法院负责督促实施本准则，对于违反本准则的行为，视情节后果予以诫勉谈话、批评通报；情节严重构成违纪违法的，依照相关纪律和法律规定予以严肃处理。"

（一）处分的种类与期间

最高人民法院《人民法院工作人员处分条例》规定，对法官的处分种类为：警告、记过、记大过、降级、撤职、开除。受处分的期间为：①警告，6个月；②记过，12个月；③记大过，18个月；④降级、撤职，24个月。受处分期间不得晋升职务、级别。其中，受记过、记大过、降级、撤职处分的，不得晋升工资档次；受撤职处分的，应当按照规定降低级别。受开除处分的，自处分决定生效之日起，解除与人民法院的人事关系，不得再担任公务员职务。

同时有两种以上需要给予处分的行为的，应当分别确定其处分种类。应当给予的处分种类不同的，执行其中最重的处分；应当给予撤职以下多个相同种类处分的，执行该处分，并在一个处分期以上、多个处分期之和以下，决定应当执行的处分期。受处分期间受到新的处分的，其处分期为原处分期尚未执行的期限与新处分期限之和。处分期最长不超过48个月。

（二）处分的适用

有下列情形之一的，应当在《人民法院工作人员处分条例》分则规定的处分幅度以内从重处分：①在共同违纪违法行为中起主要作用的；②隐匿、伪造、销毁证据的；③串供或者阻止他人揭发检举、提供证据材料的；④包庇同案人员的；⑤法律、法规和上述条例分则中规定的其他从重情节。有下列情形之一的，应当在上述条例分则规定的处分幅度以内从轻处分：①主动交代违纪、违法行为的；②主动采取措施，有效避免或者挽回损失的；③检举他人重大违纪、违法行为，情况属实的；④法律、法规和上述条例分则中规定的其他从轻情节。

主动交代违纪、违法行为，并主动采取措施有效避免或者挽回损失的，应当在上述条例分则规定的处分幅度以外降低一个档次给予减轻处分。应当给予警告处分,又有减轻处分情形的,免予处分。违纪、违法行为情节轻微,经过批评教育后改正的,可以免予处分。在人民法院作出处分决定前,已经被依法判处刑罚、罢免、免职或者已经辞去领导职务,依照上述条例需要给予处分的,应当根据其违纪违法事实给予处分。被依法判处刑罚的,一律给予开除处分。

人民法院工作人员退休之后违纪违法,或者在任职期间违纪、违法,在处分决定作出前已经退休的,不再给予纪律处分;但是,应当给予降级、撤职、开除处分的,应当按照规定相应降低或者取消其享受的待遇。

(三)处分的解除、变更和撤销

受开除以外处分的,在受处分期间有悔改表现,并且没有再发生违纪、违法行为的,处分期满后应当解除处分。解除处分后,晋升工资档次、级别、职务不再受原处分的影响。但是,解除降级、撤职处分的,不视为恢复原级别、原职务,有下列情形之一的,应当变更或者撤销处分决定:①适用法律、法规或者上述条例规定错误的;②对违纪、违法行为的事实、情节认定有误的;③处分所依据的违纪、违法事实证据不足的;④调查处理违反法定程序,影响案件公正处理的;⑤作出处分决定超越职权或者滥用职权的;⑥有其他处分不当情形的。处分决定被变更,需要调整被处分人员的职务、级别或者工资档次的,应当按照规定予以调整;处分决定被撤销的,应当恢复其级别、工资档次,按照原职务安排相应的职务,并在适当范围内为其恢复名誉。因变更而减轻处分或者被撤销处分人员的工资福利受到损失的,应当予以补偿。

第六章

检察官职业伦理

第一节　概述

一、检察官职业伦理的概念

（一）检察官

检察官是代表国家依法行使检察权的检察人员。按照中央司法体制改革方案，检察院工作人员分为员额检察官、检察辅助人员和司法行政人员三类。其中，检察辅助人员是协助员额检察官履行检察职责的工作人员，包括检察官助理、书记员、司法警察、检察技术人员等。司法行政人员是从事行政管理事务的工作人员，主要负责检察院政工党务行政事务、后勤管理等工作。

（二）检察官职业伦理

检察官职业伦理是指检察官在履行职务及社会生活中应当遵守的行为规范。检察官职业伦理既是对检察官职业活动的行为要求，又是检察官职业对社会所担负的责任与义务。检察官职业伦理融合了国家、社会和公众对检察官从业的期许，它是完成检察工作必须遵循的规范。

检察官被赋予了法律监督者的身份以及法律监督的职权，作为具体实现检察职能的主体，检察官除了应具备专业的知识和技能外，还应具备与自身职能相对应的职业伦理。一个合格的检察官应该从内心认知和外在行为两方面共同恪守和认可检察官职业伦理。只有正确处理检察官自身的行为以及检察官与当事人、同行、法官、警察等主体的关系，严格遵行职业伦理规范，才能有效地保护公民免受犯罪行为的侵害，才能够维护检察形象，树立检察权威，使社会公众对检察官群体及其职业行为产生认同，才能建立起一个井然有序而高效的检察官职业伦理秩序，司法公平正义的价值追求才有可能实现。

二、检察官职业伦理的特征

（一）鲜明的政治性

国家设立检察制度的目的就是保证国家法制的统一，因此检察官职业的政治色彩颇为浓厚。我国的检察官职业伦理除了要求检察官具有职业信仰以外，还要求其有坚定的政治信仰。检察官应当高举中国特色社会主义伟大旗帜，深入贯彻落实科学发展观，坚持党的事业至上、人民利益至上、宪法法律至上，在履行职责、行使检察权的各个方面和职务外活动中恪守职业道德要求。检察官要忠于党、忠于国家、忠于人民、忠于宪法和法律，牢固树立依法治国、执法为民、公平正义、服务大局、党的领导的社会主义法治理念，做中国特色社会主义事业的建设者、捍卫者和社会公平正义的守护者。这些要求都体现了鲜明的政治色彩。

（二）有严格的制度保障

国家法律赋予了检察官特殊职权，检察官活动既是司法活动，又是法律监督活动。如果对检察官缺乏监督，容易产生被腐蚀的危险，因此，我国对检察官职业伦理进行了详细的规定，保障检察官职权的正确行使，主要体现在三个方面：一是检察官与当事人的关系方面。检察官要尊重诉讼当事人、参与人及其他有关人员的人格，保障和维护其合法权益。二是检察官与同行的关系方面。检察官之间应团结协作、互相支持、互相配合和互相监督。检察官不得违反规定过问、干预其他检察官办案，也不得私自探询其他检察官正在办理的案件情况和有关信息。三是检察官与律师、法官的关系方面。检察官应当尊重律师的职业尊严，支持律师履行法定职责，依法保障和维护律师参与诉讼活动的权利。检察官出席法庭审理活动，应当尊重庭审法官，维护法庭审判的严肃性和权威性。

(三)严厉的强制手段

一般的伦理规范,主要是靠舆论、传统习惯和内心信念起作用,靠人们自觉遵守。但是,检察官职业伦理是检察人员必须遵循的道德规范和行为准则,检察官职业伦理则在很大程度上是靠严厉的强制手段实现的。因为一旦检察官违反了职业伦理准则,将使国家的法律监督机制失去意义。因此,在通过规范和说服教育进行引导的同时,也需要以强制手段执行职业伦理规范。检察官职业伦理的强制性主要体现在两个方面:一是法律的规定。我国《检察官法》对检察官职业伦理问题作了规定,把伦理、规范、准则上升为法律,使之具有与法律同等的效力,具有道德和法律的双重属性。这种情况下,检察官职业伦理就成为检察官必须遵循的法律义务。二是将职业伦理规范的遵守与纪律挂钩。除相关法条外,它常常表现为检察界的公约、誓词或纪律。不遵守检察官职业伦理规范,将为检察纪律所不容,也必将受到纪律或行政处分。

第二节　检察官职业伦理的基本内容与具体要求

一、树立职业信仰

(一)职业信仰的内涵

在古代汉语中,《说文解字》从字面意义上将“信仰”解释为“信,诚也”,“仰,举也”,但“信仰”并没有作为一个固定词语出现。在英文中,“信仰”也用了一个很庄严的词来表示,即 fitb。也有学者认为,英文中与“信”或“信仰”相对应的动词是 believe,其含义为“信任、相信、以为、信仰”等。英文中与信仰对应的名词是 belief,其含义为信念、信仰等。到了现代以后,“信仰”作为一个专有名词出现在工具书中,如《现代汉语词典》将“信仰”定义为:动词,对某人或某种主张、主义、宗教极度相信和尊重,拿来作为自己行动的榜样或指南;名词,相信并奉为准则或指南的某种主张、主义、宗教等。《哲学大辞典》对“信仰”的解释为:“信仰是对某种理论、思想、学说的心悦诚服,并从内心以此作为自己的行动指南。有盲目的信仰与科学信仰之分。"《社会历史观大辞典》将"信仰"解释为:"信仰是人们对某种学说、主义的信服和崇拜,并用来作为自己的精神寄托和行为指南。"信仰来源于社会实践,又包含着人的心理过程,是认识和情感的结合物,又渗透着意志力,信仰有科学的信仰和非科学的信仰之分。综上所述,得到普遍认可的信仰概念可以简洁地表述为对某人或某种主张、主义、宗教的极度相信和尊崇,并把它奉为自己的行为准则。其内涵包括以下几层意思:①信仰是一种极度相信的心理状态;②信仰的对象可以是特定的人或事物,也可以是宗教或者抽象的思想学说;③信仰的行为特征主要是极度地相信;④信仰过程注重整体性思维与行为实践的结合,信仰是知、情、意、行的高度统一。职业信仰是这样一种情感体验和精神追求,即职业者在职业形成过程中,对于其所从事职业的意义、规律、原则的极度信服和尊崇,并奉之为自己的行为准则和活动指南。职业信仰是一个人信仰的集中体现,它将一个人的信仰与自己的职业联系在了一起,从而在职业中自觉地追求利己、利人和利群的高度统一,检察官职业信仰是检察官执行职务活动时内在的最高道德标准,是检察官个体对于检察官职业的意义、规律、原则的极度信服和尊崇,并将其作为自己行为和活动的指南。

(二)职业信仰的功能

职业信仰是一个人信仰的集中体现,它不仅是职业伦理的重要内容,更是职业伦理的最高要求,是期许检察官努力实现的理想目标。职业信仰具有以下几个方面的功能:

1. 职业信仰具有凝聚整合功能

检察官职业是由众多检察官个体组成的检察官群体,职业信仰具有整体性,它不仅是个人的价值追求,也是检察官职业的价值追求,只有依靠每一个检察官个体的信仰和追求才能实现。职业信仰向检察官个人提供了一条与他人、与社会进行精神和心灵沟通的渠道,从而为检察官提供了一条职业联系的纽带,将具有共同信仰者凝聚整合起来,为了实现共同的理想而奋斗。

2. 职业信仰具有人格塑造功能

信仰决定人格,不同的信仰塑造不同类型的人格,信仰对人格的塑造,本质上是一种价值观的塑造,不同的信仰就有不同的价值追求。职业信仰作为信仰之神,同样具有人格塑造功能。检察官个体作为职业信仰的信奉者,在情感态度上信服并忠实实践职业信仰所提倡的核心价值观，并把实现这些价值观作为自己的价值理想，内化为自己的奋斗目标，并从中汲取人格发展的动力。

3. 职业信仰具有传统维系功能

职业信仰是对职业形成过程中一些核心价值观的提炼与升华，与职业实践的“前世今生”密切相关。对于检察官职业信仰而言，它是在检察官职业形成过程中，不断累积、不断优化、不断提炼得来的，是对检察官职业传统的一种高度总结。因此，对于刚刚加入检官职业的年轻检察官而言，了解并尊崇检察官的职业信仰，也是连接自己与整个检察官职业传统的重要途径，这也是职业信仰维系传统功能的体现。

（三）职业信仰的内容

根据《检察官法》《检察官职业道德基本准则》以及《检察官职业行为基本规范（试行）》的规定，检察官职业信仰包括如下内容。

1. 坚定信念

检察机关是国家的法律监督机关，检察官是行使国家检察权的检察人员，是中国特色社会主义事业的建设者、捍卫者，是社会公平正义的守护者和公共利益的代表。因此，检察官职业信仰的重要内容之一就是坚定信念。信念是信仰的起点，信仰由信念发展而来。根据《检察官职业行为基本规范（试行）》的规定，坚定信念主要体现在以下几个方面：①坚定政治信念，坚持以马克思列宁主义、毛泽东思想、邓小平理论和“三个代表”重要思想为指导，认真学习中国特色社会主义理论体系，深入贯彻落实科学发展观，建设和捍卫中国特色社会主义事业。②热爱祖国，维护国家安全、荣誉和利益，维护国家统一和民族团结，同一切危害国家的言行作斗争。③坚持中国共产党领导，坚持党的事业至上，始终与党中央保持高度一致，自觉维护党中央权威。④坚持服务大局，围绕党和国家中心工作履行法律监督职责，为改革开放和社会经济科学发展营造良好法治环境。当然，还必须指出的是，只拥有坚定的信念还不够，将信念转化为实际行动才是最终目标，否则所有的理论都会变得毫无价值。

2. 执法为民

执法为民是宪法原则的具体体现，我国《宪法》第 2 条第 1 款明确规定：“中华人民共和国的一切权力属于人民。”与这一宪法原则相呼应，《宪法》第 27 条明确要求，一切国家机关和国家工作人员必须“努力为人民服务”。检察机关是国家机关的组成部分，检察官是国家工作人员的组成部分，因此，执法为民是其对宪法原则的具体实践。执法为民是保障人权的要求，人权是现代法最基本的价值之一，尊重和保障人权既是人类文明的标志，也是一切追求进步的法的基本特征，是现代法区别于传统法的基本标志。一般认为，人权的国内法保护主要包括宪法保障、立法保护、行政保护、司法救济四个方面，其中司法救济是人权的法律保护体系中的重要环节，是人权的法律保护的最后一道防线。根据《检察官职业行为基本规范（试行）》的规定，执法为民主要体现在坚持执法为民，坚持人民利益至上，密切联系群众，倾听群众呼声，妥善处理群众诉求，维护群众合法权益，全心全意为人民服务。

3. 维护法治

检察官在法治国家担任着重要的角色，代表国家追诉犯罪，维护国家、公民的利益和权利，监督违法，保障国家法律统一正确实施。法治思维是检察官履行法律监督职责的底线思维。此外，维护法治还需要检察官树立牢固的法律信仰，检察官的法律信仰是指检察官在执行法律和履行法律监督职责过程中对法的认可和自觉运用以及最终形成在思维价值指向方面对法律的高度崇尚。根据《检察官职业行为基本规范（试行）》的规定，维护法治主要体现在：坚持依法治国基本方略，坚持宪法法律至上，维护宪法和法律的统一、尊严和权威，致力于社会主义法治事业的发展进步。

4. 追求正义

什么是正义？古今中外有很多与之相关的论述，但仍旧充满分歧。正如美国学者博登海默所言：“正义有着一张普罗透斯似的脸，变幻无常、随时可呈不同形状，并具有极其不同的面貌。当我们仔细查看这张脸并试图揭开隐藏其表面之后的秘密时，我们往往会深感迷惑。”一般认为，美国哲学家罗尔斯和庞德所提出的社会正义（即社会基本结构的正义）具有决定意义，可以说是正义之正义。社会基本结构的正义包括两个层面：一是社会各种资源、利益以及负担分配上的正义；二是社会利益冲突之解决上的正义。前者可谓“实体正义”，后者可谓“形式正义”或“诉讼正义”。至于如何实现正义？一般认为，法是实现正义的手段，法的价值之一在于实现正义。法律对正义的实现作用，总体上体现为：①分配权利以确立正义；②惩罚罪恶以伸张正义；③补偿损失以恢复正义。检察官有责任确保适当的人因适当的罪行而被检控，并在可能的情况下将违法者绳之以法。根据《检察官职业行为基本规范(试行)》的规定,追求正义主要体现为:维护公平正义,忠实履行检察官职责,促进司法公正,提高检察机关执法公信力。

二、公正客观履职

(一)职务行为的内涵

一般认为,职务行为是指具有某种职权或者职责的公务人员,依据职权实施的行为或履行职责的行为。职务行为基于其履行职务的正当性而具有正当性,不因其本质是否加害行为或者是否造成加害后果而产生法律责任或其他责任。根据《检察官法》第7条之规定,检察官的职责包括:①对法律规定由人民检察院直接受理的刑事案件进行侦查;②对刑事案件进行审查逮捕、审查起诉,代表国家进行公诉;③开展公益诉讼工作;④开展对刑事诉讼、民事诉讼、行政诉讼活动的监督工作;⑤法律规定的其他职责。检察官对其职权范围内就案件作出的决定负责。

由此可知,检察官的职务行为主要体现为履行职责的行为,如法律监督行为、提起公诉行为等。为了丰富检察官对自身职务行为之认知,《检察官职业行为基本规范(试行)》对此做了进一步规定,要求检察官要做到以下几点:①坚持打击与保护相统一,依法追诉犯罪,尊重和保护诉讼参与人和其他公民、法人及社会组织的合法权益,使无罪的人不受刑事追究;②坚持实体与程序相统一,严格遵循法定程序,维护程序正义,以程序公正保障实体公正;③坚持惩治与预防相统一,依法惩治犯罪,立足检察职能开展犯罪预防,积极参与社会治安综合治理,预防和减少犯罪;④坚持执行法律与执行政策相统一,正确把握办案力度、质量、效率、效果的关系,实现执法办案法律效果、社会效果、政治效果的有机统一;⑤坚持强化审判监督与维护裁判稳定相统一,依法监督纠正裁判错误和审判活动违法,维护生效裁判既判力,保障司法公正和司法权威。

(二)职务行为的基本规则

检察官职务行为是否符合职业伦理之规范要求,是各国职业伦理规范之重点,我国也不例外。根据《检察官职业行为基本规范(试行)》之规定,检察官在履行职务行为时,需要遵守如下基本规则。

1. 树立正确执法理念

理念是一种认识和信念或价值观,属于意识形态范畴。执法理念是执法人员对法律的功能、作用和法律实施所持有的态度和观念,具有稳定性,对执法活动及执法效果具有决定性的影响。任何法律都包含理念和制度两个层面,两者相辅相成。理念是推动法治社会进步的内在的、隐性的、巨大的动力。法治社会在一定意义上首先是一个观念共同体,其依赖于某些共同观念的维系、滋养和支撑。理念是构成一个国家法律文化的精髓,它贯穿于整个法律实践过程中,潜移默化地影响、传承于后人,并培育着一个国家的法治传统和法律精神。根据《检察官职业行为基本规范(试行)》之规定,检察官在将执法理念外化为职务行为时,应该遵循以下基本规则:①坚持理性执法,把握执法规律,全面分析情况,辩证解决问题,理智处理案件;②坚持平和执法,平等对待诉讼参与人,和谐处理各类法律关系,谨慎处理每一起案件;③坚持文明执法,树立文明理念,改进办案方式,把文明办案要求体现在执法全过程;④坚持规范执法,严格依法办案,遵守办案规则和业务流程。

2. 依法履行职务行为

"依法"就是指依从、按照宪法和法律、法规的规定。任何公权力都是特定的,是受约束和受限制的。检察官作为行使检察权的国家工作人员,其行为正当性具备宪法及法律基础,不受行政机关、社会团体和个人的干涉,但同时也应该严格按照规定的权限和程序认真履行职责。我国《宪法》第136条规定:"人民检察院依照法律规定独立行使检察权,不受行政机关、社会团体和个人的干涉。"《检察官法》第6条规定:"检察官依法履行职责,受法律保护……"第10条规定,检察官应当履行"严格遵守宪法和法律"的义务。《检察官职业行为基本规范(试行)》进一步规定,坚持依法履行职责,严格按照法定职责权限、标准和程序执法办案,不受行政机关、社会团体和个人干涉,自觉抵制权势、金钱、人情、关系等因素干扰。

3. 保持公正性

何为公正呢?按照《现代汉语词典》的解释,"公正"的意思是"公平正直,没有偏私"。公正的词义来源于人们对现存社会生活观念的反映,实质上是一种学理性的阐释。总体而言,就基本价值理念和基本行为准则的公正,在我国学界形成了三种不同的理解:第一种观点认为,公正是人类社会的基本价值,是调节人与人之间关系的最基本的道德规范和利益准则,是指社会成员在社会生活各个领域中的权利享有和义务分配的合理性。第二种观点认为,公正是在一定历史条件下,不同社会主体对自身权力和利益在一定活动范围内得到合理满足、平等实现的价值理念，及其通过不同社会主体之间的现实博弈所确立的一种规则体系和可以验证的实际状态的总和。第三种观点认为，公正是一个规则体系，是一个由对人的基本尊严和基本权利予以保证的规则、机会平等的规则、按照贡献进行分配的规则以及社会调剂等共同组成的规则体系。综合国内学者的研究成果，一般认为，公正的基本内涵指从一定原则和准则出发对人们的行为和作用所作的相应评价，也指一种平等的社会状况，即按同一原则和标准对待相同的情况的人和事。司法公信力的确立与提高，有赖于每一位司法者的公正，需要在每一具体的案件中去实践与体现。我国《检察官法》第 5 条规定，检察官履行职责，应当以事实为根据，以法律为准绳，秉持客观公正的立场。检察官办理刑事案件，应当严格坚持罪刑法定原则，尊重和保障人权，既要追诉犯罪，也要保障无罪的人不受刑事追究。《检察官职业行为基本规范（试行）》进一步规定，坚持客观公正，忠于事实真相，严格执法，秉公办案，不偏不倚，不枉不纵，使所办案件经得起法律和历史检验。

4. 履行客观义务

从法制发展史来看，关于检察官承担“客观义务”的规定，创设于 19 世纪中后期的德国，随后传播到了欧洲以及亚洲其他大陆法系国家。日本学者松本一郎认为，检察官的“客观义务”是指“检察官为了发现真实情况，不应站在当事人的立场上，而应站在客观的立场进行活动”。松本一郎的论述对国内学者产生了很大的影响，国内有关检察官“客观义务”的很多论述都体现了松本一郎的核心观点。例如，龙宗智教授认为，检察官的客观义务，是指检察官为了发现案件真实，不应站在当事人的立场，而应站在客观的立场上进行活动。龙宗智教授进一步认为，中国检察制度有必要确立检察官客观义务这一概念，并作出相应的制度安排，主要理由是：①中国检察权行使的司法制度框架以及检察权的权能内容具有比较法上的类同性，因此，同样需要设定检察官的客观义务；②中国刑事司法制度的国家主义（职权主义）特征，加强了检察官的客观义务；③中国检察制度的特殊性质与内容，并不消解客观义务，反而要求强化这一义务。此外，从现实情况出发，龙宗智教授认为，强化检察官客观义务具有现实理由：检察活动中仍然存在某种偏向，为此需呼吁客观义务。当前国家司法制度的改革方向，要求强化检察官的客观义务。我国《检察官法》在修改中确定了这一义务。《检察官法》第 5 条规定，检察官履行职责，应当以事实为根据，以法律为准绳，秉持客观公正的立场。检察官办理刑事案件，应当严格坚持罪刑法定原则，尊重和保障人权，既要追诉犯罪，也要保障无罪的人不受刑事追究。《检察官职业行为基本规范（试行）》进一步规定，坚持重证据，重调查研究，依法全面客观地收集、审查和使用证据，坚决杜绝非法取证，依法排除非法证据。

5. 保守职业秘密

和律师、医生、心理师等职业人员一样，检察官在履行职务的过程中也会获得国家秘密、商业秘密以及个人隐私，这些信息在广义上可以统称为检察官的职业秘密。各国检察官职业伦理都要求检察官必须保守职业秘密，我国也不例外。我国《检察官法》第 10 条规定，检察官应当履行的义务包括“保守国家秘密和检察工作秘密”。所谓国家秘密，是关系国家安全和利益，依照法定程序确定，在一定时间内只限一定范围的人员知悉的事项。保守国家秘密关系到国家安全和人民根本利益。因此，我国《宪法》第 53 条将“保守国家秘密”作为公民的一项基本义务进行了规定。此外，为了保守国家秘密，维护国家安全和利益，保障改革开放和社会主义建设事业的顺利进行，国家还制定了《保守国家秘密法》，该法第 3 条规定：“国家秘密受法律保护。一切国家机关、武装力量、政党、社会团体、企业事业单位和公民都有保守国家秘密的义务。任何危害国家秘密安全的行为，都必须受到法律追究。”检察官作为国家工作人员，因其工作原因，接触国家秘密的可能性较大。因此，检察官必须遵守国家法律的规定，保守国家秘密。这不仅是职业伦理的要求，也是宪法的要求。此外，与国家秘密相比，对于检察官在履行职务过程中获得的诸如商业秘密、个人隐私等，虽然没有系统的立法规定，但也散见在诸多法律法规中，检察官同样负有保守秘密的义务。例如，依据我国《刑法》的规定，不正当地获取、披露和使用商业秘密的，构成侵犯商业秘密罪；根据我国《民法典》的规定，自然人的个人信息受法律保护。

6. 提升职业素质

一般认为，检察官的职业素质与检察官能否履行好职务密切相关。检察官的职业素质包括：①新形势下群众工作能力。要始终把人民放在心中最高位置，坚持在感情上贴近群众，在作风上深入群众、在工作上依靠群众；②维护社会公平正义能力。要坚持严格执法、公正司法，从实体、程序和时效上充分体现维护社会公平正义的要求；③新媒体时代舆论引导能力。要牢固树立舆情就是险情的理念，既要切实加强对新形势下检察工作规律特点的研究，又要着力加强对现代新闻传播规律的把握;④科技信息应用能力。要加强科学技术的培养与运用;⑤拒腐防变能力。要保持检察工作的廉洁性,严格约束自身的行为。如何将这些能力体现在检察官履行职务的过程中,是每一位检察官需要认真思考的问题。《检察官职业行为基本规范(试行)》对此也做出了规定:①重视群众工作,了解群众疾苦,熟悉群众工作方法,增进与群众的感情,善于用群众信服的方式执法办案;②重视化解矛盾纠纷,加强办案风险评估,妥善应对和处置突发事件,深入排查和有效调处矛盾纠纷,注重释法说理,努力做到案结、事了、人和,促进社会和谐稳定;③重视舆情应对引导,把握正确舆论导向,遵守舆情处置要求,避免和防止恶意炒作;④精研法律政策,充实办案所需知识,保持专业水准,秉持专业操守,维护职业信誉和职业尊严。

7. 自觉接受监督

检察官既是法律的维护者,又是法律的执行者,同样要接受法律的监督。根据我国宪法和法律的规定,各级人民检察院都由本级人民代表大会产生,对它负责,受它监督。这说明,人民检察院接受国家权力机关的监督是由法律规定的,同时,这种监督应该是严格依法进行的。权力机关监督检察机关及其工作人员主要监督其是否独立行使职权,依法办案。权力机关有权对检察官的违法活动提出批评和质询,并有权罢免和撤换不称职的检察官。检察官接受法律监督,是职务上的义务,不得违反。检察官自觉接受群众监督,目的是严格依法办事,更好地惩治违法犯罪,保护人民合法权益。我国《检察官法》第 10 条规定,检察官应当履行的义务包括“接受法律监督和人民群众监督”。《检察官职业行为基本规范(试行)》进一步规定,自觉接受监督,接受其他政法机关的工作制约,执行检务公开规定,提高执法透明度。

三、遵守检察礼仪

(一)检察礼仪的内涵

何为“礼仪”呢?按照《现代汉语词典》的解释,“礼仪”是指“礼节和仪式”。一般认为,“礼仪”是指人们在一定的社会交往场合,为表示相互尊重、友好而约定俗成的、共同遵循的行为规范和交往程序。礼仪的具体表现方式包括礼貌、礼节、仪表、仪式等。其中,礼貌是指人们在交往时,通过语言、动作向交往对象表示谦虚、恭敬和友好的行为规范;礼节是礼貌的具体表现,通常指人们在交往场合,表示相互尊重、友好的惯用形式；仪表是指人的外表，包括容貌、姿态、风度、服饰及个人卫生等；仪式则是指特定场合举行的专门化、规范化的活动。礼仪一般具有以下几个特征：①规范性，即标准化的要求；②限定性，即主要适用于特定场合；③技巧性，即在一些具体场合中如何使用礼仪具有一定的不确定性，需要根据具体情形判断；④传承性，即礼仪通常是交往活动中一些文明习惯的积累和固定；⑤发展性，即礼仪也会随着社会的进步而不断发展变化。在现代社会，礼仪作为一种文化遗产，体现着社会的进步和文明程度，越来越引起人们的重视。司法活动作为一种特殊的社会活动，必然要求符合司法规律的礼仪准则。因此，司法人员除了遵守普通公民普遍遵守的礼仪规范，还应当遵守其特殊职业身份所要求的司法礼仪。检察官的检察礼仪是司法礼仪中的一种具体职业礼仪，它是指检察机关及其工作人员在检察活动及各种场合下应当遵守的体现检察文明、维护检察形象的职业形象设计与行为准则。

（二）检察礼仪的作用

一般认为，礼仪的主要功能有以下几个方面：①提高个人道德修养。一个人内在的道德修养是不能脱离外在的形式而存在的，它总要通过一定形式表现出来，这种形式就是礼仪。所以，在人际交往中，礼仪是衡量一个人道德修养、文明程度的准绳。换言之，道德是内在的，礼仪是外在的，是表现人的美德的一种具体形式。学习礼仪、运用礼仪对于提高个人内在修养有着重要的意义；②塑造良好形象，这里包括个人形象和组织形象。实际上，通常说个人形象代表个人不是绝对的，很多时候个人形象是作为组织形象的一部分而存在的；③改善人际关系。礼仪是协调人际关系的调节器，可以解决人际关系中出现的障碍；礼仪是人际关系的推进器，能够使人们的交往气氛更加愉快，使人们的交往更成功。检察礼仪作为礼仪的一种类型，自然具有礼仪的一般作用，又因其本身的特殊性，也具有一些特殊的作用。一般认为，检察礼仪具有如下作用：①塑造司法权威，增强司法公信度。通过严格遵守比一般礼仪要求更高的司法礼仪，增强司法活动的神秘感，使司法活动超然于一般的社会活动，会引发社会公众对法律的神往和司法激情，从而尊重法律和司法活动，在接受司法礼仪的同时也对司法礼让三分，使司法精神和司法文明得到充分体现；②彰显司法公正，维护社会公平正义。根据公正的核心价值目标所设计的司法礼仪被较好地遵守，被视为司法最为直观、最初层次的要求。所以司法人员必须严格遵守司法礼仪以约束自己的言行，做到公平地对待当事人；③提升司法效率，传播司法亲和力。司法人员如果能够很好地遵守司法礼仪，就具有亲和力，可以抚平当事人的情绪，让当事人产生依赖感，相信司法人员对自己是公平公正的，从而自觉服从、遵守法官所作出的裁判，使得纠纷易于解决；④强化职业伦理，促进检察官职业化。检察礼仪是一整套的形象设计与行为规范，遵守检察礼仪对外会形成统一的检察职业专业、严肃、权威的良好形象，对内使检察官形成对检察职业的认同感。

（三）检察礼仪的内容

检察官应当遵守各项检察礼仪规范，注重检察职业礼仪的约束。根据《检察官职业行为基本规范（试行）》的规定，检察礼仪的内容主要包括以下几个部分。

1. 职务行为中的礼仪

根据《检察官职业行为基本规范（试行）》第 41 至 43 条之规定，检察官在执行职务过程中，应该遵守如下礼仪规范：①遵守工作礼仪，团结、关心和帮助同事，爱护工作环境，营造干事创业、宽松和谐、风清气正的工作氛围；②遵守着装礼仪，按规定着检察制服，佩戴检察徽标；着便装大方得体；③遵守接待和语言礼仪，对人热情周到，亲切和蔼，耐心细致，平等相待，一视同仁，举止庄重，精神振作，礼节规范；使用文明礼貌用语，表达准确，用语规范，不说粗话、脏话。

2. 职务外活动中的礼仪

职务外活动，关系到检察机关和检察官的外在形象。检察官在职务外活动中，应当注重职业荣誉，约束自己的言行，不使用有损检察职业形象的语言，不做有损检察官身份的事情，不穿着检察正装、佩戴检察标识到营业性娱乐场所进行娱乐、休闲活动或者在公共场所饮酒，不参与赌博、色情、封建迷信活动以及其他不健康、不文明的活动。避免公众对检察官公正执法和清正廉洁执法产生合理怀疑，避免对履行职责产生负面作用，避免对检察机关的公信力产生不良影响。此外，根据《检察官职业行为基本规范（试行）》第 44 条之规定，检察官应该遵守外事礼仪，遵守国际惯例，尊重国格、人格和风俗习惯，平等交往，热情大方，不卑不亢，维护国家形象。

第三节　检察官职业责任与惩戒

一、检察官违纪责任

检察官的违纪责任，是指检察官违反法律法规、职业伦理规范和检察工作纪律所应当承受的纪律处分。对检察官执行职务中的违纪行为追究责任目的是增强检察人员“立检为公、执法为民”的自觉性，提高办案质量和执法水平，推动检察机关廉政建设、队伍建设。

（一）责任形式

《检察人员纪律处分条例》第 7 条规定，检察纪律处分分为：警告、记过、记大过、降级、撤职、开除。第 8 条规定，纪律处分期间分别为：①警告，6 个月；②记过，12 个月；③记大过，18 个月；④降级、撤职，24 个月。还规定，受警告、记过、记大过、降级、撤职处分的，在处分期间不得晋升职务、级别；对于违纪行为所获得的经济利益，应当收缴或者责令退赔；对于违纪行为所获得的职务、职称、学历、学位、奖励等其他利益，应当建议有关组织、部门、单位按规定予以纠正。受记过、记大过、降级、撤职处分的，在处分期间不得晋升工资档次。受降级处分的，自处分的下个月起降低一个级别；级别为对应的国家公务员最低级别的，给予记大过处分。受撤职处分的，在处分影响期内不得担任领导职务，自处分的下个月起按降低一个以上的职务等级重新确定非领导职务；办事员应当给予撤职处分的，给予降级处分；受撤职处分的，可以同时撤销其行政职务和法律职务，也可以单独撤销其行政职务或者法律职务；对于担任两个以上行政职务的人员给予撤职处分的，其所担任的所有行政职务一并撤销。受到开除处分的，自处分生效之日起解除其与检察机关的人事关系，其行政职务、级别自然撤销；其法律职务依法罢免成者免除，不得再被录用为检察机关工作。

（二）责任适用

《检察人员纪律处分条例》第 2 条规定，检察机关的纪律处分工作，应当坚持全面从严治检、实事求是、纪律面前一律平等、处分与违纪行为相适应、惩戒与教育相结合的原则。第 5 条规定,检察人员依法履行职责和其他合法权益受法律保护。第 6 条规定,对违反纪律的检察人员,应当根据其违纪行为的事实、性质和情节,依照条例的规定给予纪律处分。

1. 处分

《检察人员纪律处分条例》第 23 条规定,检察人员有贪污贿赂、渎职侵权等刑法规定的行为,涉嫌犯罪的,应当给予撤职或者开除处分。第 24 条规定,检察人员有刑法规定的行为,虽不构成犯罪或者不以犯罪论处,但须追究纪律责任的,应当视具体情节给予警告直至开除。第 27 条规定,因犯罪被判处刑罚的,应当给予开除处分。因犯罪情节轻微,被检察院依法作出不起诉决定的,或者被法院免予刑事处罚的,给予降级、撤职或者开除处分。根据司法机关生效裁判、决定及其认定的事实、性质和情节,给予纪律处分。第 28 条规定,受到党纪处分或者行政处罚,应当追究纪律责任的,可以根据生效的党纪处分决定、行政处罚决定认定的事实、性质和情节,经核实后依照《检察人员纪律处分条例》规定给予纪律处分。第 20 条规定,纪律处分决定做出后,应当在 1 个月内向受处分人所在单位及其本人宣布,并由干部人事管理部门按照管理权限将处分决定材料归人受处分人档案,对于受到降级以上处分的,还应当在一个月内办理职务、工资等相应变更手续。

2. 免予处分和不予处分

《检察人员纪律处分条例》第 5 条规定,检察人员依法履行职责和其他合法权益受法律保护,非因法定事由、非经法定程序,不受纪律处分。第 6 条规定,对违反纪律的检察人员,情节轻微,经批评教育确已认识错误的,可以免予处分;情节显著轻微,不认为构成违纪的,不予处分。

3. 从轻或减轻处分

《检察人员纪律处分条例》第 17 条规定,有下列情形之一的,可以从轻或者减轻处分:①主动交代本人应当受到纪律处分的问题的;②检举他人应当受到纪律处分或者法律追究的问题,经查证属实的;③主动挽回损失、消除不良影响或者有效阻止危害结果发生的;④主动上交违纪所得的;⑤有其他立功表现的。《检察人员纪律处分条例》规定的只有开除处分一个档次的违纪行为,不适用减轻处分的规定。

4. 从重或者加重处分

《检察人员纪律处分条例》第 18 条规定，有下列情形之一的，应当从重或者加重处分：①在集中整治过程中，不收敛、不收手的；②强迫他人违纪的；③该条例另有规定的。第 19 条规定，故意违纪受处分后又因故意违纪应当受到纪律处分的，应当从重处分。

5. 处分的变更和解除

《检察人员纪律处分条例》第 30 条规定，受处分人在处分期间获得三等功以上奖励的，可以缩短处分期间，但缩短后的期间不得少于原处分期间的二分之一。第 31 条规定，受处分人在处分期间，发现其另有应当受到纪律处分的违纪行为，应当根据新发现违纪行为的事实、性质、情节和已经做出的处分，重新做出处分决定，处分期间依照该条例第 14 条的规定重新计算，已经执行的处分期间应当从重新确定的处分期间中扣除。受处分人在处分期间又犯应当受到纪律处分的违纪行为，应当依照前款规定重新做出处分决定，处分期间为原处分期间尚未执行的期间与新处分期间之和。第 32 条规定，受处分人在处分期间确有悔改表现，处分期满后，经所在单位或者部门提出意见，由处分决定机关做出解除处分的决定。第 33 条规定，解除处分决定应当在一个月内书面通知受处分人，并在一定范围内宣布。解除处分决定应当在做出后的一个月内，由干部人事管理部门入受处分人档案。第 34 条规定，解除降级、撤职处分，不得恢复原职务、级别和工资档次，但以后晋升职务、级别和工资档次不受原处分的影响。

（三）具体情形

按照《检察人员纪律处分条例》的规定，违纪行为包括违反政治纪律的行为、违反组织纪律的行为、违反办案纪律的行为、违反廉洁纪律的行为、违反群众纪律的行为、违反工作纪律的行为和违反生活纪律的行为。

1. 违反政治纪律行为的处分

政治纪律是党的各级组织和全体党员在政治方向、政治立场、政治言论和政治行为方面必须遵守的行为规则，是维护党的团结统一的根本保证。在党的纪律中，政治纪律是最重要、最根本、最关键的纪律，遵守党的政治纪律是遵守党的纪律的重要基础。《检察人员纪律处分条例》列举了公开发表坚持资产阶级自由化立场、反对四项基本原则，反对党的改革开放决策的文章、演说、宣言、声明等 17 种违反政治纪律和政治规矩行为的情形,并规定视具体情节分别给予警告直至开除等处分。

2. 违反组织纪律行为的处分

违反组织纪律行为,是指党的组织和党员违反党章、《关于党内政治生活的若干准则》和其他党内法规以及国家法律法规中所规定的有关党和国家组织工作方面的原则、规定和制度,依照党内法规的有关规定,应当受到党的纪律追究的行为。《检察人员纪律处分条例》列举了拒不执行或者擅自改变组织作出的重大决定,或者违反议事规则,个人或者少数人决定重大问题等 16 种违反组织纪律行为的情形,并规定视具体情节分别给予警告直至开除等处分。

3. 违反办案纪律行为的处分

检察官办理案件过程中必须严格执行办案纪律。《检察人员纪律处分条例》列举了故意伪造、隐匿、损毁举报、控告、申诉材料,包庇被举报人、被控告人,或者对举报人、控告人、申诉人、批评人打击报复等 25 种违反办案纪律规定行为的情形,并规定视具体情节分别给予警告直至开除等处分。

4. 违反廉洁纪律行为的处分

《检察人员纪律处分条例》列举了利用职权便利为他人或亲属谋取利益、收受礼金,操办婚丧喜庆事宜等 24 种违反廉洁纪律规定行为的情形,并规定视具体情节分别给予警告直至开除等处分。

5. 违反群众纪律行为的处分

《检察人员纪律处分条例》列举了在检察工作中违反有关规定向群众收取、摊派费用,在从事涉及群众事务的工作中刁难群众、吃拿卡要等 7 种情形,并规定视具体情节分别给予警告直至开除等处分。

6. 违反工作纪律行为的处分

《检察人员纪律处分条例》列举了在工作中不负责任或者疏于管理,不履行全面从严治检主体责任或者履行全面从严治检主体责任不力等 19 种违反工作纪律行为的情形,并规定视具体情节分别给予警告直至开除等处分。

7. 违反生活纪律行为的处分

《检察人员纪律处分条例》列举了生活奢靡、贪图享乐、追求低级趣味,造成不良影响的,与他人发生不正当性关系等 6 种违反职业道德、社会公德、家庭美德行为的情形,并规定视具体情节分别给予警告直至开除等处分。

二、检察官刑事责任

检察官的犯罪行为可以分为两类：一是作为自然人主体的犯罪，如抢劫罪、强奸罪、杀人罪等；二是具有检察官这一特殊身份才能构成的犯罪。根据《检察官法》第 47 条的规定，检察官执行职务行为构成犯罪的，要依法追究刑事责任，因此本处所指的检察官的刑事责任，是指第二类犯罪，即检察官在执行职务中的犯罪行为所需承担的刑事责任。涉及的主要是《刑法》分则第 4 章侵犯公民人身权利，民主权利罪，第 8 章贪污贿赂罪，第 9 章渎职罪等，具体罪名包括刑讯逼供罪、暴力取证罪、贪污罪、受贿罪、挪用公款罪、巨额财产来源不明罪、隐瞒境外存款罪、滥用职权罪、玩忽职守罪、泄露国家秘密罪、徇私枉法罪、私放在押人员罪。失职致使在押人员逃脱罪、帮助犯罪分子逃避处罚罪等。

（一）主要罪名

1. 刑讯逼供罪

《刑法》第 247 条规定，司法工作人员对犯罪嫌疑人、被告人使月肉刑或者变相肉刑，逼取口供的，是刑讯逼供罪。犯该罪的，处 3 年以下有期徒刑或者拘役。致人伤残、死亡的，依照法律规定从重处罚。《刑法》第 94 条规定，该法所称司法工作人员，是指有侦查、检察、审判、监管职责的工作人员。

2. 暴力取证罪

司法工作人员使用暴力逼取证人证言的，是暴力取证罪。《刑法》第 247 条规定，犯该罪的，处 3 年以下有期徒刑或者拘役。致人伤残、死亡的，依法从重处罚。

3. 贪污罪

《刑法》第 382 条、第 383 条规定，国家工作人员利用职务上的便利，侵吞、窃取、骗取或者以其他手段非法占有公共财物的，是贪污罪。对犯贪污罪的，根据情节轻重，分别按照相应规定处拘役、有期徒刑、无期徒刑或死刑，并处没收财产。

4. 受贿罪

《刑法》第 385 条规定，国家工作人员利用职务上的便利，索取他人财物的，或者非法收受他人财物，为他人谋取利益的，是受贿罪。国家工作人员在经济往来中，违反国家规定，收受各种名义的回扣、手续费，归个人所有的，以受贿罪论处。

《刑法》第386条规定，对犯受贿罪的，根据受贿所得数额及情节，依照《刑法》第383条的规定处罚。索贿的从重处罚。

5. 挪用公款罪

《刑法》第384条规定，国家工作人员利用职务上的便利，挪用公款归个人使用，进行非法活动的，或者挪用公款数额较大、进行营利活动的，或者挪用公款数额较大、超过3个月未还的，是挪用公款罪，处5年以下有期徒刑或者拘役；情节严重的，处5年以上有期徒刑。挪用公款数额巨大不退还的，处10年以上有期徒刑或者无期徒刑。

6. 巨额财产来源不明罪

《刑法》第395条第1款规定，国家工作人员的财产或者支出明显超过合法收入，差额大的，可以责令说明来源。本人不能说明来源是合法的，差额部分以非法所得论，处5年以下有期徒刑或者拘役，财产的差额部分予以追缴。

7. 隐瞒境外存款罪

《刑法》第395条第2款规定，国家工作人员在境外的存款，应当依照国家规定申报。数额较大、隐瞒不报的，处2年以下有期徒刑或者拘役；情节较轻的，由其所在单位或者上级主管机关酌情给予行政处分。

8. 滥用职权罪、玩忽职守罪

《刑法》第397条规定，国家机关工作人员滥用职权或者玩忽职守，致使公共财产、国家和人民利益遭受重大损失的，处3年以下有期徒刑或者拘役；情节特别严重的，处3年以上7年以下有期徒刑。国家机关工作人员徇私舞弊，犯前款罪的，处5年以下有期徒刑或者拘役；情节特别严重的，处5年以上10年以下有期徒刑。

9. 泄露国家秘密罪

《刑法》第398条规定，国家机关工作人员违反保守国家秘密法的规定，故意或者过失泄露国家秘密，情节严重的，处3年以下有期徒刑或者拘役；情节特别严重的，处3年以上7年以下有期徒刑。

10. 徇私枉法罪

《刑法》第399条规定，司法工作人员徇私枉法、徇情枉法，对明知是无罪的人而使他受追诉、对明知是有罪的人而故意包庇不使他受追诉，或者在刑事审判活动中故意违背事实和法律作枉法裁判的，处5年以下有期徒刑或者拘役；情节严重的，处5年以上10年以下有期徒刑；情节特别严重的，处10年以上有期徒刑。

11. 私放在押人员罪

《刑法》第400条第1款规定，司法工作人员，利用职务上的便利私自将在押的犯罪嫌疑人、被告人或者罪犯非法释放的，是私放在押人员罪。犯该罪的，处5年以下有期徒刑或者拘役；情节严重的，处5年以上10年以下有期徒刑；情节特别严重的，处10年以上有期徒刑。

12. 失职致使在押人员逃脱罪

《刑法》第400条第2款规定，司法工作人员由于严重不负责任，致使在押的犯罪嫌疑人、被告人或者罪犯脱逃，造成严重后果的，处3年以下有期徒刑或者拘役；造成特别严重后果的，处3年以上10年以下有期徒刑。

13. 帮助犯罪分子逃避处罚罪

《刑法》第417条规定，有查禁犯罪活动职责的国家机关工作人员，向犯罪分子通风报信、提供便利，帮助犯罪分子逃避处罚的，是帮助犯罪分子逃避处罚罪。犯该罪的，处3年以下有期徒刑或者拘役；情节严重的，处3年以上10年以下有期徒刑。

（二）检察官职务犯罪的原因

第一，心存侥幸，过于自信。作为法律工作者，检察官具备相应的法律知识，更清楚违法犯罪行为导致的严重后果，之所以明知故犯、铤而走险的一个重要原因，就是心存侥幸，过于自信。有的认为自己不会留下犯罪痕迹。有的认为自己懂法，知道如何规避法律，即便事发，也不会有事，特权思想严重。有的认为攻守同盟很牢靠，不会透露或出卖自己等，从而放纵自己走上了犯罪道路。

第二，理想信念不够坚定。个别检察官忘记了自己的入党誓词和初衷，把追求物质利益作为实现人生理想的唯一目标，以金钱、名车、豪宅、官位、权力作为衡量理想是否实现的标准，变得追逐名利，道德沦丧。其根本原因是理想信念不够坚定，精神支柱倒塌。

第三，监督制度不够完善。当前，我国的监督制度有多种形式，分为内部监督和外部监督、法定监督和随意监督、直接监督和间接监督、事前监督和事后监督等。相对而言，最有效果的监督为法定、外部、直接和事前监督。审判机关和公安机关的监督属于事中监督、外部监督和直接监督，但监督力度较弱，最终的决定权还是在于检察系统。检察委员会、纪检监察以及上级检察机关的监督属于法定监督、内部监督、直接监督,虽然有效率但并不彻底。人大监督属于法定监督,但一般不针对个案,是从宏观上监督检察权的行使。媒体监督是事后监督,但只有代表性或者争议性的案件才能吸引媒体的注意。人民监督员的监督虽具备多种监督形式,但人民监督员在体制上并不独立,做出的监督决定没有法律效力。可以看出,尽管目前我国的监督形式很多,但缺少沟通和协调,机构之间职责权限不清,有些规定、措施流于形式,造成权力失察、失管、失控,自身免疫力减弱,丧失了拒腐防变的能力。

(三)检察官职务犯罪的预防对策

第一,加强教育,提高认识。要强化理想信念教育,树立正确的权力观和利益观,增强为人民服务的宗旨意识和事业心、责任感。深化法治理念教育和长期性、规范性、系统性的法律知识教育,提高法律专业水平,增强办案工作政治敏锐性和公正执法、依法履行职责的自觉性。加强警示教育,定期组织检察官到监狱、看守所参观,充分利用典型案例现身说法,做到防微杜渐,警钟长鸣。

第二,加强管理,健全体系。要防止检察官犯罪行为的发生,必须加强对检察官的管理。从强化对已有制度的落实入手,深入落实各项反腐规定,坚决杜绝检察官违法违纪行为甚至犯罪行为的发生。完善检察官职业考评机制,建立合理、高效的考评、奖惩制度。充分发挥纪检监察机关教育、监督、查处、保护等职能和作用,强化重点岗位定期轮换制度,斩断利益链条,保持队伍活力。

第三,加强监督,完善机制。有效的检察官职业监督制度是司法公正的保证。要加强对权力运行的监督,完善多元化的检察官职业伦理的监督机制,形成不敢腐的惩戒机制、不能腐的防范机制、不易腐的保障机制。只有在全社会树立起法律信仰、检察权威,才能形成良性的法治氛围和伦理环境,进而指引检察官的职业伦理向更纯洁、更专业的方向发展,促进司法公正。

第七章

律师职业伦理

第一节　概述

一、律师职业伦理的概念

律师职业伦理有许多名称,如职业责任、法律伦理、专业伦理及专业伦理准则等,上述名称通常在国外律师职业研究文献中混用,然而也有微小区别。一般而言,职业伦理具有某些哲学意味,而职业责任则具有规则的含义。尽管律师职业行为规则是律师职业伦理的载体,但将职业伦理与职业行为规则加以区分的意义在于:职业伦理要行之有效。那么,律师群体不能仅仅将其视为一套规制律师的法律条文,而是同时要将其视为尊重并切实履行的职业理想与追求。例如,美国律师职业伦理发展历程就走过了从早期职业伦理戒律到条文式职业行为规则再到之后"哲学与道德"回调的路程。因此,将规制律师职业行为的相关法律法规以及行为准则称为律师职业伦理是完全适当的。正确认识律师职业伦理,就是正视律师职业本身。律师职业伦理在调整律师执业活动,保证法律服务质量方面具有重要作用。

二、律师职业伦理的特征

随着我国律师制度的发展,律师职业伦理规范的建设也在不断完善,司法部的《律师和律师事务所违法行为处罚办法》和中华全国律师协会的《律师执业行为规范(试行)》《律师职业道德基本准则》等规范都体现了律师职业伦理对于律师执业行为的约束。除了法律职业共同具备的职业伦理特征外，律师职业伦理独有的特征还具体表现在以下几个方面。

（一）律师职业伦理约束的主体是律师和律师事务所

这里的律师不仅是指律师事务所的律师，而且包括在国家机关中任职的公职律师以及在公司企业中任职的公司律师，此外还包括实习律师和律师助理等。我国法律不允许律师直接以个人名义执业，而必须在律师事务所执业，律师承办业务由律师事务所统一收案、统一收费，因此律师职业道德规范也同样适用于律师事务所，以约束其职业行为。

（二）律师职业伦理规范的对象主要是律师的执业行为

律师的执业行为主要体现为律师办理诉讼业务与非诉讼业务。诉讼业务是指律师依法接受公民、法人的委托，根据人民法院的指定，以代理人身份为被代理人办理诉讼事务的业务活动。它包括刑事诉讼业务、民事诉讼业务、行政诉讼业务，以上各类诉讼业务又可以分为一审诉讼业务、二审诉讼业务、申诉业务等，而非诉讼业务则主要是指律师接受公民、法人或者其他组织的委托，在其职权范围内依照有关法律、法规的规定，不与法院和仲裁委员会发生司法意义上的联系，直接为委托人办理某种法律事务的业务活动。《律师法》第 28 条专门对律师可以从事的业务范围进行了规定，包括以下几类：①接受自然人、法人或者其他组织的委托，担任法律顾问；②接受民事案件，行政案件当事人的委托，担任代理人，参加诉讼；③接受刑事案件犯罪嫌疑人、被告人的委托或者依法接受法律援助机构的指派，担任辩护人，接受自诉案件自诉人、公诉案件被害人或者其近亲属的委托，担任代理人，参加诉讼；④接受委托，代理各类诉讼案件的申诉；⑤接受委托，参加调解、仲裁活动；⑥接受委托，提供非诉讼法律服务；⑦解答有关法律的询问，代写诉讼文书和有关法律事务的其他文书。律师在开展上述业务时必须遵守律师职业伦理规范的有关规定。此外，由于律师的一些非执业活动在一定程度上也影响着律师的职业形象。因此一些与律师的职业形象直接相关的执业以外的活动，应受到律师职业伦理的约束。例如，律师的庭外言论、律师广告、律师宣传等。

（三）良好的律师职业伦理对社会具有正面的影响

律师作为建设法治中国，推进司法体制改革的重要力量，势必要在推进我国司法体制改革的进程中，发挥不可或缺的力量。但是律师这些重大作用的发挥依赖于律师对于职业伦理的自觉遵守。良好的律师职业伦理建设可以促进律师全行业的整体进步，有利于律师人才素质的提高以及法律理想的重建；也有利于提升律师全行业的道德水平，减少律师违法违规执业行为的发生，从而有利于重塑和提升律师在社会公众心中正面的职业形象；还有利于树立律师正确的职业观和正义观，帮助律师在纷繁复杂的利益格局中明确自身定位，依法履行自身的职责和使命，合法、合理、合情地维护当事人的权益，从而促进社会整体的稳定与和谐。律师为社会提供法律服务，其在执业活动中与国家机关及其工作人员、企事业单位、社会团体以及当事人和其他诉讼参与人有着广泛的接触甚至直接的委托受托关系，律师的一言一行都代表着律师职业的形象，反映着律师队伍的素质。因此，良好的律师职业伦理对于提高公民的法律意识，推动国家的法治建设都有着十分重要的作用。

第二节 律师职业的道德准则

一、坚定中国特色社会主义理想信念

我国是社会主义国家，律师是中国特色社会主义事业的建设者，律师坚定中国特色社会主义理想信念，是我国律师职业道德应当具有的政治属性。因此，我国的律师应当坚定中国特色社会主义理想信念，坚持中国特色社会主义律师制度的本质属性，拥护党的领导，拥护社会主义制度，自觉维护宪法和法律尊严。

坚定中国特色社会主义理想信念，就应当自觉抵制违反我国宪法原则，不符合我国国情的西方政治制度、法律制度和法治观念的不良影响，树立社会主义的法律意识、法治理念；坚定中国特色社会主义理想信念，就应当加强律师队伍思想政治建设，把拥护中国共产党领导、拥护社会主义法治作为律师从业的基本要求，增强广大律师走中国特色社会主义法治道路的自觉性和坚定性；坚定中国特色社会主

义理想信念，就应当从我国的国情和实际情况出发，充分肯定我国法治建设的成就，实事求是地认识到我国法治建设的不足，不妄自菲薄，也不盲目自大，不急躁也不气馁，以自己的行动，扎扎实实地推进我国的法治建设。

二、牢记执业为民的宗旨

律师职业与医生、教师等职业相类似，最根本的价值是为公众服务、为人民服务。律师应当始终把执业为民作为根本宗旨，全心全意为人民群众服务。通过执业活动努力维护人民群众的根本利益，维护公民、法人和其他组织的合法权益。认真履行法律援助义务，积极参加社会公益活动，自觉承担社会责任。

律师执业为民的宗旨必须得到高度张扬，这是律师职业的合理性基础。在“法律商业主义”倾向下，律师对委托人的尽职尽责可能使律师获得高额经济收入。但是，如果律师只是为了收入而为当事人服务，忘记了为人民服务、为大众服务的根本宗旨，会使律师职业的社会形象受到伤害。因此，强调律师对委托人尽职尽责的同时，应认识到律师为大众服务、为人民服务的根本宗旨。律师个人必须坚守自己的价值信念，律师职业人格的一部分必须贡献给正义和公共利益。

律师践行执业为民的宗旨，一要在接受委托办理法律事务的过程中，依照法律维护好当事人的合法权益，不能迁就、支持无法无据的要求，更不能调词架讼，故意激化社会矛盾或妨碍社会秩序以从中渔利，为疏导和化解社会矛盾和群体性纠纷作出力所能及的贡献；二要认真履行法律援助义务，依法为社会的弱势群体、个人提供优质的法律服务，不能推诿应当承担的法律援助义务，也不能对承办的法律援助案件漫不经心、敷衍塞责；三要关注和积极参加社会公益事业，面向基层、面向社区、面向群众提供及时、便捷、优质、优惠的法律服务，促进人民群众最关心的涉及利益问题的有效解决，预防纠纷，减少诉讼，维护司法公正，维护国家集体和公民的合法权益，维护社会的和谐稳定。

三、坚定法治信仰

律师是我国法治工作队伍的重要一员，律师的职业是为社会大众提供法律服务，没有法律就没有律师，法治不彰，律师也没有用武之地。所以，律师要把法律、法治看作自己的生命线，坚定法治信仰，牢固树立法治意识，模范遵守宪法和法律，切实维护宪法和法律尊严。在执业中坚持以事实为根据，以法律为准绳，严格依法履责，尊重司法权威，遵守诉讼规则和法庭纪律，与司法人员建立良性互动关系，维护法律正确实施，促进司法公正。

首先，律师坚定法治信仰，要忠于宪法、法律。我国《宪法》第5条第5款规定：“任何组织或者个人都不得有超越宪法和法律的特权。”第33条第4款规定：“任何公民享有宪法和法律规定的权利，同时必须履行宪法和法律规定的义务。”我国《律师法》第3条第1款规定：“律师执业必须遵守宪法和法律，恪守律师职业道德和执业纪律。”第5条规定，我国公民申请领取律师执业证书，首先必须具备拥护中华人民共和国宪法的条件。这是律师必须忠实于宪法、法律要求的相关法律依据。忠实宪法和法律是律师作为中华人民共和国的普通公民所必须做到的，同时作为以法律为职业的法律人，律师更应是忠于宪法、法律的模范。因此，《律师执业行为规范》第5条也明确规定，律师应当忠于宪法、法律，恪守律师职业道德和执业纪律。

法律是律师职业的生命。没有法律就没有律师，只有严格遵守宪法、法律的社会，律师才有尊严和地位。律师如果违反宪法、法律，不仅会破坏律师的形象，给国家法治建设带来严重的危害，而且会破坏自己生存的条件和基础。

其次，律师坚定法治信仰，要坚守“以事实为根据，以法律为准绳”的原则。律师的执业活动充满各种矛盾、是非和诱惑，为使自己不偏离轨道，依法提供法律服务，必须坚持“以事实为根据，以法律为准绳”的基本原则。坚守了这个原则，一切矛盾、纠纷、困惑都能够迎刃而解，也会抵御各种偏见和诱惑。律师绝不能无原则地迎合、迁就当事人不合法的要求，更不能采取非法手段。或者以损害国家、集体及他人合法权益的手段去为当事人牟利。严格依法履行职务，坚持法律基本原则是律师立于不败之地的关键所在。

最后，律师坚定法治信仰，要正确处理律师与司法、执法人员的关系。正确处理与司法、执法人员的关系，对于律师执业十分重要，对于维护当事人合法权益十分重要，对于国家法治建设也是至关重要的。随着司法改革的不断深入、依法行政的大力推进和诉讼制度的日益完善，律师在司法程序中的职能和作用不断强化，这在客观上必然要求律师与执法人员建立“彼此尊重、平等相待，相互支持、相互监督、正当交往、良性互动”的新型关系。

四、勤勉尽责，维护公平正义

律师承办的法律事务，无论是诉讼业务还是非讼业务，都关系到委托人的各种权利，如财产权、生命权、名誉权等，这对当事人来说都是至关重要的权利。律师工作的质量和效率，关系到当事人权利的予夺、得失。因此，律师必须为当事人勤奋工作，想当事人所想，急当事人所急，周密思考，谨慎从事，尽职尽责，及时、迅速地完成委托人委托的法律事务。

勤勉尽责体现了律师的为民情怀。律师是为当事人服务的，维护当事人的合法权益是律师的天职。律师在为委托人提供法律服务时，并不唯委托人的利益是从，而是要讲原则，即以事实为根据，以法律为准绳。律师要通过为委托人提供服务，来维护委托方当事人的合法权益，并在维护委托人合法权益的过程中，维护法律尊严，维护社会公平与正义。

我国提倡构建社会主义和谐社会，而公平正义正是社会和谐的基本条件，是律师工作的神圣使命和价值追求。律师工作要不断提升职业理想和精神追求，克服拜金主义思想的影响，树立正确的执业观。要在严格依法执业的同时，彰显热情服务、不畏艰险、伸张正义的精神特质，履行法定职责。广大律师要深刻认识社会矛盾的特点，强化大局意识，保持政治敏锐性，把维护个案正义与维护大局稳定、促进社会公平正义有机统一起来。

五、诚实守信

诚实守信是对律师基本的道德和法律要求，是律师执业活动的根本保证。律师与委托人的关系是以信任为基础建立起来的，律师开展业务活动的重要条件是信誉、形象和声望。律师应当牢固树立诚信意识，自觉遵守执业行为规范，在执业中恪尽职守、诚实守信、勤勉尽责、严格自律。积极履行合同约定义务和法定义务，维护委托人合法权益，保守在执业活动中知悉的国家机密、商业秘密和个人隐私。

《律师执业行为规范》第6条规定，律师应当诚实守信、勤勉尽责，依照事实和法律，维护当事人合法利益，维护法律正确实施，维护社会公平和正义。这是律师在执业活动过程中正确处理与当事人关系方面需要遵守的规范。因此，律师应当坚持诚信为本，本着公平真诚、恪守信用的精神，尽职尽责地为当事人提供法律服务。诚实信用、勤勉尽责，既要求律师端正服务态度，尽最大努力为当事人的合法权益工作，不得敷衍马虎，也要求律师处理好自身利益与当事人利益的关系，还要求律师事务所建立健全律师执业中的利益冲突审查规范，严格约束律师的业务行为等。当律师的利益与当事人的利益相反或不一致时，如果律师不妥善处理，就会破坏其与当事人之间的信任关系，也会对整个律师行业产生不良影响。

相比其他社会行业，诚实守信对律师职业的发展更加重要。在当今经济社会中，诚信为本应是一条普遍的规则。面对我国当前一些律师诚信缺失、道德滑坡的现状，更让人感到规范律师执业行为的重要性。只有提高律师的社会公信力，才能使律师真正成为当事人信赖的人，受到广大人民的爱戴和尊敬，较好地完成维护法律正义和维护委托人利益这一双重任务，不断开拓法律服务市场，壮大律师职业队伍。

六、热爱律师职业，珍惜律师声誉

律师工作是一项伟大的事业，每一个律师都应关心它、爱护它，为这一事业兴旺发达贡献自己的力量。律师事业能否兴旺发达有很多制约因素，但律师的职业修养对它有重要的影响。因此，律师应当热爱律师职业，珍惜律师荣誉，树立正确的执业理念，不断提高专业素质和执业水平，注重陶冶个人品行和道德情操，忠于职守，爱岗敬业，尊重同行，维护律师的个人声誉和律师行业形象。

注重职业修养是由律师职业自身特点所决定的。律师职业修养与律师的外在形象密切相关，一个高层次的职业必须要求有极佳的形象。与律师的职业地位相称，律师职业修养的基本标志是文明、规范的言谈，端庄的举止和整洁的仪容，其具体要求就是语言文明、精确、规范，举止端庄，仪表整洁、质朴大方，显示出一流的气质和风貌。从另一个方面来说就是要求律师在日常生活中要摒弃一切不良习惯，注意树立社会形象。

为了我国的律师事业能够不断向前发展，每一个律师都应从我做起，努力钻研和掌握执业所应具备的法律知识和服务技能，不断陶冶情操，加强职业修养，为律师群体增光添彩。每个律师都应像爱护眼睛一样维护本人及律师群体的名誉，不能抹黑它，不能使它受到诋毁和玷污。注重职业修养，维护律师名誉，是每个律师对律师事业、律师群体应尽的义务，每个律师都应牢记这条职业道德规范。

第三节　律师职业的行为规范

一、律师业务推广行为规范

(一)律师业务推广概述

根据2018年1月6日第九届中华全国律师协会第12次常务理事会审议通过中华全国律师协会《律师业务推广行为规则(试行)8第2条的规定,律师业务推广是指律师、律师事务所为扩大影响、承揽业务、树立品牌,自行或授权他人向社会公众发布法律服务信息的行为。律师业务推广的方式主要有以下几种:①发布律师个人广告律师事务所广告;②建立、注册和使用网站、博客、微信公众号、领英等互联网媒介;③印制和使用名片、宣传册等具有业务推广性质的书面资料或视听资料;④出版书籍、发表文章;⑤举办、参加、资助会议、评比,评选活动;⑥其他可传达至社会公众的业务推广方式。

关于律师是否需要通过广告等方式进行业务推广,传统的看法认为广告乃是营利的竞争手段,和负有维护基本人权、实现社会正义使命的律师不相称,会损害律师的品格。广告如果有虚假或夸大的成分,就成为践踏对律师职业信赖的工具。另外,广告费用会增加委托人的经济负担,广告本身会刺激民众的利益诉求和诉讼愿望,有可能造成诉讼泛滥。现代各国法律实务界和普通民众一般对律师广告及其他业务推广方式持开放的态度,允许律师及律师事务所严格依据法律法规以及行业规范开展业务推广活动,以拓展案源、打造品牌,积累资源,提供优质、高效的法律服务。

(二)律师业务推广的基本原则和要求

中华全国律师协会《律师业务推广行为规则(试行)》第3条规定,律师、律师事务所进行业务推广应当遵守法律法规和执业规范,公平和诚实竞争,推广内容应当真实、严谨,推广方式应当得体、适度,不得含有误导性信息,不得损害律师职业尊严和行业形象。

根据上述规定，律师和律师事务所业务推广应当遵守的基本原则主要有：守法原则，诚实信用原则，公平竞争原则，真实、严谨原则，得体、适度原则。其中，守法、诚实信用、公平竞争、真实等原则为一般商业推广应当遵循的通用原则，我国《广告法》中也有类似规定。其中律师业务推广不同于一般商业推广的原则主要体现为严谨、得体和适度。严谨原则要求律师业务推广的言辞要规范、准确和审慎，要体现法律人的专业特点。得体原则要求律师业务推广的方式体面、庄重，与法律专业人士的身份、职业相符。适度原则要求律师在进行业务推广时不应过分突出商业营销或经济利益，而应对业务推广过程中的商业利益、客户利益、司法职业群体利益以及社会公众利益之间的冲突加以平衡与协调。如业务推广涉及客户信息时，应以保守客户的秘密作为首要责任，不应以业务推广需要为由擅自披露客户信息。

结合中华全国律师协会《律师执业行为规范（试行）》和《律师业务推广行为规则（试行）》中的相关内容，律师和律师事务所进行业务推广时应当遵守以下规定：

（1）律师个人发布的业务推广信息应当醒目标示律师姓名、律师执业证号、所任职律师事务所名称，也可以包含律师本人的肖像年龄、性别、学历、学位、执业年限、律师职称、荣誉称号、律师事务所收费标准、联系方式，依法能够向社会提供的法律服务业务范围、专业领域、专业资格等。律师事务所发布的业务推广信息应当醒目标示律师事务所名称、执业许可证号，也可以包含律师事务所的住所、电话号码传真号码、电子信箱、网址、公众号等联系方式，以及律师事务所荣誉称号、所属律师协会、所内执业律师、律师事务所收费标准、依法能够向社会提供的法律服务业务范围简介。

（2）律师、律师事务所业务推广信息中载有荣誉称号的，应当载明该荣誉称号的授予时间和授予机构。律师、律师事务所可以宣传其专业法律服务领域，但不得自我宣称或者暗示其为公认的某一专业领域的专家或者专家单位。

（3）律师、律师事务所应当对其开立的互联网媒介账户中的信息内容负责，如果发现他人在其互联网媒介账户中发布违反《律师业务推广行为规则（试行）》的信息，应当及时删除。

（4）律师、律师事务所和互联网平台、大众媒体等第三方媒介合作进行业务推广的，无论该第三方是否向律师、律师事务所收取费用，均应当遵守《律师业务推广行为规则（试行）》。律师、律师事务所应当要求第三方传播媒介向受众明示《律师业务推广行为规则（试行）》规定的律师、律师事务所业务推广的基本信息。

(5)律师、律师事务所不得以支付案件介绍费、律师费收入分成等方式与第三方合作进行业务推广。

(6)律师、律师事务所不得帮助他人违反《律师业务推广行为规则(试行)》。律师、律师事务所在为个人、单位、外地律师、外国律师提供服务或者进行业务合作过程中,发现其存在违反《律师业务推广行为规则(试行)》行为的,应当告知其相关规定内容、督促其停止违规行为或者停止提供服务、业务合作。

二、律师与委托人或当事人的关系规范

律师是依法接受委托或指定为当事人提供法律服务的执业人员,律师与委托人或当事人的关系是其一切执业活动的基础与前提,处理好两者之间的关系,是律师得以顺利开展业务活动的基本保障。为此,《律师法》、司法部《律师执业管理办法》《律师事务所管理办法》、中华全国律师协会《律师执业行为规范(试行)》等法律法规、行业规范对律师与委托人或当事人关系做出了明确、具体的规定。

(一)委托代理关系的建立

1. 规范委托代理身份

律师与委托人的关系本质上是一种合同关系。应当看到,就委托代理关系而言,合同双方的主体分别是律师事务所和委托人。律师在接受委托、提供法律服务时,应当与委托人就委托事项范围、内容、权限、费用、期限等进行协商,经协商达成一致后,由律师事务所与委托人签署委托协议。《律师法》明确规定,律师承办业务,由律师事务所统一接受委托,与委托人签订书面委托合同,按照国家规定统一收取费用并如实入账。律师不得私自接受委托收取费用,接受委托人的财物或者其他利益,违反该项规定者,由设区的市级或者直辖市的区人民政府司法行政部门给予警告,可以处1万元以下的罚款;有违法所得的,没收违法所得;情节严重的,给予停止执业3个月以上6个月以下的处罚。中华全国律师协会《律师协会会员违规行为处分规则(试行)》规定,律师有私自接受委托、私自向委托人收取费用等违规收案、收费行为的,给予训诫、警告或者通报批评的纪律处分,情节严重的,给予公开谴责、中止会员权利1个月以上1年以下或者取消会员资格的纪律处分。

根据中华全国律师协会《律师执业行为规范(试行)》的规定,在委托代理关系依法建立以后,律师应当遵守以下基本要求:①律师应当充分运用专业知识,依照

法律和委托协议完成委托事项，维护委托人或者当事人的合法权益；②律师与所任职律师事务所有权根据法律规定、公平正义及律师执业道德标准，选择实现委托人或者当事人目的的方案；③律师应当严格按照法律规定的期间、时效以及与委托人约定的时间办理委托事项，对委托人了解委托事项办理情况的要求，应当及时给予答复；④律师应当建立律师业务档案，保存完整的工作记录；⑤律师应谨慎保管委托人或当事人提供的证据原件、原物、音像资料底版以及其他材料；⑥律师接受委托后，应当在委托人委托的权限内开展执业活动，不得超越委托权限；⑦律师接受委托后，无正当现由不得拒绝辩护或者代理，或以其他方式终止委托。委托事项违法、委托人利用律师提供的服务从事违法活动或者委托人故意隐瞒与案件有关的重要事实的，律师有权告知委托人并要求其整改，有权拒绝辩护或者代理，或以其他方式终止委托，并有权就已经履行事务取得律师费，等等。

2. 禁止虚假承诺

律师、律师事务所进行业务推广时不得进行虚假、误导性或者夸大性宣传，不得明示或者暗示与司法机关、政府机关、社会团体、中介机构及其工作人员有特殊关系，承诺办案结果，宣示胜诉率、赔偿额、标的额等可能使公众对律师、律师事务所产生不合理期望。律师承办业务时，不得用明示或者暗示方式对办理结果向委托人作出不当承诺。不过，在法律实践当中，律师根据案件事实和法律规定、就案件最终裁判结果所做的分析性意见有时与虚假承诺很难加以区分，为此，《律师执业行为规范（试行）》第 44 至 45 条规定，律师根据委托人提供的事实和证据，依据法律规定进行分析，向委托人提出分析性意见。律师的辩护、代理意见未被采纳，不属于虚假承诺。

3. 风险告知义务

《律师执业行为规范（试行）》第 43 条规定，律师在承办受托业务时，对已经出现的和可能出现的不可克服的困难、风险，应当及时通知委托人，并向律师事务所报告，律师事务所和律师在接受委托人的委托时，应当向委托人交付《风险提示书》或类似文件，告知委托人拟委托的法律服务事项可能出现的各种风险。在法律实践当中，律师在履行风险告知义务时，可以参考人民法院所建立的诉讼风险告知制度。

（二）律师服务收费

关于律师服务收费，我国《律师法》第 25 条第 1 款明确规定，律师承办业务，由律师事务所统一接受委托,与委托人签订书面委托合同,按照国家规定统一收取费用并如实入账。此外,国家发展和改革委员会与司法部共同制定的《律师服务收费管理办法》《国家发展改革委关于放开部分服务价格意见的通知》以及中华全国律师协会《律师服务收费争议调解规则(试行)》等部委规章和行业规范针对律师服务收费的原则、方式标准、规范限制、监督与争议解决等问题作出了明确的规定。

近年来,有些省市按照中央"放管服"改革要求、就律师服务收费制度的改革问题进行积极的探索,全面放开律师法律服务收费,不再实行政府定价。例如,北京市司法局、北京市律师协会发布《关于全面放开我市律师法律服务收费的通知》,规定自2018年4月1日起,北京市律师法律服务收费全面实行市场调节价。律师法律服务收费放开后,各律师事务所要严格遵守《律师法》《价格法》以及司法部《律师事务所管理办法》《律师执业管理办法》等法律法规、规章的规定,建立健全收费管理和财务管理制度,严格落实明码标价制度,为委托人提供质量合格、价格合理的服务。不得利用优势地位强制服务、强制收费,或者只收费不服务、多收费少服务。严禁串通涨价、恶意低价以及价格欺诈等不正当竞争行为。湖北省司法厅也发布《关于律师服务和基层法律服务收费不再实行政府定价的通知》,规定自2018年12月1日起,全省律师服务收费和基层法律服务收费全面实行市场调节价。律师事务所和基层法律服务所提供法律服务的收费标准由律师事务所和基层法律服务所同委托人协商确定。

1. 收费基本原则

《律师服务收费管理办法》规定,律师服务收费遵循公开公平、自愿有偿、诚实信用的原则。"公开公平"原则要求律师和律师事务所为委托人提供法律服务时,应当平等协商,公示《律师服务收费管理办法》和收费标准等信息,接受社会监督。"自愿有偿"原则要求律师事务所接受委托时应当在平等自愿的基础上与委托人签订律师服务收费合同或者在委托代理合同中载明收费条款,并向委托人出具合法票据。"诚实信用"原则要求律师收费切实体现提供法律服务过程中的劳动付出,不得坐地起价,或以法律服务质量相要挟、随意变更收费项目或者提高收费数额。

2. 收费方式

《律师服务收费管理办法》第10条第1款规定,律师服务收费可以根据不同的服务内容,采取计件收费、按标的额比例收费和计时收费等方式。计件收费是指根据律师提供法律服务的件数来确定收取律师服务费的计价方式。计件收费一般适用于不涉及财产关系的法律事务。按标的额比例收费是指根据律师提供法律服务所涉及的标的额，以一定比例确定、收取律师服务费的计价方式。按标的额比例收费适用于涉及财产关系的法律事务。

计时收费是指根据律师提供法律服务耗费的有效工作时间来确定收取律师服务费的计价方式。计时收费可适用全部法律事务。另外，在法律实践当中，还存在风险代理收费的计价方式，《律师服务收费管理办法》也对此作了规定。所谓风险代理收费，是指律师事务所与委托人约定将律师收费与提供法律服务所应达到的预期目标相挂钩，根据预期目标的实现情况来确定、收取律师服务费的计价方式。《律师服务收费管理办法》规定，实行风险代理收费，律师事务所应当与委托人签订风险代理收费合同，约定双方应承担的风险责任、收费方式、收费数额或比例。实行风险代理收费，最高收费金额不得高于收费合同约定标的额的 30%。涉及财产关系的一般民事案件，委托人要求实行风险代理的，律师事务所可以实行风险代理收费，但下列情形除外：①婚姻、继承案件；②请求给予社会保险待遇或者最低生活保障待遇的；③请求给付赡养费、抚养费、扶养费、抚恤金、救济金、工伤赔偿的；④请求支付劳动报酬的等。

3. 收费禁止性规定

（1）禁止私自收费。《律师法》规定，律师在执业活动中不得私自接受委托、收取费用，接受委托人的财物或者其他利益。《律师服务收费管理办法》也明确规定，律师服务费、代委托人支付的费用和异地办案差旅费由律师事务所统一收取，律师不得私自向委托人收取任何费用。除前款所列三项费用外，律师事务所及承办律师不得以任何名义向委托人收取其他费用。

（2）禁止违规收费。《律师服务收费管理办法》将律师事务所、律师不按规定公示律师服务收费管理办法和收费标准、提前或者推迟执行政府指导价、超出政府指导价范围或幅度收费、采取分解收费项目、重复收费、扩大范围等方式变相提高收费标准或者以明显低于成本的收费进行不正当竞争的行为视作价格违法行为，规定由政府价格主管部门依照《价格法》和《价格违法行为行政处罚规定》实施行政处罚。此外，《律师服务收费管理办法》还规定，律师事务所向委托人收取律师服务费，应当向委托人出具合法票据。律师事务所需要预收异地办案差旅费的，应当向委托人提供费用概算，经协商一致，由双方签字确认。律师事务所应当向委托人提供代其支付的费用和异地办案差旅费清单及有效凭证以结算相关费用。

(3)禁止特定案件实行风险代理收费。《律师服务收费管理办法》规定,禁止刑事诉讼案件、行政诉讼案件、国家赔偿案件以及群体性诉讼案件实行风险代理收费。此外,婚姻、继承案件以及请求给予社会保险待遇或者最低生活保障待遇、赡养费、抚养费、扶养费、抚恤金、救济金、工伤赔偿、支付劳动报酬等涉及财产关系的民事案件也不得实行风险代理收费。

(4)禁止承办法律援助案件时向受援人收费。《律师服务收费管理办法》规定,律师和律师事务所办理法律援助案件不得向受援人收取任何费用。对于经济确有困难,但不符合法律援助范围的公民,律师事务所可以酌情减收或免收律师服务费。

4. 收费监督与争议解决

《律师服务收费管理办法》规定,公民、法人和其他组织认为律师事务所或律师存在价格违法行为,可以通过函件、电话、来访等形式,向价格主管部门、司法行政部门或者律师协会举报,投诉。地方人民政府价格主管部门、司法行政部门超越定价权限,擅自制定、调整律师服务收费标准的,由上级价格主管部门或者同级人民政府责令改正;情节严重的,请有关部门对责任人予以处分。

因律师服务收费发生争议的,律师事务所应当与委托人协商解决。协商不成的,可以请律师事务所所在地的律师协会、司法行政部门和价格主管部门调解处理,也可以申请仲裁或者向人民法院提起诉讼。

(三)律师保密义务

1. 律师保密义务的内涵

律师保密义务是指律师依法应当保守在执业活动中知悉的国家秘密、商业秘密、个人隐私以及委托人和其他人不愿泄露的有关情况和信息的义务。律师保密义务是律师取信于委托人和当事人,进而为其提供有效代理和辩护的基本前提,是律师职业伦理的一项基本要求。

我们可从以下几点来理解律师保密义务的内涵:①律师保密义务的主体应当包括承办律师、承办律师所任职的律师事务所以及律师事务所中所有知悉案件情况的其他人员,而不仅限于承办律师本人;②律师保密义务的对象范围非常广泛,不仅包括国家秘密、当事人的商业秘密、个人隐私及其不愿泄露的有关情况和信息,而且还包括其他利害关系人的商业秘密、个人隐私及其不愿泄露的其他情况和信息；③律师保密义务的期间不限于办理委托事务全过程这一特定的时间段，律师在委托代理关系建立以前和潜在委托人商谈案件的过程中以及委托关系结束后，律师都负有保密义务，不得对外泄露在其执业过程中所知悉的有关情况和信息；④律师保密义务有一定的例外，但这些例外必须由法律法规或行业规范明文规定，有些例外则需要得到当事人的授权或默示许可。

2. 律师保密义务的性质

律师保守职业秘密既是一项义务，同时也是一项权利。将其作为一项义务，主要是基于律师和委托人的关系，律师作为代理人。负有不得使用或传播其在代理过程中由委托人秘密告知的信息的义务，否则可能对委托人的利益带来不利影响。将其作为一项权利，主要是基于律师与司法机关的关系，律师可以根据律师—委托人特免权而免去其作为普通公民的作证义务，以免动摇律师制度的根基，对法治与人权造成损害。

一方面，我国现行法律并未明确赋予律师的保密特权。相反，对律师更多地加了一种对于司法机关的真实义务。例如，《刑事诉讼法》第 62 条第 1 款规定，凡是知道案件情况的人，都有作证的义务。该条文并未设置任何例外。因此，严格来说，律师的保密特权尚未建立。但另一方面，《刑事诉讼法》第 48 条又规定，辩护律师对在执业活动中知悉的委托人的有关情况和信息，有权予以保密。但是，辩护律师在执业活动中知悉委托人或者其他人，准备或者正在实施危害国家安全、公共安全以及严重危害他人人身安全的犯罪的，应当及时告知司法机关。该条文在一定程度上承认了律师保守职业秘密的权利属性。在此基础上，《律师法》、司法部《律师执业管理办法》、中华全国律师协会《律师执业行为规范（试行）》等法律法规、行业规范均作出了类似的规定。

3. 律师保密义务的内容

律师保密义务的主体应当包括承办律师、承办律师所任职的律师事务所以及律师事务所中了解案件情况的其他人员，而不仅限于承办律师本人。律师事务所虽然是组织，但仍然负有保密义务，其所承担的保密义务主要通过完善各种内部管理制度，特别是案卷档案管理工作得以体现和履行。律师保密义务的客体主要包括律师在执业活动中知悉的国家秘密、商业秘密、当事人的隐私以及委托人和其他人不愿泄露的有关情况和信息。国家秘密是指关系国家安全和利益，依照法定程序确定，在一定时间内只限一定范围的人员知悉的事项。国家秘密的密级分为绝密、机密、秘密三级。商业秘密是指不为公众所知悉,具有商业价值并经权利人采取相应保密措施的技术信息和经营信息。隐私概念具有不确定性,一般而言,当事人的隐私是与当事人的生活安宁、私人秘密有关的个人信息。委托人和其他人不愿泄露的有关情况和信息既包括委托人不愿泄露的除国家秘密、商业秘密和个人隐私以外的其他情况和信息,也包括律师执业过程中知悉的包括对方当事人、受害人、证人等其他人的情况和信息。

律师保密的对象既包括对委托人或当事人的保密问题,也包括对委托人家属的保密以及对同一律所其他律师和工作人员的保密。如中华全国律师协会《律师办理刑事案件规范》第 37 条规定,律师参与刑事诉讼获取的案卷材料,不得向犯罪嫌疑人、被告人的亲友以及其他单位和个人提供,不得擅自向媒体或社会公众披露。辩护律师查阅、摘抄、复制的案卷材料属于国家秘密的,应当经过人民检察院、人民法院同意并遵守国家保密规定。律师不得违反规定,披露、散布案件重要信息和案卷材料,或者将其用本案辩护、代理以外的其他用途。

4. 律师保密义务的例外

《律师法》第 38 条规定了律师保密义务的范围,但同时也规定,委托人或者其他人准备或者正在实施危害国家安全、公共安全以及严重危害他人人身安全的犯罪事实和信息除外。《刑事诉讼法》第 48 条则明确规定,辩护律师在执业活动中知悉委托人或者其他人,准备或者正在实施危害国家安全、公共安全以及严重危害他人人身安全的犯罪的,应当及时告知司法机关。另外,有学者认为,律师面临纪律惩戒或刑事追诉时,为了维护自身合法权益,也应当允许其自由援引相关信息。律师作为原告起诉他人时,也应当允许其在合理必需的范围内公开与代理委托人有关的信息。

(四)委托代理关系的变更、终止与解除

1. 委托代理关系的变更

律师与委托人关系的变更主要表现为转委托。转委托分为两种情况:一种是律师事务所将委托事项转委托其他律师事务所,另外一种是律师事务所将委托事项转委托本所其他律师。

《律师执业行为规范(试行)》第 56 条规定,未经委托人同意,律师事务所不得将委托人委托的法律事务转委托其他律师事务所办理。但在紧急情况下,为维护

委托人的利益可以转委托,但应当及时告知委托人。这里的紧急情况应当理解为发生《律师法》第22条律师事务所应当终止执业活动,或者律师事务所被处于停止执业或中止会员权利一定期限的行政处罚或纪律处分且尚在处罚或处分的期限内。一旦发生这类紧急情况,律师事务所将无法正常履职,只能及时告知委托人并在最大程度维护委托人利益的前提下将委托事项转委托其他能够胜任的律师事务所办理。

《律师执业行为规范(试行)》第57条规定,受委托律师遇有突患疾病、工作调动等紧急情况不能履行委托协议时,应当及时报告律师事务所,律师事务所另行指定其他律师继续承办,并及时告知委托人。律师事务所无论是将委托事项转委托其他律师事务所还是本所其他律师,非经委托人的同意,不能因转委托而增加委托人的费用支出。

2. 委托代理关系的终止

《律师法》第32条规定,委托人可以拒绝已委托的律师为其继续辩护或者代理,同时可以另行委托律师担任辩护人或者代理人。律师接受委托后,无正当理由的,不得拒绝辩护或者代理。但是,委托事项违法、委托人利用律师提供的服务从事违法活动或者委托人故意隐瞒与案件有关的重要事实的,律师有权拒绝辩护或者代理。《律师执业行为规范(试行)》第42条进一步明确规定,律师接受委托后,无正当理由不得拒绝辩护或者代理,或以其他方式终止委托。委托事项违法、委托人利用律师提供的服务从事违法活动或者委托人故意隐瞒与案件有关的重要事实的,律师有权告知委托人并要求其整改,有权拒绝辩护或者代理,或以其他方式终止委托,并有权就已经履行事务取得律师费。根据《律师执业行为规范(试行)》第59条的规定,有下列情形之一的,律师事务所应当终止委托关系:①委托人提出终止委托协议的;②律师受到吊销执业证书或者停止执业处罚的,经过协商,委托人不同意更换律师的;③当发现有本规范第50条规定的利益冲突情形的;④受委托律师因健康状况不适合继续履行委托协议的,经过协商,委托人不同意更换律师的;⑤继续履行委托协议违反法律、法规、规章或者本规范的。委托人单方终止委托代理协议的,律师事务所依照上述规定终止代理的,律师事务所有权收取已提供服务部分的费用。

3. 委托关系的解除

《律师执业行为规范(试行)》第60条规定,有下列情形之一,经提示委托人不纠正的,律师事务所可以解除委托协议:①委托人利用律师提供的法律服务从事违法犯罪活动的；②委托人要求律师完成无法实现或者不合理的目标的；③委托人没有履行委托合同义务的；④在事先无法预见的前提下，律师向委托人提供法律服务将会给律师带来不合理的费用负担，或给律师造成难以承受的、不合理的困难的；⑤其他合法的理由的。委托人与律师事务所协商解除协议的，律师事务所依照上述规定解除委托的，律师事务所有权收取已提供服务部分的费用。律师事务所与委托人解除委托关系后，应当退还当事人提供的资料原件、物证原物、视听资料底版等证据，并可以保留复印件存档。

三、律师参与诉讼或仲裁规范

律师参与诉讼或仲裁规范包括：回避规范、会见、阅卷与调查取证规范，尊重法庭与按规定接触司法人员规范，庭审仪表和语态规范，等等。

（一）回避

《律师法》第 41 条规定，曾经担任法官、检察官的律师，从人民法院、人民检察院离任后 2 年内，不得担任诉讼代理人或者辩护人。《律师法》第 11 条第 2 款规定，律师担任各级人民代表大会常务委员会组成人员的，任职期间不得从事诉讼代理或者辩护业务。司法部《律师和律师事务所违法行为处罚办法》第 8 条规定，曾经担任法官、检察官的律师，从人民法院、人民检察院离任后 2 年内，担任诉讼代理人辩护人或者以其他方式参与所在律师事务所承办的诉讼法律事务的，也属于违反《律师法》规定的行为。此外，《法官法》《检察官法》中也规定有类似内容。根据《法官法》的规定，法官任职期间不得兼任律师；法官从人民法院离任后两年内，不得以律师身份担任诉讼代理人或者辩护人；法官从人民法院离任后，除作为当事人的监护人或者近亲属代理诉讼或者进行辩护以外，不得担任原任职法院办理案件的诉讼代理人或者辩护人；法官被开除后，除作为当事人的监护人或者近亲属代理诉讼或者进行辩护以外，不得担任诉讼代理人或者辩护人；法官的配偶、父母、子女不得担任该法官所任职人民法院辖区内律师事务所的合伙人或者设立人，或者在该法官所任职人民法院辖区内以律师身份担任诉讼代理人、辩护人，或者在该法官所任职人民法院辖区内为诉讼案件当事人提供其他有偿法律服务，否则法官本人应当实行任职回避。根据《检察官法》的规定，检察官任职期间不得兼任律师；检察官从人民检察院离任后两年内，不得以律师身份担任诉讼代理人或者辩护人；检察官从人民检察院离任后,除作为当事人的监护人或者近亲属代理诉讼或者进行辩护以外,不得担任原任职检察院办理案件的诉讼代理人或者辩护人;检察官被开除后,除作为当事人的监护人或者近亲属代理诉讼成者进行辩护以外,不得担任诉讼代理人或者辩护人;检察官的配偶、父母、子女不得担任该检察官所任职人民检察院辖区内律师事务所的合伙人或者设立人,或者在该检察官所任职人民检察院辖区内以律师身份担任诉讼代理人、辩护人,或者在该检察官所任职人民检察院辖区内为诉讼案件当事人提供其他有偿法律服务,否则检察官本人应当实行任职回避。律师因法定事件或者根据相关规定不得担任诉讼代理人或者辩护人的,应当谢绝当事人的委托,或者解除委托代理合同,否则应当给予相应的行政处罚或纪律处分。

(二)会见、阅卷与调查取证

1. 会见

会见是指律师经委托或者指派,同刑事案件在押或者被监视居住的犯罪嫌疑人、被告人或者罪犯进行会面,就案件情况进行交流的行为。《律师法》第 33 条规定:"律师担任辩护人的,有权持律师执业证书,律师事务所证明和委托书或者法律援助公函,依照刑事诉讼法的规定会见在押或者被监视居住的犯罪嫌疑人、被告人。辩护律师会见犯罪嫌疑人、被告人时不被监听。"辩护律师会见在押的犯罪嫌疑人、被告人,可以了解案件有关情况,提供法律咨询等。自案件移送审查起诉之日起,可以向犯罪嫌疑人、被告人核实有关证据。但是,辩护律师会见在押犯罪嫌疑人,被告人应当遵守看守所依法作出的有关规定。未经允许,不得直接向犯罪嫌疑人、被告人传递药品、财物、食物等物品,不得将通信工具提供给犯罪嫌疑人、被告人使用,不得携犯罪嫌疑人、被告人亲友会见。中华全国律师协会发布的《律师协会会员违规行为处分规则(试行)》第 35 条第(1)项规定,律师会见在押的犯罪嫌疑人被告人时,违反有关规定,携犯罪嫌疑人、被告人的近亲属或者其他利害关系人会见,将通信工具提供给在押的犯罪嫌疑人、被告人使用,或者传递物品、文件的,给予中止会员权利 6 个月以上 1 年以下的纪律处分,情节严重的给予取消会员资格的纪律处分。

2. 阅卷

阅卷是指律师在刑事辩护或者诉讼代理业务活动中查阅、摘抄、复制案卷材料,了解案情的执业活动。

《刑事诉讼法》第40条规定,辩护律师自人民检察院对案件审查起诉之日起,可以查阅、摘抄、复制本案的案卷材料。为防止律师擅自披露、散布刑事案件的重要信息和案卷材料、妨碍司法公正,《律师办理刑事案件规范》第37条规定,律师参与刑事诉讼获取的案卷材料,不得向犯罪嫌疑人、被告人的亲友以及其他单位和个人提供,不得擅自向媒体或社会公众披露。辩护律师查阅、摘抄、复制的案卷材料属于国家秘密的,应当经过人民检察院、人民法院同意并遵守国家保密规定。律师不得违反规定、披露、散布案件重要信息和案卷材料,或者将其用于本案辩护、代理以外的其他用途。

《民事诉讼法》《行政诉讼法》对代理律师的阅卷权利也作了明确的规定。

《民事诉讼法》第61条规定,代理诉讼的律师和其他诉讼代理人有权调查收集证据,可以查阅本案有关材料。查阅本案有关材料的范围和办法由最高人民法院规定。《行政诉讼法》第32条规定,代理诉讼的律师有权按照规定查阅、复制本案有关材料,有权向有关组织和公民调查,收集与本案有关的证据。对涉及国家秘密、商业秘密和个人隐私的材料,应当依照法律规定保密。

3. 调查取证

调查取证是指律师在承办法律事务的过程中,依法走访知情人,调查、收集与所办理法律事务有关的事实材料的执业活动。

按照《律师法》的规定,律师凭律师执业证书和律师事务所证明,可自行调查取证,向有关单位或者个人调查与承办法律事务有关的情况。受委托的律师根据案情的需要,可以申请人民检察院、人民法院收集、调取证据或者申请人民法院通知证人出庭作证。《律师执业行为规范(试行)》规定,律师应当依法调查取证。律师不得向司法机关或者仲裁机构提交明知是虚假的证据。律师作为证人出庭作证的,不得再接受委托担任该案的辩护人或者代理人出庭。为保障辩护律师依法执业、防止其滥用诉讼权利妨碍司法公正,《刑事诉讼法》规定,辩护律师经证人或者其他有关单位和个人同意,可以向他们收集与本案有关的材料,也可以申请人民检察院、人民法院收集、调取证据,或者申请人民法院通知证人出庭作证。辩护律师经人民检察院或者人民法院许可,并且经被害人或者其近亲属、被害人提供的证人同意,可以向他们收集与本案有关的材料。辩护人或者其他任何人,不得帮助犯罪嫌疑人、被告人隐置、毁灭、伪造证据或者串供,不得威胁、引诱证人作伪证以及进行其他干扰司法机关诉讼活动的行为,否则应当依法追究其法律责任。辩护人涉嫌犯罪的，应当由办理辩护人所承办案件的侦查机关以外的侦查机关办理。辩护人是律师的，应当及时通知其所在的律师事务所或者所属的律师协会。

（三）尊重法庭与规范接触司法人员

根据《律师法》关于规范法官和律师相互关系维护司法公正的若干规定》《人民法院法庭规则》《律师执业行为规范（试行）》等法律法规、行业规范的规定。律师应当尊重法庭，规范接触司法人员，维护法律尊严和司法公正。

1. 律师应当遵守法庭、仲裁庭纪律

《律师执业行为规范（试行）》第66条规定，律师应当遵守法庭、仲裁庭纪律，遵守出庭时间、举证时限、提交法律文书期限及其他程序性规定。《律师法》规定，律师在法庭上不得发表危害国家安全、恶意诽谤他人、严重扰乱法庭秩序的言论，不得扰乱法庭、仲裁庭秩序，干扰诉讼、仲裁活动的正常进行。《人民法院法庭规则》对包括律师在内的诉讼参与人参与庭审应当遵守的法庭规则做了一系列明确的规定：包括律师在内的出庭履行职务的人员，按照职业着装规定着装；包括律师在内的全体人员在庭中活动中应当服从审判长或独任审判员的指挥，尊重司法礼仪，遵守法庭纪律，不得叫嚷、喧哗，不得吸烟、进食，不得拨打或接听电话，不得对庭审活动进行录音、录像、拍照或使用移动通信工具等传播庭审活动，不得实施其他危害法庭安全或妨害法庭秩序的行为；律师发言或提问，应当经审判长或独任审判员许可。对违反法庭纪律的人员，审判长或独任审判员应当予以警告；对不听警告的，予以训诫；对训诫无效的，责令其退出法庭；对拒不退出法庭的，指令司法警察将其强行带出法庭。中华全国律师协会《律师参与仲裁工作规则》对律师参与仲裁工作应当遵守的行业纪律也作了明确的规定，律师接受委托后不得私自联络办案的仲裁员讨论有关案情，也不得向其提供宴请、馈赠或其他利益，不得指使或诱导委托人行贿。律师应了解仲裁程序中各环节的时效规定，以便及时提出申请或异议，维护委托人的合法权益。律师应熟悉相关的仲裁规则和仲裁程序，特别是受理仲裁的仲裁机构的仲裁规则和仲裁员守则。律师发现仲裁过程中任何不符合仲裁程序的做法应及时告知委托人，并及时向仲裁机构提出异议，充分维护委托人的权利。在庭审期间，承办律师应按时出庭，遵守仲裁庭纪律，认真作笔录，充分阐述，积极辩论，引用法条或证据准确，避免不必要的重复和人身攻击。对对方提供的证据的合法性、真实性、关联性、完整性和可信度进行分析和质证，依法适时地提出异议或请求。

2. 律师应当尊重法庭、仲裁庭

《律师执业行为规范(试行)》第67条规定,在开庭审理过程中,律师应当尊重法庭、仲裁庭。最高人民法院、司法部《关于规范法官和律师相互关系维护司法公正的若干规定》明确规定,律师在代理案件之前及其代理过程中,不得向当事人宣称自己与受理案件法院的法官具有亲朋、同学、师生、曾经同事等关系,并不得利用这种关系或者以法律禁止的其他形式干涉或者影响案件的审判。律师不得违反规定单方面会见法官。律师不得以各种非法手段打听案情,不得违法误导当事人的诉讼行为。律师不得明示或者暗示法官为其介绍代理、辩护等法律服务业务。律师不得借法官或者其近亲属婚丧喜庆事宜馈赠礼品、金钱、有价证券等;不得向法官请客送礼、行贿或者指使、诱导当事人送礼、行贿;不得为法官装修住宅、购买商品或者出资邀请法官进行娱乐、旅游活动;不得为法官报销任何费用;不得向法官出借交通工具、通信工具或者其他物品。律师不得假借法官的名义或者以联络、酬谢法官为由,向当事人索取财物或者其他利益。律师应当严格遵守法律规定的提交诉讼文书的期限及其他相关程序性规定,遵守开庭时间,不得借故延迟开庭。律师应当自觉遵守法庭规则,尊重法官权威,依法履行辩护、代理职责。律师在诉讼活动中应当严格遵守司法礼仪,保持良好的仪表,举止文明。

3. 规范接触司法人员

《律师执业行为规范(试行)》规定,律师在执业过程中,因对事实真假、证据真伪及法律适用是否正确而与诉讼相对方意见不一致的。或者为了向案件承办人提交新证据的,与案件承办人接触和交换意见应当在司法机关内指定场所;律师在办案过程中,不得与所承办案件有关的司法、仲裁人员私下接触。律师不得贿赂司法机关和仲裁机构人员,不得以许诺回报或者提供其他利益(包括物质利益和非物质形态的利益)等方式,与承办案件的司法、仲裁人员进行交易。

(四)庭审仪表和语态

《律师执业行为规范(试行)》规定,律师担任辩护人、代理人参加法庭、仲裁庭审理,应当按照规定穿着律师出庭服装,佩戴律师出庭徽章,注重律师职业形象。律师在法庭或仲裁庭发言时应当举止庄重、大方,用语文明、得体。2015年8月,最高人民法院审判管理办公室发布通知,规定自2015年9月1日起,在最高人民法院担任辩护人、代理人的律师参加正式庭审的,必须穿着全国统一的律师出庭服装;参加听证,询问、庭前证据交换等诉讼活动的,须着正装。对无正当理由未按要求着装,经训诫仍不改正的,审判长可责令其退庭,不得继续参加庭审活动。2016修订的《人民法院法庭规则》进一步明确规定,包括律师在内的出庭履行职务的人员,按照职业着装规定着装。对于不按规定着装违反法庭纪律的,审判长或独任审判员应当予以警告,对不听警告的,予以训诫;对训诫无效的,责令其退出法庭;对拒不退出法庭的,指令司法警察将其强行带出法庭。

四、律师与其他律师的关系规范

根据《律师执业管理办法》《律师执业行为规范(试行)》等行政规章、行业规范的规定,律师同行之间应当相互帮助,相互尊重,公平竞争,更好地维护当事人的合法权益,促进律师行业的良性发展。

(一)尊重与合作

《律师执业行为规范(试行)》规定,律师与其他律师之间应当相互帮助、相互尊重。在庭审或者谈判过程中各方律师应当互相尊重,不得使用挖苦,讽刺或者侮辱性的语言。律师或律师事务所不得在公众场合及媒体上发表恶意贬低诋毁、损害同行声誉的言论。律师变更执业机构时应当维护委托人及原律师事务所的利益;律师事务所在接受转入律师时,不得损害原律师事务所的利益。律师与委托人发生纠纷的,律师事务所的解决方案应当充分尊重律师本人的意见,律师应当服从律师事务所解决纠纷的决议。

(二)禁止不正当竞争

为防止律师采取不正当手段与同行进行业务竞争,损害其他律师和律师事务所的声誉或者其他合法权益,《律师法》第26条规定,律师事务所和律师不得以诋毁其他律师事务所、律师或者支付介绍费等不正当手段承揽业务。《律师执业管理办法》第42条进一步明确规定,律师应当尊重同行,公平竞争,不得以诋毁其他律师事务所、律师,支付介绍费,向当事人明示或者暗示与办案机关政府部门及其工作人员有特殊关系,或者在司法机关、监管场所周边违规设立办公场所、散发广告、举牌等不正当手段承揽业务。

《律师执业行为规范(试行)》第79条规定,有下列情形之一,属于律师执业不正当竞争行为：①诋毁、诽谤其他律师或者律师事务所信誉、声誉；②无正当理由，以低于同地区同行业收费标准为条件争揽业务，或者采用承诺给予客户，中介人、推荐人回扣、馈赠金钱、财物或者其他利益等方式争揽业务；③故意在委托人与共代理律师之间制造纠纷；④向委托人明示或者暗示自己成其属的律师事务所与司法机关、政府机关、社会团体及其工作人员具有特殊关系；⑤就法律服务结果或者诉讼结果做出虚假承诺；⑥明示或者暗示可以帮助委托人达到不正当目的，或者以不正当的方式、手段达到委托人的目的。同时，律师和律师事务所在与司法机关、行政机关、行业管理部门以及企业的接触中，不得通过与某机关、某部门、某行业对某一类的法律服务事务进行垄断的方式争揽业务；不得限定委托人接受其指定的律师或者律师事务所提供法律服务，限制其他律师或律师事务所正当的业务竞争；不得采用利用律师兼有的其他身份影响所承办业务正常处理和审理的手段进行业务竞争。

五、律师与所任职的律师事务所关系规范

按照《律师法》《律师执业管理办法》《律师事务所管理办法》《律师执业行为规范（试行）》等法律法规、行业规范的规定，律师事务所是律师的执业机构，律师只能在一个律师事务所执业。律师事务所应当依法保障律师及其他工作人员的合法权益，为律师执业提供必要的工作条件，对本所执业律师负有教育、管理和监督的职责。因此，律师与所任职的律师事务所的关系具体可分为业务管理关系、教育监督关系和执业保障关系。

（一）业务管理关系

《律师法》第23条规定，律师事务所应当建立健全执业管理、利益冲突审查、收费与财务管理、投诉查处、年度考核、档案管理制度，对律师在执业活动中遵守职业道德、执业纪律的情况进行监督。

《律师事务所管理办法》进一步明确规定，律师承办业务，由律师事务所统一接受委托，与委托人签订书面委托合同。律师事务所受理业务，应当进行利益冲突审查，不得违反规定受理与本所承办业务及其委托人有利益冲突的业务。律师事务所应当按照有关规定统一收取服务费用并如实入账，建立健全收费管理制度，及时查处有关违规收费的举报和投诉，不得在实行政府指导价的业务领域违反规定

标准收取费用,或者违反风险代理管理规定收费。律师事务所应当按照规定建立健全财务管理制度,建立和实行合理的分配制度及奖励机制,依法纳税。律师事务所应当建立健全重大疑难案件的请示报告、集体研究和检查督导制度,规范受理程序,指导监督律师依法办理重大疑难案件。律师违法执业或者因过错给当事人造成损失的,其所在的律师事务所承担赔偿责任。律师事务所赔偿后,可以向有故意或者重大过失行为的律师追偿。

(二)教育监督关系

《律师事务所管理办法》第40条规定,律师事务所应当建立健全执业管理和其他各项内部管理制度,规范本所律师执业行为,履行监管职责,对本所律师遵守法律、法规、规章及行业规范,遵守职业道德和执业纪律的情况进行监督,发现问题及时予以纠正。具体而言,律师事务所应当监督本所律师和辅助人员履行下列义务:①遵守宪法和法律,遵守职业道德和执业纪律;②依法、诚信,规范执业;③接受本所监督管理,遵守本所章程和规章制度,维护本所的形象和声誉;④法律、法规、规章及行业规范规定的其他义务。律师事务所对违法违规执业,违反本所章程及管理制度或者年度考核不称职的律师,可以将其辞退或者经合伙人会议通过将其除名,有关处理结果报所在地县级司法行政机关和律师协会备案。

《律师事务所管理办法》第50条规定,律师事务所应当依法履行管理职责,教育管理本所律师依法、规范承办业务,加强对本所律师执业活动的监督管理,不得放任、纵容本所律师有下列行为:①采取煽动、教唆和组织当事人或者其他人员到司法机关或者其他国家机关静坐、举牌,打横幅、喊口号、声援、围观等扰乱公共秩序、危害公共安全的非法手段,聚众滋事,制造影响,向有关部门施加压力;②对本人或者其他律师正在办理的案件进行扭曲、有误导性的宣传和评论,恶意炒作案件;③以串联组团、联署签名、发表公开信、组织网上聚集、声援等方式或者借个案研讨之名,制造舆论压力,攻击、诋毁司法机关和司法制度;④无正当理由,拒不按照人民法院通知出庭参与诉讼,或者违反法庭规则,擅自退庭;⑤聚众哄闹、冲击法庭,侮辱、诽谤、威胁、殴打司法工作人员或者诉讼参与人,否定国家认定的邪教组织的性质,或者有其他严重扰乱法庭秩序的行为;⑥发表、散布否定宪法确立的根本政治制度、基本原则和危害国家安全的言论,利用网络、媒体挑动对党和政府的不满,发起、参与危害国家安全的组织或者支持、参与、实施危害国家安全的活动;

以歪曲事实真相、明显违背社会公序良俗等方式，发表恶意诽谤他人的言论，或者发表严重扰乱法庭秩序的言论。为贯彻落实中央关于开展扫黑除恶专项斗争的通知要求，指导律师严格依法办理黑恶势力犯罪案件，充分发挥律师在扫黑除恶专项斗争中的重要作用，中华全国律师协会发布的《关于律师办理黑恶势力犯罪案件辩护代理工作若干意见》规定，律师事务所对本所律师办理黑恶势力犯罪案件辩护代理工作负有直接监督指导职责，对本所及其律师办理黑恶势力犯罪案件辩护代理工作要严格管理，建立健全专项工作制度，把握好黑恶势力犯罪案件律师辩护代理工作第一道关。

（三）执业保障关系

《律师执业行为规范（试行）》第 88 条规定，律师事务所应当依法保障律师及其他工作人员的合法权益，为律师执业提供必要的工作条件。根据《律师事务所管理办法》第 41 条的规定，律师事务所应当保障本所律师和辅助人员享有下列权利：①获得本所提供的必要工作条件和劳动保障；②获得劳动报酬及享受有关福利待遇；③向本所提出意见和建议；④法律、法规、规章及行业规范规定的其他权利。

六、律师与司法行政机关、律师协会关系规范

按照《律师法》等法律规定，我国的律师管理实行司法行政机关的行政管理与律师协会的行业管理相结合的管理体制，律师和律师事务所既要接受司法行政机关的行政管理，同时也要接受律师协会的行业管理。

（一）律师与司法行政机关的关系规范

《律师法》第 4 条规定，司法行政部门依照本法对律师、律师事务所和律师协会进行监督、指导。司法行政机关对律师和律师事务所进行的监督、指导主要体现在律师执业许可审核，律师事务所执业许可审核、对律师和律师事务所的违法行为进行行政处罚、日常监督管理以及对律师事务所进行年度检查考核等。为此，司法部制定了《律师执业管理办法》《律师事务所管理办法》《律师和律师事务所违法行为处罚办法》《公职律师管理办法》《公司律师管理办法》等部门规章规范律师和律师事务所依法执业、加强对律师和律师事务所执业行为的监督和管理。

（二）律师与律师协会的关系规范

按照《律师法》的规定，律师协会是社会团体法人，是律师的自律性组织。所有律师、律师事务所应当加入律师协会，成为律师协会会员。律师协会会员享有律师协会章程规定的权利，履行律师协会章程规定的义务。《律师法》第46条规定律师协会应当履行下列职责：①保障律师依法执业，维护律师的合法权益；②总结、交流律师工作经验；③制定行业规范和惩戒规则；④组织律师业务培训和职业道德、执业纪律教育，对律师的执业活动进行考核；⑤组织管理申请律师执业人员的实习活动，对实习人员进行考核；⑥对律师、律师事务所实施奖励和惩戒；⑦受理对律师的投诉或者举报，调解律师执业活动中发生的纠纷，受理律师的投诉；⑧法律、行政法规、规章以及律师协会章程规定的其他职责。律师协会制定的行业规范和惩戒规则，不得与有关法律、行政法规、规章相抵触。

《律师执业行为规范（试行）》对律师与律师协会的关系作了如下规定：律师和律师事务所应当遵守律师协会制定的律师行业规范和规则。律师和律师事务所享有律师协会章程规定的权利，承担律师协会章程规定的义务。律师应当参加、完成律师协会组织的律师业务学习及考核。律师参加国际性律师组织并成为其会员的以及以中国律师身份参加境外会议等活动的，应当报律师协会备案。律师和律师事务所因执业行为成为刑、民事被告，或者受到行政机关调查、处罚的，应当向律师协会书面报告。律师应当积极参加律师协会组织的律师业务研究活动。完成律师协会布置的业务研究任务，参加律师协会组织的公益活动。律师应当妥善处理律师执业中发生的纠纷，履行经律师协会调解达成的调解协议。律师应当执行律师协会就律师执业纠纷作出的处理决定。律师应当履行律师协会依照法律、法规、规章及律师协会章程、规则作出的处分决定。律师应当按时缴纳会费。

第四节　律师职业伦理的培育

随着社会主义市场经济体制的建立和不断完善，社会生活秩序更加依赖于每一位社会成员勤勉、尽职地担当起自身的工作职责。可以说，社会成员的职业道德水平已成为衡量现代社会文明程度的一个重要尺度和标准，这是市场经济长期锤炼的结果。在我国，真正意义的市场经济还处于深化阶段。律师职业阶层形成时间不长,但律师行业却在职业伦理方面出现了许多引起社会广泛关注的问题。少部分律师把金钱放在了第一位,为了钱不惜在业务承揽中夸大其词;为了钱与一些司法机构的腐败分子勾结串通,丧失了法律职业人的基本道德,给我国的法治造成了恶劣的影响。因此,做好律师职业道德的培育,建立良好的律师职业伦理就成了摆在律师行业、社会和国家面前的一个迫切需要解决的问题。

律师职业伦理与道德规范只是为律师道德修养指明了方向,而良性的律师职业伦理的形成,则有赖于律师对职业道德的深入理解和自觉遵守,有赖于抓好律师职业伦理教育,有赖于科学完备的律师职业伦理规范系统的构筑,有赖于对律师行为的同行肯定和公共舆论的影响,还有赖于启动律师执业惩戒程序这一外部保障机制。

一、律师道德自律

马克思说:“道德的基础是人类精神的自律。”律师职业伦理是律师从思想到行动都应遵守的规范。律师职业伦理规范应该成为律师的意识和信念,成为其自觉自愿恪守的“清规戒律”。

(1)伦理规范与法律规范不同。它在很大程度上要以道德的自律来实现,其贯彻执行要依靠律师自觉性的行动。律师的工作属于高级脑力劳动,很难用一个客观标准检验其“质量”。律师提供的法律服务在某种意义上也可以定位为一种“商品”,但这种“商品”本身不可预先展示,也无法像企业生产产品那样进行标准化生产,其“生产”过程也很难清楚地观察到。欲对律师的法律服务活动进行严格的外在控制、检查、审核和监督,无论是事前、事中还是事后,从技术上来讲都存在无法克服的困难,这进一步说明了强化律师职业道德自律的必要性。

(2)律师的工作具有开放性。律师要处理纷繁复杂的各种案件,接触形形色色的人员,他们不仅会感受到社会中光明的一面,同时也会感受甚至是更多地感受到其中黑暗的一面,这时会出现丑恶的人性和职业良心的激烈冲突。律师要保持出淤泥而不染的品格,就必须加强自身的道德修养,严于剖析自己,经常反思内省,进行自我批评、自我检查、勇于接受别人的监督,虚心听取别人的意见,用高标准、严要求来约束自己,强化自身的职业道德良心。

(3)要树立律师的自律精神。首先,要求律师在职业意识、道德品质等方面进行自我教育和自我改造,不断克服自己的意志、行为习惯、心理素质等方面的弱点,提升自己的道德素养,努力达到律师职业道德要求。其次,需要守好职业良心。良心是道德的卫士,是人们义务感和荣誉感的结合。“没有比问心无愧更舒服的枕头,幸福最牢固的根基还是心安理得”,律师的职业道德自律从讲良心开始。

二、律师职业伦理教育

律师职业伦理教育是律师职业伦理培育的重要形式,是塑造律师理想人格,形成律师内在道德品质的重要手段。具体而言,律师职业伦理教育由三个环节组成:一是将律师职业伦理建设贯穿于法学教育的全过程,为律师队伍提供高质量的后备人才资源。法律院校的学生是律师的主要后备资源,他们的伦理修养直接关系到律师业的未来。因此,应当在法律院校中加大对学生的职业伦理教育,创新职业伦理教育模式,将职业伦理教育融入法律专业知识的学习与实践,使其掌握如何在将来的职业实践中保持职业操守与职业廉洁性,这将有助于从根本上提高律师的职业伦理素质。二是将道德评价作为进入律师行业的实质要件。对于通过国家统一法律职业资格考试,申请从事律师职业的人员,要加强职业道德和执业纪律的岗前培训,以对其日后的执业形成深刻影响,并向社会表明律师业的神圣和纯洁。三是将职业伦理教育作为律师继续教育的重要内容。通过继续教育培训,使广大律师不断巩固正确的人生观、价值观、世界观,全心全意为人民服务,反对拜金主义、享乐主义和极端个人主义,形成良好的职业风气。

三、健全律师职业伦理规范体系

律师职业伦理的培育要靠教育,更要靠法治。从现阶段律师队伍的实际情况看,迫切要求健全科学的律师职业伦理规范体系,以约束律师的执业行为。律师职业伦理规范体系包括纵向和横向两个方面。纵向上又可以分为三个层次:第一层次是国家法律、法规和部门规章颁布的有关律师职业伦理的规定;第二层次是全国律协和地方律协制定的行业自律规范;第三层次是各律师事务所内部自律性管理规范。横向上包括两个方面:一方面约束律师自身执业行为的准则;另一方面,律师在执业过程中与司法人员、行政执法人员、仲裁员等相互监督制约的规范。要从上述“三个层次、两个方面”下手,根据新形势、新问题,抓紧完善律师职业伦理规范建设,使其覆盖律师执业活动的各个层面,渗透各个环节。要建立健全律师职业伦理准则;建立健全律师责任赔偿和保险办法;建立健全律师与司法执法人员、仲裁员的关系规范;强化律师行业的信用和信誉,保证律师队伍的纯洁性和公正性。

四、完善律师职业伦理评价系统

伦理道德是一种社会的评价标准或尺度。在社会群体中也确实存在人们对律师职业伦理的认同感。律师的道德存在于律师的内心深处,伦理体现律师的职业活动。律师的良好形象和工作作风,既需要依靠律师的自律来维护,也要规范的伦理评价系统来约束。

人非圣贤,仅靠道德自律是不够的。当破坏道德会给律师带来一定好处的时候,追求利益的巨大力量往往会冲破道德的底线,这时就需要来自外部力量的约束。这种力量之一就是来自社会特定群体的压力和律师职业伦理评价体系对其施加的影响。所谓律师职业伦理评价,是指委托人、司法机关社会其他成员以及律师同行根据律师职业伦理的要求,通过舆论或个人心理活动等方式,对律师在职业活动中的行为进行善恶判断,并表明褒贬态度,具体可包括对律师职业道德的自我评价、同行评价和社会评价三部分。构建完善的律师职业伦理评价系统对于律师职业道德品质的形成和律师职业伦理风气的改善,对于维护律师职业伦理应有的功能,实现律师职业伦理从应然到实然的转化,增强律师工作的透明度,提高律师遵守职业伦理的自觉性都具有重要的意义。

五、完善律师职业奖惩体系

构建律师遵守职业伦理的外在保障机制,不仅要构建职业伦理评价系统这样的"软约束",也需要通过完善律师职业奖惩体系来强化对律师遵守职业伦理的"硬约束"。人们奋斗所争取的一切都同他们利益有关。利益动机是人们行为背后的根本动因。经济学有一条"劣币驱逐良币"的原则,即如果严格遵守职业伦理行为同违背职业伦理行为获得同样的利益(后者常能获得更多的利益),那么,遵守职业伦理的行为将会变得越来越少。伦理道德评价奖惩机制就是通过对主体利益的控制,直接肯定符合伦理规则的行为,并激励和推动此类伦理行为的再现。坚决追究不道德行为,使律师不得不慎重考虑自己的行为后果,引以为戒。奖惩结合,建立对不良律师的淘汰机制,对优秀律师的激励机制,使律师的行为更规范。

司法行政机关和律师协会作为律师工作的主管部门，在律师职业伦理建设上负有重大责任，必须始终不渝地坚持“两手抓，两手都要硬”的方针，把律师职业伦理建设放在更加突出的位置上，集中力量解决当前律师职业伦理方面存在的问题。要依法管理、从严管理，进一步改革和完善行政管理与行业管理相结合的管理体制，强化律师协会的行业管理职能，树立行业威信，真正实现行业管理与行业自律。一方面，国家和律师行业组织要从正面积极引导律师行业树立良好的职业伦理形象，表彰模范遵守律师职业道德和执业行为规范的典型，通过舆论引导，宣传正面的事例和个人，发挥榜样的作用，创造良好的社会氛围和执业环境。另一方面，国家和律师行业组织要切实加大对违法违纪律师的查处力度，建立违规律师谈话制度警示制度，完善案件调查、听证程序，对各种违法违纪违规行为要坚决依法处理，绝不姑息手软，坚决将害群之马清除出律师队伍。

第五节 律师社会责任

一、律师社会责任的定义

“责任”一词在《现代汉语词典》中的解释是：①分内应做的事；②没有做好分内应做的事，因而应当承担的过失。从汉语意思上分析，责任应当包含两种含义：第一种是指应尽的义务，即分内应做的事，如家庭责任、岗位责任等。这种责任实际上是一种角色义务责任或者说是预期责任。第二种是因没有做好分内之事，即没有履行角色义务或没有履行助长义务而应承担一定形式的不利后果或强制性义务。这种责任实际上是一种过去责任，如违约责任、侵权责任等。可见，责任是一个完整的系统概念。从社会学领域理解，责任是指一个人不得不做的事或一个人必须承担的事情，可以分为社会责任、家庭责任和学习责任。可见，社会责任在社会学领域中是一个重要的分支。

“社会责任”一词被普遍应用于社会学、法学、经济学等多个学科领域。其概念首先被应用于现代公司行业，但对于公司社会责任的界定在经济法学领域也是众说纷纭。一种较为普遍的观点是：公司社会责任是指公司不能仅仅以最大限度为股东们营利或赚钱作为自己的唯一存在目的，而应当最大限度地增进股东利益之外的其他所有社会利益。由此可以看出，社会责任是指一个组织对社会应负的责任。一个组织应以一种有利于社会的方式进行经营和管理。社会责任是组织承担的高于组织自己目标的社会义务。如果一个企业不仅承担了法律上和经济上的义务,还承担了追求对社会有利的长期目标的义务,我们就说该企业是有社会责任的。社会责任这个概念常常是与社会道德和公共利益紧密相连的。由于社会责任是一个复合概念,依据承担责任的社会主体的不同,对社会责任这个概念的界定必然会有所差异。在理解公司社会责任的基础上,我们可以从律师角色性质的特点来进一步理解律师的社会责任。

对于律师社会责任的界定,不管是在学术界还是在律师群体都没有达成统一的意见。在学术界,学者论述的相关内容大多是关于律师应当履行哪些社会责任,而对究竟什么是律师社会责任却没有一个统一的认识。如顾永忠教授认为"律师在为当事人提供法律服务的过程中,还义不容辞地承担着维护社会公平和正义的社会责任"。黄长江认为"律师社会责任是一种建立在维护当事人合法权益的基础之上的责任"。章靖忠认为"律师的社会责任就是要以维护和实现当事人的合法权益为出发点和落脚点,以法律的正确实施为己任,以实现社会的公平和正义为终极目的"。在律师界,许多律师也表达了他们自己对"律师社会责任"的理解,但均没有一个合理清晰的概念。综上所述,不论学术界还是律师界对"律师社会责任"这一概念的界定是极不统一且存在较大差异的。可见,律师社会责任所涵盖的内容是相当广泛的,要想下一个系统、准确的定义确实有一定的困难。本书认为律师的社会责任就是以法律人的专业素养、以为人之师的道德操守,以维护当事人合法权益、维护法律正确实施、维护社会公平和正义的特殊使命,为国家利益和民生利益、为社会和谐和社会稳定、为人类社会的历史进步和科学发展发挥特殊积极作用的自觉意识和无私行为。

二、律师承担社会责任的依据

(一)律师的职业定位

我国律师是对当事人提供专业服务的中国特色社会主义法治工作者,是中国特色社会主义事业建设者和捍卫者,是落实依法治国基本方略、建设社会主义法治国家的重要力量,是法律职业共同体的重要组成部分。

从律师职业定位的角度来说,我国律师作为给当事人提供专业服务的社会主义法治工作队伍的重要组成部分，兼具法律人、经济人与政治人三种属性，当仁不让地肩负三重社会责任。

首先，作为法律人的律师有建设法治社会、维护公平正义的理想。法律人不仅是以法律为业的人，更深层的含义在于，还是通过对法律的长期学习和适用与法律本身实现了精神上共通的人。这种共通表现为法律的理念和价值与个人的伦理道德和精神追求实现了统一，从而成为法律的实践者、正义的守望者和智慧的思辨者。而现代社会的法律本身就是社会公众意志结合与妥协的产物，蕴含着社会公众为了获得稳定的生活、有序的发展、健康的社会而缔结的意思。从这个角度来说，律师作为法律人对法治社会和公平正义的追求本质上来源于社会公众对法律的期待。律师的职业使命与理想承载着公众意志对秩序的追求。

其次，作为法律职业者的律师是社会生产活动的参与者。律师作为法律职业者，是法律服务商品的提供者，是社会生产活动的生产者之一，其面向的消费者是整个社会公众。作为生产者，律师提供法律服务的目的在于从作为消费者的社会公众处获得经济利益。为了经济利益的最大化，律师应当以最高的效率提供高水平、高质量，能够让消费者满意的法律服务。同时由于法律服务的特殊性，律师对消费者需求的满足应当以合法为限度。

最后，作为参与者的律师是公众的代言者和保护者。社会治理与法律的关系密不可分，这决定了律师这一职业与生俱来的政治色彩。律师参与政治除了参与立法活动外，还包括参政议政、担任顾问等形式。无论律师以何种形式参与政治，其都是社会公众的代言者和保护者，这是由律师作为法律人的性质决定的。律师相对于其他职业，往往更多地将目光停驻在社会的角落，对于社会公众最需要解决的问题和最难以应付的困难有着深入的了解，更能够认识到一项政治活动对社会公众生产生活的具体影响。因此，当律师走上政治舞台时，在法律人和政治人的双重身份下，有必要也有能力用专家的语言发出公众的心声，真正为社会公众代言，保护其合法权益。

（二）律师的职业使命

我国律师的职业使命是维护当事人的合法权益，维护社会的公平正义，保障法律的正确实施。执业律师要把维护社会稳定作为基本任务，把促进社会公平正义作为核心价值追求，把保障人民群众安居乐业作为根本目标，充分发挥律师在维护公民和法人合法权益方面的重要作用。《关于深化律师制度改革的意见》明确指出，充分发挥律师在服务和保障民生中的重要作用，推进覆盖城乡居民的公共法律服务体系建设，加强民生领域法律服务，完善便民服务机制，积极开展公益法律服务活动，发展公益法律服务机构和公益律师队伍，推动法律服务志愿者队伍建设，加强律师参与法律援助工作。

律师作为法律职业者，首要承担的是与法律相关的工作。①律师的工作是在法庭上和市场生活中，通过释法、用法解决问题，使法律不再只是书本上的文字，而成为生活的准则。同时，律师使法律的运作日益与直接的道德和政治因素相疏离，使法律成为人们的一种独立的思维方式；②律师为法律机构的高效率运作创造条件。由于具有共同的法律背景知识，各方的交流更顺畅，节省社会成本。此外，律师还可为法律机构提供创新的思路，同时进行内行人的监督；③律师参与法律活动，避免了国家对法律的垄断或者说司法专断，而使当事人有机会与国家进行一种相对平等的对话。律师可以积极有效地承担起防止国家权力扩张的法律防线的角色；④独立的有学识的律师处于国家机构和市民社会的衔接部位，可以代表市民社会与国家进行有效的沟通，也可以凭借自身在一线接触当事人的优势，传播法律，起到双向调节的作用。

法律职业本身对社会环境具有较高的依赖性，律师的法律职业使命更要求其对社会的公平正义承担相应的责任。《律师执业行为规范(试行)》第 11 条规定："律师协会倡导律师关注、支持、积极参加社会公益事业。"第 102 条规定，律师应当参加律师协会组织的公益活动。

第一，作为法律专家的律师有满足社会需求的义务。专家作为一个群体的出现得益于社会分工的专业化。随着生产力的发展和社会关系的日益复杂，社会逐渐依赖于专门的人才解决专门的问题。这种需求促使了专家的出现，而专家对社会发展的推动又进一步加深了社会对专家的依赖。律师作为解决法律问题的专家是应社会对解决法律问题的需要而产生的。社会创造了这个职业，赋予执业者利用专业知识和技能获得更好的生存与发展条件的机会，相应地，律师执业者有义务满足社会对解决法律问题的需求。哪里需要法律，律师就应该出现在哪里，这也是律师参与法律援助、立法活动和公益诉讼的根本原因。

第二，法律服务作为商品的特殊性需要律师兼顾社会公平。法律服务作为商品得以存在的必要前提是客观上存在一个公平公正的社会，以及社会公众对法律有足够的信赖。社会公平的缺失表现为两种情况：一是贫富差距较大、社会资源高度集中。在这种情况下，一般社会公众不具备购买法律服务的经济能力，少数既得利益者则缺乏对法律服务的需求，从而导致法律服务因市场需求过低而被淘汰。二是社会处于混乱和动荡之中，法律缺乏可靠的强制力作为保障，成为一纸空文，法律服务也自然失去了意义。就社会公众对法律的信赖而言，由于法律服务本身具有一定的共通性和外部性，单独的一次法律服务就有可能使社会公众对法律的信赖程度产生影响。当公众不再信任法律时，法律也就失去了存在的意义。因此，作为理性人的律师，从长远利益出发，应当不遗余力地避免上述情况的发生，维护社会的公平和稳定，建立良好的职业形象，树立法律权威，提高公众对法律服务的消费积极性。

第六节　法律顾问、公职律师、公司律师相关规定

为贯彻落实党的十八大和十八届三中、四中、五中全会精神，积极推行法律顾问制度、公职律师、公司律师制度，充分发挥法律顾问、公职律师、公司律师作用，现提出以下意见。

一、指导思想、基本原则和目标任务

（一）指导思想。认真贯彻落实党的十八大和十八届三中、四中、五中全会精神，以邓小平理论、“三个代表”重要思想、科学发展观为指导，深入学习贯彻习近平总书记系列重要讲话精神，坚定不移走中国特色社会主义法治道路，从我国国情出发，遵循法治建设规律和法律顾问、律师工作特点，积极推行法律顾问制度和公职律师、公司律师制度，提高依法执政、依法行政、依法经营、依法管理的能力水平，促进依法办事，为协调推进“四个全面”战略布局提供法治保障。

（二）基本原则。坚持正确政治方向，坚持党的领导，选拔政治素质高、拥护党的理论和路线方针政策的法律专业人才进入法律顾问和公职律师、公司律师队伍。

坚持分类规范实施。从实际出发，在党政机关、人民团体、国有企事业单位分类推行法律顾问制度和公职律师、公司律师制度，明确政策导向和基本要求，鼓励各地区各部门各单位综合考虑机构、人员情况和工作需要，选择符合实际的组织形式、工作模式和管理方式，积极稳妥实施。

坚持统筹衔接推进。着眼于社会主义法治工作队伍建设大局，处理好法律顾问与公职律师、公司律师之间的衔接，畅通公职律师、公司律师与社会律师、法官、检察官之间的交流渠道。实行老人老办法、新人新办法，国家统一法律职业资格制度实施后，党政机关、人民团体、国有企事业单位拟担任法律顾问的人员应当具有法律职业资格或者律师资格。

（三）目标任务。2017 年底前，中央和国家机关各部委，县级以上地方各级党政机关普遍设立法律顾问、公职律师，乡镇党委和政府根据需要设立法律顾问、公职律师，国有企业深入推进法律顾问、公司律师制度，事业单位探索建立法律顾问制度，到 2020 年全面形成与经济社会发展和法律服务需求相适应的中国特色法律顾问、公职律师、公司律师制度体系。

二、建立健全党政机关法律顾问、公职律师制度

（四）积极推行党政机关法律顾问制度，建立以党内法规工作机构、政府法制机构人员为主体，吸收法学专家和律师参加的法律顾问队伍。

党政机关内部专门从事法律事务的工作人员和机关外聘的法学专家、律师，可以担任法律顾问。党内法规工作机构、政府法制机构以集体名义发挥法律顾问作用。

（五）在党政机关已担任法律顾问但未取得法律职业资格或者律师资格的人员，可以继续履行法律顾问职责。国家统一法律职业资格制度实施后，党政机关拟担任法律顾问的人员应当具有法律职业资格或者律师资格。

（六）县级以上地方党委和政府以及法律事务较多的工作部门应当配备与工作任务相适应的专职人员担任法律顾问；法律事务较少的县级以上地方党委和政府工作部门可以配备兼职人员履行法律顾问职责。乡镇党委和政府可以根据工作需要，配备专职或者兼职人员履行法律顾问职责。

（七）党政机关法律顾问履行下列职责：

1. 为重大决策、重大行政行为提供法律意见；

2. 参与法律法规规章草案、党内法规草案和规范性文件送审稿的起草、论证；

3. 参与合作项目的洽谈，协助起草、修改重要的法律文书或者以党政机关为一方当事人的重大合同；

4. 为处置涉法涉诉案件、信访案件和重大突发事件等提供法律服务；

5. 参与处理行政复议、诉讼、仲裁等法律事务；

6. 所在党政机关规定的其他职责。

（八）外聘法律顾问应当具备下列条件：

1. 政治素质高，拥护党的理论和路线方针政策，一般应当是中国共产党党员；

2. 具有良好职业道德和社会责任感；

3. 在所从事的法学教学、法学研究、法律实践等领域具有一定影响和经验的法学专家，或者具有 5 年以上执业经验、专业能力较强的律师；

4. 严格遵纪守法，未受过刑事处罚，受聘担任法律顾问的律师还应当未受过司法行政部门的行政处罚或者律师协会的行业处分；

5. 聘任机关规定的其他条件。

（九）外聘法律顾问应当通过公开、公平、公正的方式遴选。被聘为法律顾问的，由聘任机关发放聘书。

（十）外聘法律顾问在履行法律顾问职责期间享有下列权利：

1. 依据事实和法律，提出法律意见；

2. 获得与履行职责相关的信息资料、文件和其他必需的工作条件；

3. 获得约定的工作报酬和待遇；

4. 与聘任机关约定的其他权利。

（十一）外聘法律顾问在履行法律顾问职责期间承担下列义务：

1. 遵守保密制度，不得泄露党和国家的秘密、工作秘密、商业秘密以及其他不应公开的信息，不得擅自对外透露所承担的工作内容；

2. 不得利用在工作期间获得的非公开信息或者便利条件，为本人及所在单位或者他人牟取利益；

3. 不得以法律顾问的身份从事商业活动以及与法律顾问职责无关的活动；

4. 不得接受其他当事人委托，办理与聘任单位有利益冲突的法律事务，法律顾问与所承办的业务有利害关系、可能影响公正履行职责的，应当回避；

5. 与聘任机关约定的其他义务。

（十二）市、县、乡同级党委和政府可以联合外聘法律顾问，为党政机关提供服务；党委和政府可以分别统一外聘法律顾问，为党委和政府及其工作部门提供服务。

（十三）各级党政机关根据本意见设立公职律师。公职律师是依照本意见第二十五条、第二十六条规定取得公职律师证书的党政机关公职人员。

（十四）公职律师履行党政机关法律顾问承担的职责，可以受所在单位委托，代表所在单位从事律师法律服务。公职律师在执业活动中享有律师法等规定的会见、阅卷、调查取证和发问、质证、辩论等方面的律师执业权利，以及律师法规定的其他权利。

（十五）公职律师不得从事有偿法律服务，不得在律师事务所等法律服务机构兼职，不得以律师身份办理所在单位以外的诉讼或者非诉讼法律事务。

（十六）党政机关法律顾问、公职律师玩忽职守、徇私舞弊的，依法依纪处理；属于外聘法律顾问的，予以解聘，并记入法律顾问工作档案和个人诚信档案，通报律师协会或者所在单位，依法追究责任。

三、建立健全国有企业法律顾问、公司律师制度

（十七）工商、金融、文化等行业的国有独资或者控股企业（以下简称国有企业）内部专门从事企业法律事务的工作人员和企业外聘的律师，可以担任法律顾问。

在国有企业已担任法律顾问但未取得法律职业资格或者律师资格的人员，可以继续履行法律顾问职责。国家统一法律职业资格制度实施后，国有企业拟担任法律顾问的工作人员或者外聘的其他人员，应当具有法律职业资格或者律师资格，但外聘其他国有企业现任法律顾问的除外。少数偏远地方国有企业难以聘任到具有法律职业资格或者律师资格的法律顾问的，可以沿用现行聘任法律顾问的做法。

法律顾问的辅助人员可不具有法律职业资格或者律师资格。

国有企业外聘法律顾问参照本意见第八条、第九条、第十条、第十一条规定办理。

（十八）国有企业可以根据企业规模和业务需要设立法律事务机构或者配备、聘请一定数量的法律顾问。

国有大中型企业可以设立总法律顾问，发挥总法律顾问对经营管理活动的法律审核把关作用，推进企业依法经营、合规管理。

（十九）国有企业法律顾问履行下列职责：

1. 参与企业章程、董事会运行规则的制定；

2. 对企业重要经营决策、规章制度、合同进行法律审核；

3. 为企业改制重组、并购上市、产权转让、破产重整、和解及清算等重大事项提出法律意见；

4. 组织开展合规管理、风险管理、知识产权管理、外聘律师管理、法治宣传教育培训、法律咨询；

5. 组织处理诉讼、仲裁案件；

6. 所在企业规定的其他职责。

（二十）国有企业法律顾问对企业经营管理行为的合法合规性负有监督职责，对企业违法违规行为提出意见，督促整改。法律顾问明知企业存在违法违规行为，不警示、不制止的，承担相应责任。

（二十一）国有企业根据需要设立公司律师。公司律师是与企业依法签订劳动合同，依照本意见第二十五条、第二十六条规定取得公司律师证书的员工。

（二十二）公司律师履行国有企业法律顾问承担的职责，可以受所在单位委托，代表所在单位从事律师法律服务。公司律师在执业活动中享有律师法等规定的会见、阅卷、调查取证和发问、质证、辩论等方面的律师执业权利，以及律师法规定的其他权利。

（二十三）公司律师不得从事有偿法律服务，不得在律师事务所等法律服务机构兼职，不得以律师身份办理所在单位以外的诉讼或者非诉讼法律事务。

四、完善管理体制

（二十四）党内法规工作机构、政府法制机构和国有企业法律事务部门，分别承担本单位法律顾问办公室职责，负责本单位法律顾问、公职律师、公司律师的日常业务管理，协助组织人事部门对法律顾问、公职律师、公司律师进行遴选、聘任、培训、考核、奖惩，以及对本单位申请公职律师、公司律师证书的工作人员进行审核等。

（二十五）在党政机关专门从事法律事务工作或者担任法律顾问、在国有企业担任法律顾问，并具有法律职业资格或者律师资格的人员，经所在单位同意可以向司法行政部门申请颁发公职律师、公司律师证书。经审查，申请人具有法律职业资格或者律师资格的，司法行政部门应当向其颁发公职律师、公司律师证书。

（二十六）国家统一法律职业资格制度实施前已担任法律顾问、未取得法律职业资格或者律师资格的人员具备下列条件，经国务院司法行政部门考核合格的，由国务院司法行政部门向其颁发公职律师、公司律师证书：

1. 在党政机关、国有企业担任法律顾问满 15 年；

2. 具有高等学校法学类本科学历并获得学士及以上学位，或者高等学校非法学类本科及以上学历并获得法律硕士、法学硕士及以上学位或者获得其他相应学位；

3. 具有高级职称或者同等专业水平。

（二十七）公职律师、公司律师脱离原单位，可以申请转为社会律师，其担任公职律师、公司律师的经历计入社会律师执业年限。依照本意见第二十六条规定担任公职律师、公司律师，申请转为社会律师的，应当符合国家统一法律职业资格制度的相关规定。公职律师、公司律师依照有关程序遴选为法官、检察官的，确定法官、检察官等级应当考虑其从事公职律师、公司律师工作的年限、经历。

（二十八）律师协会承担公职律师、公司律师的业务交流指导、律师权益维护、行业自律等工作。

五、加强组织领导

（二十九）党政机关主要负责同志作为推进法治建设第一责任人，要认真抓好本地区本部门本单位法律顾问、公职律师、公司律师制度的实施。

（三十）党政机关要按照以下要求充分发挥法律顾问、公职律师的作用：

1. 讨论、决定重大事项之前，应当听取法律顾问、公职律师的法律意见；

2. 起草、论证有关法律法规规章草案、党内法规草案和规范性文件送审稿，应当请法律顾问、公职律师参加，或者听取其法律意见；

3. 依照有关规定应当听取法律顾问、公职律师的法律意见而未听取的事项，或者法律顾问、公职律师认为不合法不合规的事项，不得提交讨论、作出决定。

对应当听取法律顾问、公职律师的法律意见而未听取，应当请法律顾问、公职律师参加而未落实，应当采纳法律顾问、公职律师的法律意见而未采纳，造成重大损失或者严重不良影响的，依法依规追究党政机关主要负责人、负有责任的其他领导人员和相关责任人员的责任。

（三十一）国有企业要按照以下要求充分发挥法律顾问、公司律师的作用：

1. 讨论、决定企业经营管理重大事项之前，应当听取法律顾问、公司律师的法律意见；

2. 起草企业章程、董事会运行规则等，应当请法律顾问、公司律师参加，或者听取其法律意见；

3. 依照有关规定应当听取法律顾问、公司律师的法律意见而未听取的事项，或者法律顾问、公司律师认为不合法不合规的事项,不得提交讨论、作出决定。

对应当听取法律顾问、公司律师的法律意见而未听取,应当交由法律顾问、公司律师进行法律审核而未落实,应当采纳法律顾问、公司律师的法律意见而未采纳,造成重大损失或者严重不良影响的,依法依规追究国有企业主要负责人、负有责任的其他领导人员和相关责任人员的责任。

(三十二)各级党政机关要将法律顾问、公职律师、公司律师工作纳入党政机关、国有企业目标责任制考核。推动法律顾问、公职律师、公司律师力量建设,完善日常管理、业务培训、考评奖惩等工作机制和管理办法,促进有关工作科学化、规范化。

(三十三)党政机关要将法律顾问、公职律师经费列入财政预算,采取政府购买或者财政补贴的方式,根据工作量和工作绩效合理确定外聘法律顾问报酬,为法律顾问、公职律师开展工作提供必要保障。

(三十四)县级以上地方各级党委和政府以及教育、卫生等行政主管部门要加强指导、分类施策、重点推进、鼓励探索,有步骤地推进事业单位法律顾问制度建设。

(三十五)人民团体参照本意见建立法律顾问、公职律师制度。

(三十六)各地区各部门可结合实际,按照本意见制定具体办法。

第八章

公证员职业伦理

第一节　概述

公证员职业伦理，是指公证员及其辅助人员和公证机构在与其职业身份有关的活动中应当遵守的行为规范的总称。

公证员职业伦理具有以下特征。

首先，公证员职业伦理的适用对象，是公证员及其辅助人员和公证机构。例如，中国公证员协会《公证员职业道德基本准则》第 27 条规定："公证员助理和公证机构其他工作人员，参照执行本准则的有关规定。"中国公证员协会《公证行业自律公约》第 7 条规定："本公约所称公证人员，是指在公证处内从事公证业务的公证员、助理公证员、公证辅助人员。"司法部 2020 年《公证程序规则》第 6 条规定："公证机构和公证员办理公证，不得有《公证法》第 13 条、第 23 条禁止的行为。""公证机构的其他工作人员以及依据本规则接触到公证业务的相关人员，不得泄露在参与公证业务活动中知悉的国家秘密、商业秘密或者个人隐私。"其次，公证员职业伦理所调整的公证员及其辅助人员与职业身份有关的活动包括业内活动和业外活动两个方面。这些人员的业内活动与法律职业活动有着直接关系，毫无疑问是公证员职业伦理所调整的主要内容。但是，他们的业外活动与其业内活动是不能截然分开的。他们的业外活动同样可能使人们对其履行其职务的能力和品格产生怀疑，会造成其难以履行职务的情况。因此，这些人员的业外活动也是公证职业伦理所调整的对象。

第二节　公证员职业伦理的基本内容

一、拥护中国共产党的领导，拥护社会主义法治

我国公证制度是中国特色社会主义司法制度的重要组成部分。中国特色社会主义最本质的特征是中国共产党领导，中国特色社会主义制度的最大优势是中国共产党领导。在中国特色社会主义的探索、开拓、发展中，中国共产党始终是领导者、开创者和建构者，没有中国共产党，就没有中国特色社会主义。公证员作为中国特色社会主义法律工作者，是落实依法治国基本方略、建设社会主义法治国家的重要力量，必须坚持党对公证工作的绝对领导，提高政治站位，始终从坚持中国特色社会主义法治的高度，把维护社会公平正义、满足人民对美好生活的向往作为目标，围绕全面推进依法治国对公证服务的新要求，忠诚履行职责使命，尤其是党员公证员要自觉坚持党的基本理论、基本路线、基本纲领、基本经验，认真贯彻落实中央的决策部署，担当起推进全面依法治国的重任，做依法治国的推进者、先行者，始终走在前、做表率。

二、忠于事实和法律

公证是证明权的体现，公证工作必须忠于事实真相，忠于法律制度，这是公证文书客观真实的基本保障。所谓忠于事实，是指公证员进行公证活动时要立足于客观事实、忠于事实真相，其全部业务活动都要建立在有充分可靠证据证明的客观事实基础上。所谓忠于法律，是指公证员执业必须信守法律至上的观念，以现行有效的法律规定为标准，准确理解有关法律的精神实质，在业务活动中坚持正确的法律意见，而不能屈从于外部压力，违背法律，不能故意曲解法律以满足当事人的不正当利益。应当以现行有效的法律为衡量是非曲直的准绳。

公证员应当忠于宪法和法律，坚持以事实为根据，以法律为准绳，按照真实合法的原则和法定的程序办理公证事务。公证是证明有关事项真实性、合法性的司法证明活动，因此坚持以事实为依据，以法律为准绳，按照真实合法的原则和法定程序办理公证事务，就成了对公证员执业行为的基本要求和必须遵守的行为准则。

公证员在履行职责时,应当恪守独立、客观、公正的原则,不受非客观事实和法律之外因素的影响,忠实地维护法律的尊严,确保法律的正确实施和公众权利的平等实现。

公证员应当自觉履行保密的法定义务,不得利用知悉的秘密为自己或他人谋取利益。公证员履行职责中的保密原则,即公证机构和公证员应当保守他们在公证活动中接触到的国家秘密、当事人秘密的原则。我国《公证法》第 22 条规定,公证员应当保守执业秘密。这里的"执业秘密"包括国家秘密、当事人的商业秘密、个人隐私以及公证机构的内部秘密。该法第 42 条第 5 项同时规定,公证员泄露在执业活动中知悉的国家秘密、商业秘密或者个人隐私的。由司法行政部门给予相应行政处罚,构成犯罪的,依法追究刑事责任。这两项规定加在一起就构成了公证员的保密原则。对此,《公证程序规则》《公证员惩戒规则(试行)》也作了相应的规定。保守秘密之所以成为公证员履行职责的基本原则,是由公证制度的本质属性及其基本特征所决定的。作为一项预防性司法制度,公证制度的目的在于预防纠纷,减少诉讼,保护国家以及社会主体的合法权益。为实现这一目的,公证员只有严格保守在公证活动中接触到的秘密,才能更好地保护当事人的合法权益,取得社会大众的信任。如果这些秘密被泄露,轻则会引发纠纷、导致诉讼,重则将危及公证信誉、国家安全和社会利益。因此,世界各国公证立法均要求公证人员保守国家秘密、商业秘密和当事人的隐私。

公证员在履行职责时,对发现的违法、违规或违反社会公德的行为,应当按照法律规定的权限,积极采取措施纠正、制止。真实、合法是公证活动的基本原则,是公证建立和保持公信力的核心所在,世界各国的公证立法均严厉禁止对不真实、不合法或违反社会公德的事项进行公证。需要指出的是,这里所谓的"为不真实、不合法的事项出具公证书",既包括故意,也包括过失。过失为不真实、不合法的事项出具公证书,是指公证机构由于疏忽大意或者过于自信未履行法定职责,导致公证书的不真实或者不合法。随着社会的发展,人们的法律意识逐渐增强。越来越多的人意识到公证这一法律手段的重要性,并开始运用公证来维护自己的合法权益。与此同时,也有一些人滥用公证,出现了一些违背社会公德甚至违法的申请公证事项。因此,为了保障公证证明权的正当、有效实施,防止公证申请权的滥用,维护社会秩序,规范公证行为,确保公证职能的实现,我国《公证法》以及《公证员职业道德基本准则》《公证员惩戒条例(试行)》等都做了相应的规定,要求一个事项只有同时符合真实、合法两个条件,并不违反社会公德时,公证机构和公证员才能予以公证。否则,公证机构和公证员有权拒绝出具公证书。

三、爱岗敬业,规范服务

公证员应当珍爱公证事业,努力做到勤勉敬业、恪尽职守,为当事人提供优质的法律服务。拿破仑颁布的《风月法》将公证人定义为公务员,并指出规定公证制度的原意在于:“除了调解和裁决纠纷的官员外,公众的安定还需要有其他的公务人员,这些公务人员对于当事人既是无私的顾问,也是他们意志的公正的表述人;他们使当事人明了对契约应当承担的全部义务,明白地表明了这些义务,并赋予契约以公证性质和终审裁决的效力;他们使当事人保持对契约的记忆,并且完整地保管契约文本,防止善意人之间产生分歧,同时,满怀信心地使那些贪婪的人放弃提起不正当要求的念头。这些无私的顾问,这些公正的文书起草人,这些作为使契约当事人恪守义务的一种自愿的法官,就是公证人,这种制度就是公证制度。”这一表述,赋予了公证员以崇高的使命,而实现公证职业预防纠纷、减少诉讼的社会责任,需要高素质的公证人经过不懈的努力才能完成,而并非像有些人所说的盖一个橡皮图章就完事,因为公证图章的背后是对真实性、合法性的确认。具有强制执行效力的债权文书公证还会产生既判力的效果,没有高水平法律专业素质和一定的公证实践经验是很难胜任的。公证员的职业是高尚的,只有较高的业务素质,没有勤勉敬业、恪尽职守的高尚的道德情操,也很难满足公证员职业的需要。因为公证员执业的过程就是一项细致的劳动过程,完成这个过程需要艰苦的努力来积极收集相关证据材料,并在此基础上,认真分析、独立思考、自主判断,并且要敢于坚持正确意见,只服从法律,排除一切干扰。

公证员应当依法履行职责,不得超越法律规定的权限办理公证事务。公证员从事的是为全社会提供法律服务的公共职务行为,遵纪守法和品行良好是公证员履行职务所必须具备的条件。公证员在职业活动中应当做到:其一,按照法律明文规定的权限履行职责。公证员只能在法律规定的范围内行使职权,不得超越法律的规定活动,否则就属于滥用职权。其二,依照规定的程序履行职责。程序正义是实体正义的保障,公开、公正的程序能够使实体的权利、义务得到公平的体现,有利于更好地维护公众的合法权益,所以公证员应当按照规定的程序办理公证。其三,正确适用实体法。实体法是以确认权利义务关系和法律责任为主要内容的法律,是判断公证对象是否合法的主要依据。公证员在办理公证过程中,必须正确适用公证事项所涉及的实体法,以保障该事项主体适格、当事人意思表示真实、标的物确定(或可能)、不违反社会公益,真正做到预防纠纷。其四,认真履行职责。这项要求包括:公证员应当亲自履行职责,不得委托他人履行;公证员应当坚守工作岗位,不得擅离职守;公证员应当努力提高工作效率和工作质量,反对官僚作风;公证员应当按规定的程序和期限办理公证事务,及时受理、审查、出证,不得因个人原因和其他主观因素拖延推诿;公证员应当不断提高工作效率和工作质量,杜绝疏忽大意、敷衍塞责和其他贻误工作的行为。

四、清正廉洁,同业互助

公证员是否清廉,关系到公证活动的客观性、公正性以及公证机构和公证员职业群体的形象,而公证员间能否互相尊重、互相合作,直接关系到公证事业的健康发展。公证人员要想达到"清正廉洁、同业互助"的要求,就必须在职业活动中做到以下几个方面。

(1)公证员只能在一家公证机构中执业。根据我国有关法律的规定,公证员只能在一家公证机构中执业,而不能同时在两个以上的公证机构执业。其原因在于根据《公证法》的有关规定,公证员从推荐到监督都是与具体的公证机构联系在一起的,如果允许公证员在两个以上的公证机构执业,将会导致公证机构和司法行政部门的管理、监督工作目标指向不明,陷入混乱、无序的状态。因此,公证员只能在一家公证机构中从事公证执业活动。此外,公证员的数量根据公证业务的需要确定,如果允许公证员同时在两个以上的公证机构执业,会使公证员追求个人利益的最大化,这与公证的价值背道而驰。

(2)公证员不得经商和从事与公证员职务、身份不相符的活动。在实践中,会出现公证员在从事公证业务的同时,还从事有报酬的其他职业,例如,有的公证员直接或者间接经商办企业。这些活动不但不利于对公证员的管理,而且还损害了公证员的形象,削弱了公证机构及其公证员的公信力。因为公证的价值和功效要求公证员持一种中立性的态度,对各方当事人所追求的利益进行公平的保护。如允许公证员从事有报酬的其他职业,公证员与某些当事人之间将可能先行产生利益交错,在办理有利害关系的公证事项时容易徇私枉法、"权力寻租",滋生腐败行为,将使公证失去其中立性和平衡作用。为此,依据规定,公证员从事有报酬的其他职业，违反公证职责，有损公证职业的纯洁和尊严，应予禁止。《公证法》第 41 条还规定，公证员从事有报酬的其他职业，由司法行政部门给予相应的行政处罚。《公证法》只是禁止公证员从事有报酬的其他职业，并没有禁止公证员从事不收取报酬的职业，如果公证员从事一些公益性的工作是应当允许的。

（3）公证员应当妥善处理个人事务，不得利用公证员的身份和职务为自己、家属或他人谋取私人利益。公证员办理的公证事务渗透到社会生活的许多方面，尤其是在经济领域，很多都涉及财产权益。这就要求公证员在办理公证事务时，必须妥善处理好人际事务，不得利用公证员的身份和职务为自己、家属或亲友牟取私人利益。与此问题相关，在公证员的执业活动中，也会涉及公证员的回避问题。所谓公证员的回避，是指在公证活动中，公证员对于与自己或自己的近亲属有某种利害关系的公证事项不享有公证权力。其理由在于，公证机构及其公证员出具的公证书具有极强的证明力和公信力。要确保公证书的这种波力，就必须确保公证员在公证活动中不徇私枉法，对申请公证的事项以及公证当事人提供的所有材料进行视查，对按照有关规则需要核实或者对其真实性有怀疑的，应当进行核查，对不得公证的事项要坚决拒绝。如果公证员为本人及近亲属办理公证或者办理与本人及近亲属有利害关系的公证的，公证员就有可能徇私枉法，滥用自己的职权，出具不真实、不合法的公证书或者私自出具公证书等，损害其他人的利益。沿袭大陆法系国家公证立法的传统，《公证法》第 23 条规定，公证员不得为本人及近亲属办理公证或办理与本人及近亲属有利害关系的公证。同时该法第 41 条规定，公证员违反回避原则的，由司法行政部门给予相应的行政处罚。除此之外，《公证程序规则》还对公证员回避制度作了比较详细的规定，《公证员惩戒规则（试行）》第 13 条规定公证员违反回避的，予以严重警告。

（4）公证员不得接受当事人及其代理人、利害关系人的答谢款待、馈赠财物和其他利益。公证员是法律执业共同体中的重要一员，其在司法活动和社会生活中所处的重要位置，以及公证员中立公正的执业行为特点，决定了其所担负的职能对维护正常的法律秩序来说是非常重要的。因此，公证员的执业行为必须清正廉洁，不受物质利益诱惑，不得接受当事人及其代理人、利害关系人的答谢款待、馈赠财物和其他利益，不拿法律作交易，严格按照法律规定审查申办事项，维护公证的权威性和严肃性，维护公证员群体的良好声誉。

（5）公证员应当与同行保持良好的合作关系，禁止不正当竞争行为。根据《公证法》第 25 条的规定，自然人、法人或者其他组织申请办理公证，可以向住所地、经常居住地、行为地或者事实发生地的公证机构提出。申请办理涉及不动产的公证，应当向不动产所在地的公证机构提出；申请办理涉及不动产的委托声明赠与，遗嘱的公证，也可以向住所地经常居住地、行为地或者事实发生地的公证机构提出。也就是说，在办理公证业务中，公证机构之间仍有适度的竞争关系。公证员之间只有相互尊重、公平竞争，才能促进公证事业的发展，维护公证员群体的威信和名誉。为此，公证员应当与同行保持良好的合作关系，公平竞争同业互助，共谋发展。公证员应当相互尊重，不得在任何场合损害其他同事的威信和名誉。

第三节　公证员的职业责任与惩戒

公证职业责任，是指公证员和公证机构在公证活动中，因违反有关公证的法律、法规和职业伦理规范所应当承担的责任，包括行政责任、民事责任、刑事责任和行业处分。

一、公证行政责任

公证行政责任，是指公证员和公证机构对其违反有关公证管理的法律、法规和规定的行为所应承担的法律后果，具体表现为司法行政部门所给予的行政处罚。根据《公证法》的规定，对公证员的行政处罚分为警告、罚款、停止执业、没收违法所得、吊销执业证书五种；对公证机构的行政处罚分为警告、罚款、没收违法所得、停业整顿四种。《公证法》第 41 条规定，公证机构及其公证员有下列行为之一的，由省、自治区、直辖市或者设区的市人民政府司法行政部门给予警告；情节严重的，对公证机构处 1 万元以上 5 万元以下罚款，对公证员处 1 000 元以上 5 000 元以下罚款，并可以给予 3 个月以上 6 个月以下停止执业的处罚；有违法所得的，没收违法所得：①以诋毁其他公证机构、公证员或者支付回扣、佣金等不正当手段争揽公证业务的；②违反规定的收费标准收取公证费的；③同时在 2 个以上公证机构执业的；④从事有报酬的其他职业的；⑤为本人及近亲属办理公证或者办理与本人及近亲属有利害关系的公证的；⑥依照法律、行政法规的规定，应当给予处罚的其他行为。

《公证法》第 42 条规定，公证机构及其公证员有下列行为之一的，由省、自治区、直辖市或者设区的市人民政府司法行政部门对公证机构给予警告，并处2万元以上10万元以下罚款，并可以给予1个月以上3个月以下停业整顿的处罚；对公证员给予警告，并处2000元以上1万元以下罚款，并可以给予3个月以上12个月以下停止执业的处罚；有违法所得的，没收违法所得；情节严重的，由省、自治区、直辖市人民政府司法行政部门吊销公证员执业证书；构成犯罪的，依法追究刑事责任：①私自出具公证书的；②为不真实、不合法的事项出具公证书的；③侵占、挪用公证费或者侵占、盗窃公证专用物品的；④毁损、篡改公证文书或者公证档案的；⑤泄露在执业活动中知悉的国家秘密、商业秘密或者个人隐私的；⑥依照法律、行政法规的规定，应当给予处罚的其他行为。因故意犯罪或者职务过失犯罪受刑事处罚的应当吊销公证员执业证书。

根据《公证员执业管理办法》的规定，司法行政机关对公证员实施行政处罚，应当根据有关法律、法规和司法部有关行政处罚程序的规定进行。司法行政机关查处公证员的违法行为，可以委托公证协会对公证员的违法行为进行调查、核实。司法行政机关在对公证员作出行政处罚决定之前，应当告知查明的违法行为事实、处罚的理由及依据，并告知其依法享有的权利。口头告知的，应当制作笔录。公证员有权进行陈述和申辩，有权依法申请听证。公证员对行政处罚决定不服的，可以依法申请行政复议或者提起行政诉讼。

二、公证民事责任

公证民事责任，是指公证机构及其公证员因过错给当事人、公证事项的利害关系人造成损失的，而由公证机构依法承担的赔偿责任。《公证法》第43条明确规定了公证民事赔偿责任："公证机构及其公证员因过错给当事人、公证事项的利害关系人造成损失的，由公证机构承担相应的赔偿责任；公证机构赔偿后，可以向有故意或者重大过失的公证员追偿。"当事人、公证事项的利害关系人与公证机构因赔偿发生争议的，可以向人民法院提起民事诉讼。

（一）公证民事责任的特征

（1）承担民事责任的前提条件是公证机构及其公证员执业中的过错行为给当事人、公证事项的利害关系人造成了损失。过错行为，是指公证机构及其公证员在主观上故意或者过失地实施的违反法律、法规的行为，通常表现为公证员未严格按照法律规范审查当事人的身份、资格、行为能力、意思表示,未严格审查当事人提供的证明材料是否真实、充分等。过错行为如果给当事人、公证利害关系人造成了损失,公证机构就应当承担赔偿责任。但是,如果损害的结果是由于公证当事人自己的过错造成的,公证机构就不承担赔偿责任,而由当事人自行承担。例如,因为公证当事人提供虚假材料造成损失的,公证机构便不承担赔偿责任。

(2)公证机构及其公证员所承担的民事责任的方式仅限于赔偿损失,而不包括停止侵害、消除危险、赔礼道歉等其他民事责任方式。

(3)请求公证民事赔偿责任的主体是公证当事人、公证事项的利害关系人。公证当事人是指向公证机构申请公证的自然人、法人或者非法人组织。公证事项的利害关系人是指基于对公证机构出具的公证书的信赖与公证申请人进行民事行为,却因为公证书的错误导致利益受损的主体。

(4)承担民事责任的顺序是公证机构在先,公证员在后。公证的民事赔偿责任发生后,应由作为独立法人和公证员执业机构的公证机构首先赔偿,公证机构赔偿后,可以向有故意或重大过失的公证员追偿。

(二)公证责任赔偿保障制度

为了保障当事人和利害关系人因公证机构过错所遭受损害得到赔偿,增强公证机构及其公证员承担责任、抵御风险的能力,提高公证机构的公信力,我国建立了包括公证赔偿基金、公证责任保险、公证员执业保证金在内的公证责任赔偿保障制度。

1. 公证赔偿基金

公证赔偿基金是用于偿付公证行业各公证机构及工作人员在履行公证职务过程中因过错给当事人造成的直接损失,以及其他有关支出的专项基金。

司法部发布的《公证赔偿基金管理试行办法》规定了公证赔偿基金的筹集方式、基金的使用和监督管理等。公证赔偿基金的来源包括:①各公证机构按国家规定提取、缴纳的费用;②公证赔偿基金用于国家批准投资的收益;③公证机构因违反本办法有关规定而缴纳的滞纳金、罚款;④单位或个人捐赠等其他收入。公证机构每年年初应按上一自然年度公证业务收入总额的3%一次性提取公证赔偿基金。公证赔偿基金实行统一提取。分级管理、集中使用、专款专用的原则,任何机构或个人不得挤占和挪用。

2. 公证责任保险

公证责任保险指公证机构及其公证员在依法履行公证职责时，因过错给公证当事人或利害关系人造成的直接经济损失，依法应当承担公证赔偿责任的，在属于公证责任保险合同规定的范围内，由保险人对公证机构应当承担的民事赔偿金额及有关费用给予补偿的一种法律制度。

公证责任保险实行强制性全行业统一保险，由中国公证协会统一向保险公司投以公证机构为被保险人的全行业公证责任保险。中国公证协会与中国人民保险公司早已签订了《公证责任保险合同》，公证责任保险具有强制性，投保人是中国公证协会，被保险人是在中华人民共和国境内依法行使国家公证职能的公证机构，保险人是中国人民保险公司。在某一公证机构及其公证员给当事人、公证事项利害关系人造成损失的，首先由保险公司赔付；如果受损失的一方认为这样仍不足以补其损失，还可以向作出错误公证的公证机构索赔。公证机构赔偿后，可以向有重大过错的公证员追偿。

3. 公证员执业保证金

公证员执业保证金是指公证员执业应按规定交纳一定数额的保证金。执业保证金主要用于偿付应由公证员承担的赔偿费用、罚款等。公证员离任后保证金予以退还，未交足执业保证金的公证员应当暂停执业。

三、公证刑事责任

公证刑事责任是指公证机构或其公证员因执业行为构成犯罪的，应当承担的法律责任。根据《公证法》第 44 条的规定和《刑法》的有关规定，公证机构或其公证员因执业行为构成犯罪，具体罪名可涉及职务侵占罪、挪用资金罪、泄露国家秘密罪、侵犯商业秘密罪、诈骗罪、出具证明文件重大失实罪、提供假证明文件罪等。

四、公证行业处分

公证行业处分，也称公证的内部惩戒是指公证协会对公证员违反执业纪律和职业道德规范的行为所给予的处分。公证协会对会员的惩戒处分，是公证协会行业管理职能的重要组成部分。《公证执业违规行为惩戒规则（试行）》（以下简称《惩戒规则（试行）》）规定了公证员惩戒的种类、适用条件。

根据《惩戒规则(试行)》第19条的规定,惩戒措施种类有:①训诫;②警告;③通报批评;④公开谴责;⑤中止会员权利;⑥取消会员资格。其中,中止会员权利的期限为1个月以上1年以下。给予中止会员权利惩戒时,可以同时给予警告、通报批评、公开谴责的惩戒。

1. 训诫、警告、通报批评的适用情形

《惩戒规则(试行)》第27条规定,会员有下列行为之一的,予以训诫;情节严重的,予以警告或通报批评:①无正当理由拒绝受理公证申请的;②服务态度恶劣,造成不良影响的;③无正当理由,不按期出具公证书的;④不予受理、不予办理或终止办理公证的决定未按时通知当事人,造成不良影响的;⑤违反执业区域管理规定受理公证业务的;⑥不执行公证行业信息平台录入和查询规定的。

2. 警告、通报批评、公开追责的适用情形

《惩戒规则(试行)》第28条规定,会员有下列情形之一的,予以警告,情节严重的,予以通报批评或公开谴责:①在媒体上或者利用其他手段对本机构或者本人进行虚假宣传,误导当事人、社会公众或者社会舆论,造成不良影响的;②故意诋毁、贬损其他公证机构或公证人员声誉的;③故意干扰其他公证机构或者其他公证人员正常办理公证业务的;④不按规定缴纳会费、公证赔偿基金,不参加公证执业责任保险的;⑤上报的统计数据存在瞒报、夸大等造假行为的;⑥不按规定履行复查义务的。

3. 通报批评、公开谴责或中止会员权利的适用情形

《惩戒规则(试行)》第29条规定,会员有下列情形之一的,予以通报批评;情节严重的,予以公开谴责或中止会员权利:①不按法定程序出具公证书的;②同时在两个以上公证机构执业的;③同时从事有报酬的其他职业的;④严重违反复查处理程序或复查处理结果违法,造成不良影响的;⑤遗失丢失公证文书或者公证档案,情节严重的。

4. 公开谴责、中止会员权利的适用情形

《惩戒规则(试行)》第30条规定,会员有下列情形之一的,予以公开谴责;情节严重的,予以中止会员权利:①通过压价、支付佣金、支付回扣等不正当方式争揽公证业务的;②在公证收费之外,直接或变相收取当事人财物的;③利用执业便利为自己或者他人牟职、收取不正当利益的;④拒不执行地方公证协会复查争议投诉处理意见的;⑤擅自减免、提高公证收费或不向当事人开具收费凭证的;⑥尚未取

得公证员执业证的人员直接或变相独立办理《公证法》第 11 条规定的公证事项的；⑦泄露在执业活动中知悉的国家机密、商业秘密或者个人隐私的；⑧对投诉人或相关人员进行打击报复的；⑨拒不履行惩戒决定的。

5. 中止会员权利、取消会员资格的适用情形

《惩戒规则（试行）》第 31 条规定，会员有下列情形之一的，予以中止会员权利；情节严重的，予以取消会员资格：①私自出具公证书的；②故意为不真实、不合法的事项出具公证书的；③因重大过失为不真实、不合法的事项出具公证书，造成重大损失的或者造成恶劣社会影响的；④泄露在执业活动中知悉的国家机密、商业秘密或者个人隐私，造成重大损失或者造成恶劣社会影响的；⑤毁损、篡改、遗弃公证文书或公证档案，情节严重的；⑥侵占、挪用公证费或者侵占、盗窃公证专用物品的；⑦发生重大公证质量事故，限期整改仍未改正的；⑧受到司法行政机关停止执业或停业整顿行政处罚期间，继续执业或变相执业的；⑨其他严重违反公证法律法规或者职业道德和执业纪律的行为，造成严重不良影响的。

第九章

仲裁员职业伦理

第一节　概述

一、仲裁与仲裁员的概念

仲裁是指由双方当事人协议将争议提交(具有公认地位的)第一方,由该第三方对争议的是非曲直进行评判并做出裁决的一种解决争议的方法。仲裁异于诉讼和审判。仲裁需要双方自愿;也异于强制调解,它是一种特殊调解,是自愿型公断;仲裁区别于诉讼等强制型公断。仲裁一般是当事人根据他们之间订立的仲裁协议,自愿将其争议提交由非司法机构的仲裁员组成的仲裁庭进行裁判,并受该裁判约束的一种制度。仲裁活动和法院的审判活动一样,关乎当事人的实体权益,是解决民事争议的方式之一。平等主体的公民、法人和其他组织之间发生的合同纠纷和其他财产权益纠纷,可以仲裁,但婚姻、收养、监护、扶养、继承纠纷以及依法应当由行政机关处理的行政争议不能仲裁。在我国,劳动争议调解仲裁和农村土地承包经营纠纷调解仲裁不属于此处所指的仲裁。

仲裁员指的是由申请仲裁人员协议选择或由仲裁机构指定的,从事仲裁活动,承担仲裁职责的法律职业人员。仲裁员是较为特殊的法律职业人员,仲裁员职业具有不固定性,仲裁员并不像法官、公证员那样固定承担一个职位。仲裁员绝大多数只是兼职的,他们不以仲裁员为主要职业和主要收入来源。因为仲裁的特殊性质,仲裁员兼具民间性和官方性。仲裁虽有国家立法确认,有国家的授权,但仲裁也需双方当事人的同意授权。此外,仲裁员虽然能作出仲裁裁决,但没有强制执行力。因此,仲裁既有民间性,也有准司法性。

二、仲裁员职业伦理的概念

仲裁员职业伦理指的是仲裁员在进行仲裁活动、承担仲裁任务时所应遵循的基本行为准则和道德规范。仲裁员职业伦理要求仲裁员自律，积极主动调整并规范自己的行为，恪守职业伦理道德，努力提高自身的职业操守和水平。此外，仲裁员职业伦理也有他律性，有一系列的职业行为规范以及法律规范约束着仲裁员的行为，提醒仲裁员时刻谨记职业伦理。仲裁员职业伦理的内容包括了《仲裁法》中规定的仲裁员基本法律规范、各个仲裁机构的仲裁行为准则以及法律职业人员共同的道德习惯和伦理意识等。

三、仲裁员职业伦理的作用

仲裁员职业伦理的价值与作用体现在以下三个方面：

（一）仲裁的好坏取决于仲裁员水平和素养的高低

仲裁员大都是兼职，还有自身的主要身份，因此所涉及的社会关系相比其他法律职业更为复杂，更需要极高的职业道德要求，仲裁员职业伦理的重要性也凸显出来。

（二）仲裁员职业伦理在仲裁职业中的地位更为重要

仲裁需要经过双方当事人同意方可进行，如果当事人不认可仲裁员的职业素质、不信任仲裁员，仲裁根本无从谈起。因此，仲裁员的职业操守和仲裁的声誉是仲裁的基石，失去了这些，也便失去了仲裁的意义。

（三）仲裁员基于其特殊性质，拥有比法官更大的自由裁量权

这对仲裁员的职业素养和道德水准提出了更高的要求，所以仲裁员职业伦理是仲裁员的必修课，关乎仲裁员的仲裁水平，也与仲裁裁决的公信力紧密相连。仲裁员职业伦理规范指导仲裁员从事仲裁活动时的行为，减少并杜绝仲裁员违反职业道德的行为乃至违法行为，敦促仲裁员勤勉高效地承担仲裁职责，提高仲裁员的职业素质和水平，保证仲裁员诚实信用、独立公正地仲裁，维护仲裁机构的声誉，保障仲裁裁决的公信力。

第二节 仲裁员职业伦理的基本内容

一、公正与独立

仲裁员的仲裁行为具有明显的独立性、民间性和公正性的特点。仲裁员的工作承载着当事人的委托和社会的信任,肩负着解决纠纷、促进交易、繁荣市场的社会责任。因此,人们当然期望仲裁员是崇尚正义、主持公道的理想人物的化身。仲裁员应当时刻铭记自己重大的社会责任,最大限度地追求仲裁的公正。公正是一切法律制度的基本价值取向,更是仲裁的灵魂和生命线。离开公正,仲裁制度就失去了存在和发展的前提,仲裁员也不再有存在的价值和立足的余地。仲裁员应谨记自己的角色定位和神圣职责,做到程序公正、不偏不倚。仲裁员不应也不能偏向于任何一方当事人甚至是指定他的当事人,而是要在双方当事人之间保持中立,以一名中立的、超脱的公证人身份给当事人充分陈述意见的机会,使双方具有对等的程序选择权和陈述权,在仲裁活动中取得当事人的理解、信赖、配合与支持。

有关仲裁公正性的要求,在各国和有关国际组织的仲裁法或仲裁规则中,都能找到相应的规定。强调仲裁员公正、独立地处理仲裁案件,已成为国际仲裁界的共识。一般而言,仲裁员公正、独立地处理仲裁案件的原则,包括在仲裁程序中的公正独立以及公正独立地作出最后裁决两个方面,而且这两方面是紧密相关的。当今世界仲裁界普遍要求仲裁员在国际商事仲裁全过程保持独立和公正。在我国,公正、独立仲裁是《仲裁法》规定的一条基本原则。我国《仲裁法》规定的各项仲裁制度,能够较好地维护仲裁员的独立。首先,我国法律规定,仲裁应依法独立进行,根据事实、符合法律规定,公平合理地解决纠纷,不受行政机关、社会团体和个人的干涉,不因任何私利、外界压力而影响裁决的公正性。其次,我国仲裁机构的组织原则也能保证仲裁员独立办理仲裁案件。我国的仲裁机构与行政机关脱钩,仲裁委员会独立于行政机关,与行政机关没有隶属关系,仲裁委员会之间也没有隶属关系。仲裁员、仲裁庭独立裁决案件,在法律和仲裁规则的范围内,依其特有的专业知识、经验依法独立裁决案件,并不受仲裁委员会以及其他机关、社会团体和个人的干预,尤其是行政机关不得对案件的审理和裁决施加消极的影响。此外,仲裁员和仲裁庭也独立于法院,虽然法律授予法院对裁决有必要的监督权,但这并不等于仲裁附属于审判。可以说,没有公正、独立特征的仲裁,就不是真正的仲裁。

二、主动披露与回避

主动披露与回避是指仲裁员应当主动披露可能影响公正、可能造成不公平或可能造成偏袒印象的任何利益或关系,并在可能存在这种利益或关系的情况下主动回避。这种义务同样也是一项被普遍接受的保证仲裁权主体公正和公信力的原则,它要求仲裁员应尽力了解并持续向当事人和其他仲裁员披露现存的或以往的与当事人之间或重要证人之间的金钱、商业、职业、家庭或社会方面的关系,以及与仲裁结果直接或间接的金钱或个人利害关系,以便于当事人和仲裁机构考虑此种关系是否影响该仲裁员的独立性和公正性。披露以后,除非当事人同意,否则其不宜担任本案仲裁员。若全体当事人要求某仲裁员回避的,即应回避。

披露应当在仲裁员接受任命之前提出。仲裁员若在任命前并未意识到上述利益和关系,而是在仲裁程序中发现了可能引起此类怀疑的新情况,也应当加以披露,时间并不限于接受任命之前,而是持续于整个仲裁活动中。如果未履行此披露义务,将被视为仲裁员对职业义务的违反,即使未予披露的事由本身并不构成不宜担任仲裁员的情形。利益或关系是指可能影响公正性的利益或关系,这要求仲裁员应尽可能披露各种存在影响可能性的利益或关系。因此,当仲裁员把握不准是否应当披露时应倾向于进行披露。但是,如果另一方当事人知道这种情况并同意仲裁员继续进行仲裁的,也应当尊重当事人的意思。

值得注意的是,披露并不是对仲裁员公正性和独立性的否认,披露的目的在于帮助当事人判断他们是否与仲裁员的判断相一致,如果他们希望的话,也可以进一步探究披露的情形,而且这种披露并不必然导致仲裁员的回避。

在我国的一些仲裁组织关于仲裁员的行为准则的规定中,还有不得代理本会案件的规定。如北京仲裁委员会的《仲裁员守则》就规定,仲裁员不得在本会的仲裁案件中担任代理人。我国实行的是机构仲裁制度,当事人只能从仲裁机构的仲裁员名单中选择仲裁员,而仲裁机构的仲裁员人数有限,加上仲裁员之间合作共事、经验交流日益频繁,因而很可能产生在此案担任代理人,在他案中又与此案仲裁员共为仲裁庭组成人员的情况,而这会影响到仲裁的公正性。鉴于公正是仲裁的灵魂和生命,维护当事人的合法权益是仲裁活动中考虑一切问题的出发点,因此,明确禁止仲裁员代理本会的仲裁案件(包括代理执行与撤销本会仲裁裁决的案件)是很有必要的,这对维护仲裁委员会的公信力和仲裁员队伍的整体形象都将产生积极的作用。

三、勤勉

当事人基于信赖选择仲裁员担任审理自己案件的法官,仲裁员一旦接受选择,即应当公正、勤勉地履行职责以实现案件的快速、合理解决。在国内有些仲裁委员会的仲裁员守则上就明确规定:仲裁员在接受当事人选定或本会主任指定时,应签署仲裁宣誓书,说明其独立与公正在任何情况下都不容置疑。并保证时间,认真、勤勉、高效地解决案件争议。实践中多数仲裁员是兼职的,且都是有关行业的高级专门人才,他们有责任完成好自己的本职工作。所以,他应当谨慎地接受指定或选定成为某一案件的仲裁员。仲裁员首先要量力而行,在自己的能力范围内接受指定。仲裁员的水平高低直接关系到当事人能否得到一个公平合理、令人信服的裁决。民商事纠纷往往涉及特殊的知识领域,会遇到许多复杂的法律、经济贸易和有关的技术性问题,专家裁判更能体现权威性,这也决定了仲裁是一项专业性、实践性很强的工作。仲裁员要具备解决争议所需的知识、经验和能力。如果被选定的仲裁员不具备某方面的学识与经验,就不要勉强,否则可能接手一个自己不能胜任的案件。国际仲裁协会《国际仲裁员行为准则》中还规定:接受仲裁指定的仲裁员还应通晓仲裁语言,否则不宜接受,即仲裁员只有确信自己具有丰富的知识和经验可以解决该案的,才能接受选定或指定,否则就不能在仲裁中正常发挥作用,从而影响仲裁的质量。拒绝接受不熟悉专业领域的案件,也是对当事人、对仲裁委员会负责的表现。

仲裁员一旦接受了指定,就应当保证适当精力和时间的付出。它要求仲裁员在接受指定或选定时应考虑自己是否有足够的时间和精力办理案件,如果仲裁员在该段时间个人工作忙或私人事务多,可以不接受选定或指定。而一旦选择了接受选定或指定,就不得再以工作忙为由而耽误案件审理,造成案件不能在仲裁机构规定的期限内审结。确有特殊情况的,应及时和仲裁委员会秘书处取得联系,不得已时,可予更换。被更换下来的仲裁员应积极配合秘书处妥善解决遗留问题。

四、保密

保密是仲裁制度的一项原则，也是仲裁的一大优势，是吸引当事人采用仲裁方式解决纠纷的重要原因之一。保密可以使当事人的商业秘密不会因在解决纠纷中被泄露从而使其正常的商业活动受到不良影响。因此，几乎所有相关的伦理规范中都有明确的规定，即仲裁员要忠实地履行保密义务。

保密的内容对于当事人而言，是指仲裁员对于案件的看法以及合议的情况应当保密，在裁决宣告前不应透露讨论情况和案件结果。对于外界而言，是指仲裁员基于当事人对他们的信任，应对案情审理过程、当事人的商业秘密和贸易活动以及其他不愿为人所知的情况保密，保证当事人的秘密不因仲裁活动而泄露，仲裁员也不得利用其在仲裁中了解的情况牟取私利或损害他人。同时，未经仲裁委员会同意，仲裁员不得私自与案件无关人员商讨仲裁案情，亦不得在会议、课堂、互联网等公共场合公布或讨论仲裁案件情况。这种保密义务理应持续到仲裁裁决作出后的任何时间。仲裁员要有保密意识，如果泄露仲裁秘密，无论是有意还是无意，都是违反仲裁员职业伦理的行为，不仅不利于仲裁裁决的作出，而且还可能会给当事人造成重大损害，不利于仲裁优势的发挥。

当然，仲裁员的保密义务也有在当事人同意公开情况下的例外。而且，仲裁员对外保密的义务也可能会受到一定的限制，如国际仲裁协会《国际仲裁员行为准则》就规定，虽应保密，但若发现其他仲裁员有重大过失或欺诈，认为有责任披露时可披露该类情况。

第三节　仲裁员的职业责任

仲裁员的职业责任，除了刑法规定的刑事责任，通常包括民事责任和行业责任。就民事责任而言，有观点认为，仲裁员和当事人之间是特殊的合同关系。仲裁员在接受委托前通常先向当事方发出同意担任仲裁员的条件，当事方同意后，仲裁员与各当事方则达成服务合同，仲裁员承担审理并裁决争议的职责，当事人对仲裁员支付服务报酬。无论是当事人直接指定，还是仲裁机构、法院或其他机构代为指定，以及首席仲裁员的选定，都被视为当事人与仲裁员达成了一个特殊的服务合同。由于中国仲裁协会尚未成立，我国关于仲裁员的行业责任并无具体的规定，实践中往往由各仲裁机构对仲裁员的违规行为采取警告、取消仲裁员资格等措施。

例如，中国国际经济贸易仲裁委员会2021年《仲裁员行为考察规定》第9条规定。该委员会认为仲裁员存在下列违反《仲裁员守则》和仲裁员办案规范的情形，影响当事人对该委员会的信任或损害该委员会形象，但不宜回避、更换、取消仲裁员资格的，可根据情节严重程度予以提醒、提出建议、警告：①借故拖延办案时间的；②无正当理由不到庭审理案件的；③无正当理由不参加合议、调查或者开庭迟到的；④无正当理由随意变更开庭时间，或者未预留足够开庭时间，导致案件不得不再次开庭的；⑤庭审中接打电话、收发短信微信、随意离庭，或者着装不得体的；⑥办案过程中表现出偏袒倾向，包括代替或变相代替一方向另一方质证、辩论、提出请求或明显具有诱导性问题的；⑦未经该委员会同意，擅自对外发表案件有关信息的；⑧其他可能导致当事人对仲裁员产生合理怀疑的情形。

中国国际经济贸易仲裁委员会2021年《仲裁员行为考察规定》第10条规定，仲裁员在聘期内有下列情形之一的，该委员会有权取消其仲裁员资格：①对该委员会章程、《仲裁规则》认同度不高，公开反对或消极抵制该委员会章程《仲裁规则》实施，或者故意作出有损该委员会声誉行为的；②受到刑事处罚的，或者因违法行为受到严重行政处罚的，或者近五年受到严重警告级别以上（不含）党纪处分的；③故意隐瞒应当回避的事实，导致严重后果的；④在案件审理中违背仲裁员公正立场，多次受到该委员会警告的；⑤对案件审理严重迟延负有主要责任的；⑥向当事人透露仲裁员看法或仲裁庭合议情况的；⑦违反仲裁员勤勉审慎义务，不认真阅卷，不熟悉案情，严重不负责任的；⑧徇私舞弊，枉法裁决的；⑨私自会见当事人或其代理人，接受当事人或其代理人请客、馈赠或提供的其他不当利益的；⑩代人打听案件情况、请客送礼、提供好处和不当利益的；⑪故意曲解事实和法律的，或执意支持或坚决反对一方当事人的请求和主张，且不能说明理由的；⑫私下联络同案仲裁员，不顾事实和法律，人为制造多数意见，为当事人谋求不当利益的；⑬该委员会仲裁员评价和反馈机制反映问题比较集中的，或者办案能力明显不足、不能胜任仲裁员工作的；⑭未按照仲裁员培训规定参加培训的；⑮存在故意或者重大过失行为，导致仲裁裁决被撤销或者不予执行的；⑯被其他仲裁机构解聘，经核实确实存在不宜续聘情形的；⑰近五年以来，从未与仲裁委员会有过工作联系的，包括但不限于未参加仲裁员业务培训，也未在《仲裁与法律》等指定刊物上发表文章，且未按要求宣传推广该委员会等；⑱其他不宜继续担任仲裁员的情形。

中国国际经济贸易仲裁委员会 2021 年《授予仲裁员资格规定》第 7 条规定，资格有效期内，仲裁员不愿意继续担任的，或者因严重违反《仲裁法》或该委员会《仲裁规则》《仲裁员守则》《仲裁员行为考察规定》，被认定为不称职的，或者由于其他原因需要取消仲裁员资格的，经仲裁员资格审查考核委员会审查、主任会议审核通过，取消该仲裁员的资格。该委员会决定不延续或者取消仲裁员资格的，应给予书面通知，可酌情决定是否说明理由。

第十章

行政执法人员的职业伦理

第一节　概述

行政执法人员职业伦理是指行政执法人员在从事行政处罚决定审核、行政复议、行政裁决等行政行为过程中应该遵守的行为准则。由于行政执法人员的职业行为主要是行政处罚决定审核、行政复议、行政裁决等行政行为，因此，行政执法人员的职业伦理包含了行政执法的基本原则。由于行政执法人员的身份是国家公务员，因此，行政执法人员职业伦理也包含了公务员伦理的基本规则。

第二节　行政执法人员职业伦理的基本内容

行政执法人员职业伦理的内容主要包括两个部分：一是行政执法的基本原则；二是公务员伦理的基本规则。

一、遵守行政执法的基本原则

一般认为，行政执法的基本原则是指行政执法人员在从事行政执法活动过程中必须遵守的，贯穿于行政执法全过程，对行政执法活动具有普遍指导意义的根本性准则。我们认为，作为行政执法人员职业伦理的基础行政执法的基本原则主要包括合法、合理、高效三个原则。

（一）合法原则

合法原则是指行政执法应该有法可依，严格按照法律规范进行，不得与法律相抵触。具体来讲，合法原则主要包括以下三个方面的要求：①任何行政执法权都必须基于法律的授权才能存在；②任何行政执法权的行使应依据法律、遵守法律，不得与法律相抵触；③任何行政执法权的授予和委托及其运用都必须具有法律依据，符合法律宗旨。根据我国《行政处罚法》第3条的规定，公民、法人或者其他组织违反行政管理秩序的行为，应当给予行政处罚的，依照本法由法律、法规或者规章规定，并由行政机关依照本法规定的程序实施；没有法定依据或者不遵守法定程序的，行政处罚无效。

（二）合理原则

合理原则是指行政执法人员在从事行政执法活动时，不仅要符合法律的规定，还要符合法律的意图和精神，符合公平正义等法律理性。具体来讲，合理原则主要包括以下五个方面的要求：①行政自由裁量行为的动机符合法律目的，必须符合社会公共利益；②行政自由裁量行为必须是在正当考虑的基础上做出；③行政裁量行为的内容要符合情理；④行政执法程序要正当，要遵循公平、公开、公正原则。根据我国《行政处罚法》第1条的规定，行政处罚遵循公正、公开的原则。设定和实施行政处罚必须以事实为依据，与违法行为的事实、性质、情节以及社会危害程度相当。对违法行为给予行政处罚的规定必须公布；未经公布的，不得作为行政处罚的依据。

（三）高效原则

高效原则是指在行政执法活动中，要做到迅速、准确、有效。具体而言，高效原则主要包括以下几个方面的要求：①行政执法人员要依法独立行使行政执法权，把外部环境对执法的干扰减少到最低程度；②行政执法必须符合广大人民的利益；③坚持时效性与及时性，确保行政执法行为的有效性。根据我国《行政复议法》第4条的规定，行政复议机关履行行政复议职责，应当遵循合法、公正、公开、及时、便民的原则，坚持有错必纠，保障法律、法规的正确实施。

二、遵守公务员伦理的基本规则

公务员伦理,也称为行政伦理,是伦理在公共行政关系与公共行政活动中的具体体现。一般认为,研究公务员伦理是分析行政人员作为道德主体的可能性、必要性,探究行政人员的道德品质及其价值选择与伦理责任等问题的理论,它是以"责、权、利"的统一为基础,以协调个人、组织与社会的关系为核心的行政行为准则和规范系统。有人认为,公务员伦理是一种复合型伦理,其包括组织伦理、体制伦理、行为伦理以及政策伦理等。根据国家公务员局发布的《公务员职业道德培训大纲》,公务员伦理的基本规则包括以下内容。

(一)忠于国家

忠于国家是公务员的天职。具体而言,忠于国家主要包括以下三个方面的内容:①忠于中国特色社会主义事业,坚决拥护中国共产党的领导,坚定理想信念,在思想上、政治上、行动上与党中央保持高度一致;②忠于国家利益,维护党和政府形象、权威,维护国家统一和民族团结,严守国家秘密,同一切危害国家利益的言行做斗争;③忠于国家宪法,模范遵守法律法规,按照法定的权限、程序和方式执行公务、知法守法、依法办事、维护法律尊严。

(二)服务人民

服务人民是公务员的根本宗旨。具体而言,服务人民主要包括以下四个方面的内容:①树立和坚持马克思主义群众观点,尊重人民群众历史主体地位,坚持以人为本、执政为民,对人民负责,为人民服务,受人民监督。让人民满意,永做人民公仆;②增强对人民群众的深厚感情,保持同人民群众的血肉联系,把实现好、维护好、发展好最广大人民根本利益作为工作的出发点和落脚点;③坚持群众路线,尊重群众首创精神,深入调查研究,问政于民、问需于民、问计于民,积极回应人民群众要求;④提高为人民服务本领,善于做群众工作,努力提供均等、高效、廉价、优质的公共服务,促进科学发展和社会和谐。

（三）恪尽职守

恪尽职守是公务员的立身之本。具体而言，恪尽职守主要包括以下四个方面的内容：①增强职业使命感和责任意识，树立正确的世界观、权力观、事业观，把个人价值的实现融入为党和人民事业的不懈奋斗之中；②弘扬职业精神，勇于创造、敢于担当，顾全大局、甘于奉献，在完成急难险重任务、应对突发事件等考验面前冲锋在前；③发扬职业作风，求真务实，勤于任事，艰苦奋斗，淡泊名利，兢兢业业做好本职工作；④严守职业纪律，严于律己，谨言慎行，不玩忽职守、敷衍塞责，不滥用职权、徇私枉法。

（四）公正廉洁

公正廉洁是公务员的基本品质。具体而言，公正廉洁主要包括以下三个方面的内容：①崇尚公平，履职为公，办事出于公心，努力维护和促进社会公平正义；②正气在身，坚持真理、崇尚科学，诚实守信、为人正派，不以私情办公事，不拿原则作交易；③为政以廉，坚守信念防线、道德防线、法纪防线，不以权谋私，勇于同腐败现象做斗争，弘扬传统美德，规范遵守社会公德和家庭美德。

第三节　行政执法人员的职业责任与惩戒

一、行政执法人员的职业责任

行政执法人员的职业责任，也称为行政执法人员的法律责任，主要是指行政执法人员在从事行政执法过程中违反了法律的规定而必须承担的不利的法律后果。这种责任具有如下特点：①行政执法人员职业责任是以行政执法人员特定身份为基础的责任主体特定。行政执法人员职业责任必须是行政执法人员实施了某种违法的作为或不作为而导致的不利法律后果；②行政执法人员职业责任以违法为基本属性，在追究其责任时应以行政执法人员行为是否违法为前提；③行政执法人员职业责任与行政执法人员职务行为有关联，是一种连带责任的体现。最后，行政执法人员职业责任的形式多样化，有民事责任、行政责任和刑事责任。

(一)民事责任

行政执法人员的民事责任是指行政执法人员在从事行政执法活动过程中因违法行为给公民、法人或其他组织造成损害的,依法承担的民事赔偿责任。根据我国《国家赔偿法》第16条规定,赔偿义务机关赔偿损失后,应当责令有故意或者重大过失的工作人员或者受委托的组织或者个人承担部分或者全部赔偿费用。

(二)行政责任

行政执法人员的行政责任,也被称为行政执法人员的行政处分,是指行政执法人员在从事行政执法行为过程中违反行政法律、法规,依法应当承担的法律责任。行政执法人员的行政责任在具体制度上则主要体现为行政执法人员惩戒制度。我国《行政复议法》第35条规定,行政复议机关工作人员在行政复议活动中,徇私舞弊或者有其他渎职、失职行为的,依法给予警告、记过、记大过的行政处分;情节严重的,依法给予降级、撤职、开除的行政处分。我国《行政处罚法》第83条规定,执法人员玩忽职守,对应当予以制止和处罚的违法行为不予制止、处罚,致使公民、法人或者其他组织的合法权益、公共利益和社会秩序遭受损害的,对直接负责的主管人员和其他直接责任人员依法给予行政处分。

(三)刑事责任

行政执法人员的刑事责任,是指行政执法人员在从事行政执法活动过程中违反了刑事法律,依法应当承担的法律责任。我国《行政复议法》第35条规定,行政复议机关工作人员在行政复议活动中徇私舞弊或者有其他渎职、失职行为的,构成犯罪的,依法追究刑事责任。我国《行政处罚法》第83条规定,执法人员玩忽职守,对应当予以制止和处罚的违法行为不予制止处罚,致使公民、法人或者其他组织的合法权益、公共利益和社会秩序遭受损害的,情节严重构成犯罪的,依法追究刑事责任。

二、行政执法人员惩戒制度

我国《公务员法》及《行政机关公务员处分条例》确立了我国公务员惩戒制度。由于行政执法人员本身具有公务员身份,因此也适用公务员惩戒制度的一般性规定。

（一）惩戒的事由

根据我国《公务员法》第59条之规定，公务员应当遵纪守法，不得有下列行为：①散布有损宪法权威、中国共产党和国家声誉的言论，组织或者参加旨在反对宪法、中国共产党领导和国家的集会、游行、示威等活动；②组织或者参加非法组织，组织或者参加罢工；③挑拨、破坏民族关系，参加民族分裂活动或者组织，利用宗教活动破坏民族团结和社会稳定；④不担当，不作为，玩忽职守，贻误工作；⑤拒绝执行上级依法作出的决定和命令；⑥对批评、申诉、控告、检举进行压制或者打击报复；⑦弄虚作假，误导、欺骗领导和公众；⑧贪污贿赂，利用职务之便为自己或者他人谋取私利；⑨违反财经纪律，浪费国家资财；⑩滥用职权，侵害公民、法人或者其他组织的合法权益；⑪泄露国家秘密或者工作秘密；⑫在对外交往中损害国家荣誉和利益；⑬参与或者支持色情、吸毒、赌博、迷信等活动；⑭违反职业道德、社会公德和家庭美德；⑮违反有关规定参与禁止的网络传销行为或者网络活动；⑯违反有关规定从事或者参与营利性活动，在企业或者其他营利性组织中兼任职务；⑰旷工或者因公外出、请假期满无正当理由逾期不归；⑱违纪违法的其他行为。

（二）惩戒的方式

根据《公务员法》及《行政机关公务员处分条例》的规定，对行政机关公务员处分的方式分为警告、记过、记大过、降级、撤职、开除。行政机关公务员受警告处分的期限为6个月，受记过处分的期限为12个月，受记大过处分的期限为18个月，受降级、撤职处分的期限为24个月。行政机关公务员在受处分期间不得晋升职务和级别，其中，受记过、记大过、降级、撤职处分的，不得晋升工资档次；受撤职处分的，应当按照规定降低级别。行政机关公务员受开除处分的，自处分决定生效之日起，解除其与单位的人事关系，不得再担任公务员职务。

第四节　行政执法人员职业伦理的培育

一、加强职业伦理教育

行政执法人员职业伦理教育，是指有目的、有计划、有组织地对行政执法人员施加系统的职业伦理影响，把职业伦理核心、原则转化为个体的思想意识和伦理品质的活动。行政执法人员的职业伦理教育，目的在于塑造行政执法人员良好的职业伦理品质和作风，以期使受教育的行政执法人员养成良好的职业伦理习惯。

职业伦理教育要坚持持之以恒的原则，通过受教育者积极主动的学习来实现。行政执法人员应该坚持不断地学习，把职业伦理教育落到实处。伦理修养的前提假设是人的理性，或者说具备职业伦理修养条件的人首先是一个理性的人。而人的理性的成熟程度，一是取决于自己改造客观世界的实践，二是通过学习。伦理知识、马克思主义理论的学习以及所有科学文化知识的学习，都是增进伦理水平、提高伦理修养所不可缺少的内容。古希腊人认为“知识即美德”，知识要通过学习得来。人们往往在读书钻研中使灵魂得到净化，自然而然地提高了伦理修养的能力和分辨是非善恶的能力，由此提高职业伦理水平，养成高尚的职业伦理情操，树立社会主义职业伦理信念，锻造坚强的职业伦理意志，养成良好的职业行为习惯。

新时代行政执法人员的职业伦理教育，最重要的是要加强“不忘初心、牢记使命”教育。党的十八大以来，党中央特别强调党员干部的教育，先后开展了党的群众路线教育实践活动、“三严三实”专题教育、“两学一做”学习教育和“不忘初心、牢记使命”主题教育。这些教育的目的，是要求党员领导干部坚定共产主义信念，身体力行共产主义伦理，大公无私、清正廉洁、服从大局、艰苦奋斗，为中国人民谋幸福，为中华民族谋复兴。各级行政执法人员坚持全心全意为人民服务，这不仅是一个个人伦理的问题，而且是是否坚持社会主义本质要求和中国共产党根本宗旨的政治伦理问题。在深化改革和全面对外开放的条件下，要反复地教育各级行政执法人员从这样的高度来认识和接受为人民服务的伦理原则，从内心深处将全心全意为人民服务的伦理规范固化起来，在任何利诱和挑战面前不丧失全心全意为人民服务的宗旨。

新时代行政执法人员的职业伦理教育，还要加强“依法行政”的教育。党的十八届四中全会明确指出，法治中国建设要坚持依法治国、依法执政、依法行政共同推进，法治国家、法治政府、法治社会一体建设。由此可见，依法行政在法治中国建设中有特殊重要的地位。没有实现依法行政，法治中国的建设任务就不可能完成。通过不断地学习和教育，每一个行政执法人员树立法律意识、丰富法律知识、时时刻刻把宪法和法律放在心上，坚定法治信仰，掌握依法行政的本领，使依法行政成为工作中的自觉行动。

二、加强职业伦理立法

《中共中央关于全面推进依法治国若干重大问题的决定》要求行政机关要“创新执法体制，完善执法程序，推进综合执法，严格执法责任，建立权责统一，权威高效的依法行政体制”。在大力推进依法行政的过程中，仅靠职业伦理的一般要求来规范行政执法人员职业伦理行为是不够的，应该加强行政职业伦理规范的法制化建设。这样做的意义在于，它为行政执法人员解决执法中的伦理冲突提供了一般性的指导与价值选择基础，也为惩罚那些违背行政职业伦理要求的行为提供法律依据。把行政执法人员职业伦理要求融入法治建设中，从法律上规范行政执法人员的职业伦理是提高行政执法者素质的重要途径。

关于行政执法人员职业伦理立法的设计，大致包括行政执法人员的政治立场、伦理品质、廉政要求等方面。需要注意的是，很多时候对于行政执法人员伦理品质的要求已能与其职务行为相连接，即将这种伦理品质的要求转化成工作过程中所应遵循的各种行为准则。廉政问题一直是公务员管理中的重要问题，因为行政的目的是实现社会公益和相对人权益的增进，而非公务员个人利益的增进，但公务员所享有或实际行使的行政权却有可能使其达成与之相反的目的。如果放任不管，不仅可能对公共资源的分配造成不良影响，且其所导致的腐败甚至可能危及政府本身存在的合法性。因此，行政执法人员法制化建设应该包括廉政要求的制度构建。

三、完善监督机制

国外有学者指出，至今人们还没有发现这样一个过程，当上负有公共责任的部门长官，就能够摆脱自己对私人福利、对个人偏好、民族情感以及种种偏好等类的私心。这种说法有一定的道理。权力越大，越需要制约和监督。缺乏监督的权力必然是会被滥用的。造成权力蜕变最直接、最重要的一点就是权力失去制约。在一个充满着机会和诱惑的社会经济环境里，手里握有无限制的可以换取个人所需的权力是危险的，要熄灭欲望之火，不仅需要个人良心伦理的内在约束，而且需要有一定的外在制约。只有建立起多层次的、多方面的监督体系，才能及时发现和迅速制止权力滥用的现象。作为行政执法人员，对其的监督主要来自社会舆论、行政机关、司法机关等。社会舆论监督本质上是群众监督，它无处不有、无所不在，具有广泛性、公开性、及时性等特点，在我国监督体系中占有不可代替的位置。现代传媒的发展使社会监督系统中的舆论监督日益重要。对于某些行政执法人员来讲，他们之所以不愿或不敢做不伦理的事，往往并非惧怕上帝或惧怕法律的处罚，而是惧怕社会舆论的谴责。这种惧怕源于人的群体属性和荣辱感。舆论监督的主要形式是批评报道，揭露各种不符合社会主义伦理原则和规范的言行，使缺德者和不伦理的行为曝光，使之处于千夫所指、万人唾弃的舆论谴责之中，这对当事者是一种舆论惩罚，对公众又有警醒和教育作用。

行政机关对行政执法人员的监督，主要是通过行政机关内部的监察和纪检机构完成的。可以说，这是保证行政执法人员依法行使权力、公正廉洁的一个抓手，它可以保证行政执法的正常运作和行政机关形象不受损害，也是行政执法人员职业伦理培育的关键。通过监督，对于全心全意为人民服务的给予肯定、奖励；对做不到为人民服务或不能很好地为人民服务的则必须给予批评惩罚。只有这样才能弘扬正气，抑制歪风，促使行政执法队伍纯洁，战斗力加强，行政执法的效率得到提高。

司法机关的监督，主要是通过处理行政诉讼案件实现对行政执法机关、行政执法人员的监督。由于人民法院遵循“不告不理”原则，所以司法监督实际上是由行政执法人员执法的对象即行政相对人启动的。司法机关对行政执法人员的监督与其他监督方式相比，是被动进行的，而且监督的范围也仅限于行政执法人员所作出的行政行为。

第十一章

监察官职业伦理

第一节　概述

一、监察官职业伦理的概念

监察制度是政治制度的重要组成部分。“监察”一词，含有监督、考察、检举之意。在我国负有监察之职的人员在西周时已经出现，在《周礼·天官》记载其为“大宰”和“小宰”；秦汉时期被称为“御史大夫”，代表着监察体制的开创；唐宋时期设有御史台，为国家监察机关，御史代表皇帝对文武百官进行监督，这标志着监察制度的发展完善；明、清两代基本上延续了唐、宋两代监察权独立的体制。我国的监察制度从初具模型到形成稳定的体制和发展脉络，经历了上千年的历史。

2018 年 3 月 11 日，第十三届全国人民代表大会第一次会议通过宪法修正案，在《宪法》第三章“国家机构”增加第七节“监察委员会”；3 月 20 日通过《中华人民共和国监察法》（以下简称《监察法》）；3 月 23 日，中华人民共和国国家监察委员会挂牌，国家、省、市、县 4 级监委全部组建完成，同党的纪律检查机关合署办公，一体履行纪检、监察两项职责，构建起党统一领导、全面覆盖、权威高效的监督体系。监察官是指在党的领导下依法行使国家监察权的监察人员。2021 年 8 月 20 日《中华人民共和国监察官法》（以下简称《监察官法》）通过，自 2022 年 1 月 1 日起施行。根据《监察官法》第 3 条的规定，监察官主要包括：各级监察委员会的主任、副主任、委员；各级监察委员会机关中的监察人员；各级监察委员会派驻或者派出到中国共产党机关、国家机关、法律法规授权或者委托管理公共事务的组织和单位以及所管辖的行政区域等监察机构中的监察人员、监察专员;其他依法行使监察权的监察机构中的监察人员。对各级监察委员会派驻到国有企业的监察机构工作人员、监察专员,以及国有企业中其他依法行使监察权的监察机构工作人员的监督管理,参照执行《监察官法》的有关规定。

监察官的职业伦理是指监察官在履行监察职责的过程中所应遵守的行为规范和基本准则。监察官职业伦理,体现了我国纪检监察工作的职业特点和职业要求,反映出我国监察官的职业荣誉和职业素质、价值追求、道德原则、道德情感的理想和信念,是我国法律职业伦理的重要组成部分。

二、监察官职业伦理的特点

《监察法》明确规定了监察机关的职责、监察权限、法律责任,监察官的权利、义务、职责。结合我国的监察官查办职务犯罪和惩治贪污腐败的职业属性,监察官职业伦理具有自身特殊性。

(一)监察官职业伦理政治性较强

监察委员会由人民代表大会产生,是由中国共产党领导的反腐工作机构,具有政治属性,通过对公职人员的监督和对违法犯罪的公职人员的调查,维护国家、社会的公平正义。监察权具有政治性、社会性、民主性、公正性多种属性。监察官职业伦理的对象包括监察官的执业行为和日常的活动,只要其行为可能影响监察官的良好形象,就都属于监察官职业伦理约束的范围。监察官执业范围包括监督行为、调查行为、问责和政务处分行为,监察官必须把握政治定位,明确政治责任,维护国家政治安全,确保正确政治方向,严格依照监察职业伦理规范自身的行为。

(二)监察官职业伦理具有严格的纪律性

监察官调查所有行使公共权力的公职人员的职务违法行为和腐败犯罪,这使得监察官履行法律所赋予的权力和承担的责任更高。监察官的行为就是监察官职业伦理的特定对象。监察官职业伦理的对象包括监察官的执业行为和日常活动。监察官在履行相关职责或在职务外的活动中必须严格依照监察职业伦理规范自身的行为。与一般的公务员相比,监察官的工作强度大,且调查职务违法、职务犯罪案件还具有一定的危险性，所以更加严格的纪律性是监察官职业伦理的要求高于普通公务员职业伦理的主要特征。

（三）监察官职业伦理具有较强的自律性

我国的监察机构是具有中国特色社会主义性质的反腐机构，监察官要依法行使对公职人员和公权力机关的监督权、对违法失职人员的处置权、对违法犯罪人员的调查权等职权，维护宪法和法律的权威。监察官承担着党和人民赋予的重任，必须严格依照法律法规履行职责，无论是其外在行为规范还是内在的道德良知都必须保持高度的一致性，不仅要接受组织监督、民主监督、社会监督和舆论监督，更要保持自我监督，监察官遵守职业伦理的自律性要求更高。

三、监察官职业伦理的作用

监察官职业伦理对监察官的执业行为起到了约束、规范和提高的作用。

（一）约束权力、规范监察行为

我国监察委员会设立的目的就是通过对全国范围内行使公权力的公职人员的监督，约束其权力边界。立法权、司法权、行政权直接作用于社会，而监察权直接作用于社会的管理者，间接作用于社会，公众是通过监察官的职责和具体行为来了解监察官职业的。监察官职业伦理是监察官职业的基本要素，决定着监察官在工作中的努力程度、积极态度和奉献精神，是知识、技能和其他能力发挥的基本条件。当前更加强调监察官职业伦理对监察官行为的规范作用。因此，监察官职业伦理对于规范监察权力行使，调整监察官在履行职责过程中产生的各种社会关系和职业联系，完成监察职责，建立法治国家，有积极的促进作用。

（二）提高监察队伍职业化水平

在信息化和法治化的时代背景下，监察官是社会伦理的坚守者、公序良俗的示范者、法律尊严的捍卫者，其影响不仅限于个人和监察职业本身，更与法律权威、司法公信乃至整个法律职业群体在社会中的形象息息相关，影响着社会公众对法律职业群体的整体性评价。监察官不仅应具有渊博的法律知识和强烈的法律意识，还应具有良好的职业素质和能力，加强监察官职业伦理建设对推进监察队伍职业化水平，全面提高监察官素质，树立监察官良好职业形象具有积极意义。

（三）助力法治进程

监察委员会整合了党内监督、行政监督、检察机关的反贪污、反渎职监督以及纪检监督的力量，从源头上进行监督、调查、惩戒贪污腐败，这体现了党中央加强对权力运行约束、监督的决心，以推进依法治国方略的全面深化。监察委员会是依法治国的重要力量，监察官在行使监察职权过程中体现出的素质、修养、道德水准，都体现着法律的公正和威严。规范监察官职业行为，提升监察官职业素养，是严格执法、公正司法的必然要求，是推进法治建设的客观要求。

第二节　监察官职业伦理的基本内容

监察官职业伦理规范是监察官职业伦理中最基本、最核心的行为准则，主要内容包括：

一、忠诚

忠，即忠实、忠心；诚，即诚实、诚信。忠诚是监察官职业伦理的首要内容，是监察官的首要素质。忠诚是由坚持党的绝对领导原则、以人民为中心原则、依法治国与依规治党原则衍生而来的。忠诚的内涵包括：①监察官要保证对党绝对忠诚，这是对监察官的政治要求；②监察官要对人民忠诚，这是做好监察工作的前提；③监察官要对党纪国法忠诚，这是做好监察工作的保证；④监察官要对国家监察事业忠诚，这是监察官的职责所在。忠诚规则要求监察官始终牢牢记住忠于党、忠于国家、忠于人民、忠于宪法和法律，始终牢牢记住以诚信诚实的态度对待工作。忠诚是监察官履职的根本，体现在每一项工作中。监察官违反了忠诚规则，轻则承担道德责任，重则可能承担纪律责任甚至法律责任。随着全面从严治党向纵深推进，依法查处了部分对党不忠诚的工作人员，他们违反了忠诚规则、违反了党的政治纪律，走上了违纪违法甚至是犯罪的深渊。在监察工作中，忠诚规则还意味着服从，服从党的领导和指挥，服从于国家政治大局的需要。

二、独立

独立是指监察官依照法律法规独立行使监察权,不受任何因素的干扰。监察官被赋予对公职人员贪污腐败犯罪的调查权,享受特殊的地位和社会信任。《监察法》第 4 条规定,监察委员会依照法律规定独立行使监察权,不受行政机关、社会团体和个人的干涉。独立是监察官正常履职的保证,监察官在履行职责的过程中应当保持独立,坚持独立思考、自主判断,只有在独立的情况下才能保证公正,敢于坚持正确的观点,抵制涉案人员及案外人的请托说情,依法履行职责。监察官依法定程序行使职权时可对他人的人身自由和私有财产采取强制性措施,因此监察官在依法行使监察权时应当谨慎,不得有任何偏私,也不得有任何形式的歧视,防止其影响监察官独立履职。如何做到以权制权,但不越权,这就要求监察官独立履行职责,不受来自外界的干扰。同时,监察机关应在中国共产党的统一领导下开展工作,对本级人民代表大会及其常务委员会负责并接受其监督,下级接受上级的监督,地方接受中央的监督,此外还要接受民主监督、社会监督和舆论监督。

三、清廉

清廉,即清正廉洁。清廉规则是指监察官应当在工作和生活中廉洁自律、洁身自好、淡泊名利,不接受一丝一毫不正当利益,也不为他人谋取一分一厘不正当利益。清廉是监察官应有的素质和应尽的义务,作为国家监察官,《监察法》明确规定监察队伍要“干净”,指监察官应当清廉。清廉要求监察官不得接受案件相关人任何形式的请客送礼,不接受任何不正当的物质利益和精神利益,更不能行贿受贿触犯刑律。监察官还要自觉约束业外活动,抵制社会上的各类诱惑,禁止做违反法律法规和公序良俗的事情。要确保监察官遵守清廉规则,就要从内部养成和外部规制两个角度做起:一是要严格执行监察官惩戒制度,对监察官违反清廉规则的行为赋予明确的道德、纪律、法律责任,并严格于一般国家工作人员;二是要加强对监察官的监督,目前是人大监督和监察委员会监督为主,民主监督、社会监督和舆论监督为辅;三是要加强对监察官的清廉教育,促进在监察官内心养成清廉规则的道德确信。

四、保密

保密就是要求特定的人员在一定的期限和范围内以一定的手段保守特定信息和资讯,不公之于众。保密是监察官职业伦理的重要内容,监察官能否依法履行保密职责,事关监察工作能否顺利开展。严厉惩治腐败是监察官的主要工作,而各种腐败行为往往发生在隐秘之处,发生在手握权力的公职人员之间,监察官如果不能够在特定的阶段保守秘密,就很可能导致反腐败工作无法有效开展。保密规则可以分为两方面:一方面保守与案件直接相关的秘密,监察官不得以任何形式故意或过失泄露与案件直接相关的信息,如涉案人员的相关信息、涉案金额、案件具体情节等;另一方面保守与案件没有直接关系的其他秘密。《监察官法》对监察官的保密义务、离岗离职后的保密义务作出了明确的规定:监察官依法保守国家秘密和监察工作秘密,对履行职责中知悉的商业秘密和个人隐私、个人信息予以保密;监察官应当严格执行保密制度,控制监察事项知悉范围和时间,不得私自留存、隐匿、查阅、摘抄、复制、携带问题线索和涉案资料,严禁泄露监察工作秘密;监察官离岗离职后,应当遵守脱密期管理规定,严格履行保密义务,不得泄露相关秘密。监察官窃取、泄露调查工作信息,或者泄露举报事项,举报受理情况以及举报人信息的,依法给予处理;构成犯罪的,依法追究刑事责任。

五、勤勉坚韧

勤勉是中华民族的优良传统,也是监察官的必备素质。监察权的行使涉及人身、财产的限制,《监察法》中有很多关于程序时限的规定,要求监察官必须及时完成相关工作。面对繁重的监察工作,监察官唯有勤勉才能高效地完成工作。确保监察官勤勉履职,一方面应对监察官定期进行理想信念教育,促进监察官勤勉履职;另一方面需严格落实监察官违反勤勉规则应承担的责任。监察是一项强度高、压力大的工作,监察官拥有良好的身体和心理素质至关重要,监察机关应当通过定期体检、及时进行心理疏导等方式保障监察官的身心健康。坚韧是监察官的核心素养之一。监察官的工作性质决定了他们会面对强权,可能会受到各种形式的打压甚至胁迫,这对监察官坚韧不拔的品质提出了更高要求,这也是监察官区别于其他法律职业工作者所更加需要的素养。

六、礼仪

礼仪,即礼节和仪式。礼仪是指监察官在履职和生活中应当注意的言行方式。监察官代表国家行使监察权,在履职和生活必须注意自身的素质和形象,以自身言行维护监察官职业的形象。在监察官履职过程中,恰当的礼仪能够推进监察工作的顺利开展。在工作中,监察官应当着装得体、行为严谨,严格遵守党纪国法,提高自身道德修养;在工作之外,监察官应当避免奢侈和奇异的着装与生活方式,处处维护监察官形象。在监察司法实践中需要处理好以下关系:一是监察官同法官、检察官等其他国家机关工作人员之间的关系,沟通、交流要依法依纪、有理有据,不得以权压人、回避责任;二是监察官内部的关系,要与同事团结协助,不得追名逐利;三是监察官同人民群众的关系,要密切联系群众,耐心做好解释工作,不得冷横硬推、敷衍了事。

第三节　监察官的职业责任

监察官职业责任,是指监察官在监察活动中,因违反有关监察的法律、法规和职业伦理规范所应当承担的责任,包括监察官执行职务中违纪行为的责任和监察官执行职务中犯罪的刑事责任两类。

一、监察官违纪责任

监察官执行职务中违纪行为的责任,是指监察官违反法律、工作纪律和职业伦理规范应当承受的纪律处分。根据《监察官法》第52条规定,监察官违纪责任的主要情形包括:①贪污贿赂的;②不履行或者不正确履行监督职责,应当发现的问题没有发现,或者发现问题不报告、不处置,造成严重影响的;③未经批准、授权处置问题线索,发现重大案情隐瞒不报,或者私自留存、处理涉案材料的;④利用职权或者职务上的影响干预调查工作、以案谋私的;⑤窃取、泄露调查工作信息,或者泄露举报事项、举报受理情况以及举报人信息的;⑥隐瞒、伪造、变造、故意损毁证据、案件材料的;⑦对被调查人或者涉案人员逼供、诱供,或者侮辱、打骂、虐待、体罚或者变相体罚的;⑧违反规定采取调查措施或者处置涉案财物的;⑨违反规定发生办案安全事故,或者发生安全事故后隐瞒不报、报告失实、处置不当的;⑩其他职务违法犯罪行为。

根据《监察官法》和《监察法》的规定,我国实行监察官责任追究制度,对滥用职权、失职失责造成严重后果的,终身追究责任或者进行问责。监察官涉嫌严重职务违法、职务犯罪或者对案件处置出现重大失误的,应当追究负有责任的领导人员和直接责任人员的责任。监察机关及其工作人员行使职权,侵犯自然人、法人或非法人组织的合法权益造成损害的,依法给予国家赔偿。监察官已经履职尽责,但是因不可抗力、难以预见等因素造成损失的,以及在集体决策中对错误决策提出明确反对意见或者保留意见的,不承担责任。

二、监察官刑事责任

监察官的刑事责任是指监察官因执业行为构成犯罪的,应当承担的刑事责任。根据《监察法》第65至66条和《刑法》的有关规定,监察官因执业行为构成犯罪,具体罪名可涉及职务侵占罪、泄露国家秘密罪、受贿罪、巨额财产来源不明罪、滥用职权罪、玩忽职守罪等。

第十二章

法律学者职业伦理

第一节　概述

一、法律学者与法律职业共同体

关于法律学者是否属于法律职业共同体的一员，中国法学界曾经有过热烈的讨论。反对的理由主要认为法学家属于知识分子阶层，在法律职业共同体之外更有利于法律职业共同体的建构。实际上，这种观点是很难立足的，因为法律职业本身就是一个精英荟萃、知识分子集中的职业圈子，法官、检察官和律师也属于知识分子阶层。以“法学家属于知识分子阶层”来否认法律学者是法律职业共同体成员，是站不住脚的。法律学者在职业共同体之外有利于法律职业共同体的构建的观点，也没有实践依据。目前“法律学者是法律职业共同体的重要成员”这一观点已经得到了越来越多的人的认同。

（一）法律职业及其共同体的特征

职业是指人们由于社会分工和生产内部的劳动分工，长期从事的具有专门业务和特定职责，并以此作为主要生活来源的工作。职业化分工是人类社会发展到一定阶段的必然结果。人类的活动林林总总，人们从事的某种活动具有什么特征才能被称为一项职业呢？美国学者 E. 格林伍德曾经对职业的特征进行过概括，简单说有以下几条：①职业人员拥有以系统的理论知识为基础的技能；②职业人员对他们的工作有相当大的自主性;③职业人员形成联合体,对内调整职业人员内部事务,对外代表职业人员的利益;④要成为一个职业成员往往要受到现成员的认真审查,并要参加职业考试,这个过程受到有关职业组织的调整;⑤拥有要求其所有成员遵守的职业道德法典。

对于法律职业的特征,学术界有很多不同的观点。季卫东教授认为法律职业特征应该具备三项条件:①坚决维护人权和公民的合法权益,奉行为公众服务的宗旨,其活动有别于追逐私利的营业;②在深厚的学识的基础上娴熟于专业技术,以区别于仅满足于实用技巧的工匠型专才;③形成某种具有资格认定、纪律惩戒、身份保障等一整套规章制度的自治性团体,以区别于一般职业。孙笑侠教授认为如下四点可以概括法律职业共同体的特征:①法律职业或法律人的技能以系统的法律学问和专门的思维方式为基础,并不间断地培训学习和进取;②法律人共同体内部传承着法律职业伦理,从而维系着这个共同体的成员以及共同体的社会地位和声誉;③法律职业或法律人专职从事法律活动,具有相当大的自主性或自治性;④加入这个共同体必将受到认真考查,获得许可证,得到头衔,如律师资格的取得。还有学者认为法律职业共同体应具有以下特质:①法律职业共同体使用一种特定的语言符号、概念系统;②法律职业共同体拥有独特的思维方式;③法律职业共同体受过相同的法律教育和职业训练,拥有共同的知识背景和实践传统;④法律职业共同体拥有一个共同的价值目标:追求社会正义的实现;⑤法律职业共同体拥有共同体的精神,信仰法治;⑥法律职业共同体拥有一种自我约束、自主评价、自我管理的运作机制。其实,仔细考究起来,以上观点并无根本的不同之处,只不过论述的角度有所不同而已。

综合概括以上观点,我们可以将法律职业共同体的共同特征概括为以下六个方面,即法律职业语言、法律职业技术、法律职业知识、法律职业思维、法律职业伦理、法律职业信仰。前四项可以合称为法律职业技能,后两项称为法律职业伦理。也就是说,法律职业共同体的基本特征是拥有共同的法律职业技能和法律职业伦理。

(二)法律学者是法律职业共同体成员的理由

用上述标准去衡量法律学者,我们会发现他们是法律职业共同体的当然成员。与法官、检察官、律师相同,法律学者出身于法学院校,受过系统的法学教育和训练,他们使用的是相同的法律语言,拥有独具特点的"形式理性"思维,当然也具有共同的法治信仰。

将法律学者纳入法律职业共同体并不仅仅是因为上述特征上的契合,另外还有非常重要的一点,也就是法律学者是法律职业共同体当中不可或缺的一环。当然,并非因为法律学者是法律职业共同体形成的必要条件,所以就必然属于该共同体。我们认为,只有法律学者属于法律职业共同体的成员,法律职业共同体才能稳固形成。换言之,法律学者是法律职业共同体的"黏合剂",缺少了法律学者,法律职业共同体无法形成。

这样说的理由有二:①法律学者传授的法律知识、技能与法律职业伦理,是法律职业共同体形成的前提条件。尽管法律职业共同体是在法律职业活动中形成的,但是法学院及法学职业培训机构却是法律职业者及法律职业素养的摇篮。法律学者的使命并不仅仅限于检验实在法的合理性、研究国家治理、社会管理的最佳模式,他们还担负着继承和传播法律知识、技能与法律职业伦理的重要任务。只有在法律学者大量存在,并且只有在法律学者积极传授法律知识、技能与伦理的情况下,作为法律职业共同体基础的法律职业人的产生才成为可能;②法律学者是法律职业理念认同的桥梁。在法律活动中,法律职业共同体内部人员的价值取向及由此而生的思维模式,各自带有明显的行业特点,也存在价值观方面的差异。一名律师与一位法官或法学家之间的差异,有时甚至大于他与一个农妇之间的距离。如果缺乏职业认同,法律职业共同体便难以形成。这种职业认同既是对法治精神法治原则的认同,也是对职业伦理的认同。职业认同带有强烈的主观色彩,尽管这种主观的概念没有一定的标准,但其客观表现却是现实的。职业认同绝不是简单的口号,而应当是一种融化在职业法律人血液中的共同精神,是体现在他们职业活动中的行动指导。

如要达成这种认同,法律学者的作用至关重要。无论是法官、检察官还是律师,在他们踏入法律职业生涯之前大多在法学院校学习,受法律学者教育。在法学院校学习的学生,是其世界观、人生观和价值观形成的重要时期。他们在学习期间,没有行业界限和身份差异,最容易形成共同的价值理念和思维模式,这是维系法律职业共同体的精神纽带。这些法治人才的后备力量毕业后,一旦跨入法律职业界,无论是从事审判、检察还是从事律师工作,都具备了对法律职业的基本认同。所以,法律学者对法科学生的教育,对法律职业共同体的形成,起到基础性作用。

此外,在法律职业共同体成员执业过程中,总会再回到法律教育机构培训,培训机构中的教学人员大多是法律学者。他们在培训时传授的法律知识技能,特别是法治理论、法治精神和法律伦理,对于弥合不同法律职业者之间的裂痕有积极的意义。

二、法律学者职业伦理的特点

法律学者群体是一个复合性的群体,其职业身份具有复杂多样性。这就决定了法律学者的职业伦理不同于其他法律职业,如法官、检察官、律师,而有其自身独特的特点。其最主要的特点便是由此而生的伦理的综合性,此外所表现出的另外一个重要特点是道德的高水准。

(一)综合性

法律学者是指研究"法"这一特定社会现象及其规律的学者。法律学者主要供职于法学院校、法律培训机构及法律研究机构。如果将其复合身份进行层次上梳理的话,他们的第一层身份是学者,即在法律学领域学有专长的人。因此,他们应当具有学者所应有的职业伦理。他们的第二层身份则陷入了多种职业的交叉组合之中。绝大多数法律学者以教师为其本职工作,此外还包括专职法学研究人员、法官、检察官、律师、公务员、立法机关工作人员队伍中从事法律研究的人员等。而这些身份也往往由于兼职的关系出现交叉,如法学教授兼职法官、检察官、律师等,并且这种情况非常普遍。这种复杂的交叉职业身份在职业伦理方面的体现便是伦理的综合。师德、法官职业道德、检察官职业道德、律师职业道德、公务员职业道德等也随之出现了交叉复合的情况。正是在此基础上,我们认为法律学者职业伦理具有相当复杂的综合性特点,这正好可以体现法律职业伦理的全部内容。

(二)高水准

在所有法律职业的人员中,法律学者群体的法律素养应当是最高的。这是就总体水平而言的,而不是针对某一个体。这一点,我们看看法律学者的主体——法学院校的教师的高门槛便会一目了然。其实法律学者群体的高标准也是有着深刻原因的,主要由他们在法治建设进程中的任务所决定。法律学者的首要任务是传承法律知识,传播法治文明,培养法律职业人才。这就要求他们比其他法律职业者具有更渊博的法律知识、更深刻的法律职业伦理意识。其次，法律学者还担负着创新法治观念和法律文化的任务。这就更要求他们具有敏锐、严谨、富有逻辑的思维，以及常人所不能企及的法治信仰。最后，法律学者还承担着对过时、不合理的法律进行批判的任务，以推动法律的发展与进步。因此，法律学者往往需要在社会上充当“牛虻或马刺”的角色，这就需要他们具有“不唯上、不唯书，只唯实、只唯理”的高尚品格。从这些分析中，足可见法律学者职业道德的要求是远高于其他法律职业的。

第二节　法律学者职业伦理的基本内容

一、创造、传播与传承法治文明的使命

（一）法律学者群体在法治发展史上的重要作用

1. 创立法治思想

在世界法治发展史上，法律学者群体起着举足轻重的作用。流行于当代的法治理论，就是古希腊著名学者亚里士多德创立的。罗马帝国时期，相对于古典政治学、哲学的衰落，法学获得了空前的发展。随之而来的，传播和弘扬法治思想的使命也从政治学家、哲学家转由法学家来担当。古罗马的法学家并没有停留在古典政治学家、哲学家推导出的“人类需要法治的原因”之逻辑证明层次，而是转向关注法治的具体要求，而这正是法治思想的核心要素。与之相对应，古罗马法学家也致力于对司法实践中的法律疑问进行意见陈述，并且这种陈述的权利得到了当权者的认可。这些关于法律意见的陈述，使法律原理具体化，成了罗马法中最为精湛的部分。蕴含于其中的关于法治的一些基本理念则流传至今，成为后来法治研究者的重要理论依据。罗马法学家的创造性理论活动，使罗马法逐步走向成熟，达到了世界古代法的巅峰。他们根据法律效力的范围把罗马法分为自然法、万民法和市民法；依据法律的性质将法律分为公法与私法；他们创立和概括了诸多至今仍在使用的法学定义、概念、术语和原则，提出了主权在民的思想。毫无疑问，罗马法律学者在人类法治发展史上的杰出表现具有开拓性意义，也给后世学者树立了一个很好的范例。

2. 传播、传承法治文明

法治文明是指一个国家的法律制度及其实施发展到了较高阶段所形成的有关法治的系统化、完整性的文化。法治文明是精神文明的重要组成部分，是衡量一个国家具备现代化的重要标志。按照辩证唯物主义和历史唯物主义的观点，人类文明是劳动人民创造的，法治文明当然也是劳动人民创造的。在劳动人民中间，法律学者是专门从事法律文化宣传和研究工作的，他们应当是传播、传承法治文明的重要主体。或者说，由于法律学者的工作性质，他们担负着传播与传承法治文明的重要使命。法律学者通过总结法治建设的经验得失、指导法律实践，通过著书立说、形成理论学说，通过教育学生来传播与传承法治文明。

（二）法律学者在中国法治化进程中的积极作用

中国已经进入了21世纪，经过40余年的改革开放，我们基本建成了社会主义市场经济体制，物质文明达到了史无前例的高度，经济总量跃居世界前列。按照党的十九大的战略部署，2021年，我国全面建成小康社会取得了决定性成就，2035年我们要基本实现社会主义现代化。与经济建设相适应，我国的法治建设也已经取得了巨大的成就，社会主义法律体系初步建立，法治水平在逐步提高。社会主义现代化国家建成之日，一定是法治国家、法治政府、法治社会基本建成之时，一定是中国特色社会主义法治文明成型之时。因此，当代法律学者适逢建功立业的伟大新时代，中国特色社会主义法治文明将在我们这一代手中建成。

我国是社会主义国家，法治建设的指导思想是中国特色社会主义理论，特别是习近平新时代中国特色社会主义思想，指导我们思想的理论基础是马列主义和毛泽东思想。我们传承和传播的法治文明，应当是与当代中国社会发展规律相适应，有助于保障人权、促进公平正义的人类一切优秀法律文化成果。我们要创造的法治文明应当是在继承人类一切优秀法律文化成果的基础上，符合中国经济建设和社会发展的规律，促进和保障人的全面发展，真正实现公平正义的，具有社会主义精神和中国风格、中国气派的法治文明。当前，中国的法治建设到了一个关键的时期，在法治文明建设方面，法律学者应当做好以下工作：

1. 研究和宣传中国特色社会主义法治理念

《中共中央关于全面推进依法治国若干重大问题的决定》要求，深入开展社会主义核心价值观和社会主义法治理念教育。中国特色社会主义法治理念，是人们通过对社会主义法治本质及其规律的正确认识和总体把握而形成的符合理性的基本观念。中国特色社会主义法治理念是社会主义法治建设的基本认知模式，是我们做好立法、司法和执法工作的重要保障，也是我们进行法律宣传和法律教育的主要内容。中国特色社会主义法治理念强调“依法治国、执法为民、公平正义、服务大局和党的领导”，这是对法的精神和法律价值的准确把握。

2. 客观分析资本主义的法律文化

资本主义的法律文化是法律发展到资本主义阶段的产物，是人类法治文明的一项成果。对于封建社会法律文化来说，它是全新的和进步的；对于社会主义法律文化来说，它有保守和落后的一面。但是，资本主义法律文化继承了资本主义社会以前人类创造的一切优秀的法治文明，它对社会主义法律文化也会产生重要影响。我们建设社会主义法治文明，尤其在经济、文化相对落后的国家、时期建设社会主义法治文明，必须积极吸收资本主义法治文明中的优秀部分。在吸收资本主义法治文明优秀成果的同时，我们必须克服全盘照搬和一概拒绝两种错误倾向，而应当坚持扬弃的观点，进行客观分析。凡是符合中国国情和社会发展阶段，对保障人权和促进社会公平、正义有积极作用的法律文化，我们都要吸收，否则我们予以拒绝。我们在学习古今中外优秀法律文化的同时，也必须不断总结我国现代法治建设的经验、教训，进行理论概括，逐步探索一套中国自己的法律体系和法治理论。

二、求是、严谨、规范的学术道德

学术道德是法律学者职业伦理的主要内容。它是人们从事科研活动所应遵守的道德规范，是人们在学术研究活动中正确处理自己与他人、集体、社会、国家之间关系的行为准则。

法律学者是学者中的一个特殊的群体，他们的研究及其发表的言论对于国家法律甚至基本制度的设立有重要作用，对司法实践中某些案件的判决也有一定的影响。因此，法律学者发表意见（包括出版论著和发表言论）应当深思熟虑、谨言慎行、有根有据，务必要做到求是、严谨和规范。

（一）求是

“求是”是指探求事物的规律性。要想探求事物的规律性，必须从客观实际出发，进行认真的调查研究。法学是科学不是玄学，法学的理论是要经过法律实践检验的。法律学者提出理论观点，一要有科学根据，二要经得起法律实践的检验。

（二）严谨

“严谨”应当成为法律学者必须具备的品德。立法工作需要严谨，否则所立之法会误国误民；司法和执法工作也需要严谨，否则可能草菅人命。学风是社会风气的先导，法律学者的品德对立法、司法和执法工作都有重要的影响，不唯立法要借鉴学术研究成果，司法、执法也要接受法学理论的指导。而且立法、司法和执法工作人员的道德品质在很大程度上也受法律学者们的影响。因为这些人员往往是法律学者的学生。一个国家的法律学者群体有严谨的作风，这个国家的立法必然是严谨和科学的，司法和执法必然是认真和严肃的。相反，一个国家法律学者群体如果没有严谨的作风，这个国家的立法肯定是草率的，司法和执法一定是不负责任、马虎了事的。

（三）规范

“规范”是法律学者最基本的道德品质。“规范”是法律的生命，规范也应当是法律人最基本的行为准则。规范的学术研究才能出科学的成果，才能保证国家有规范的法律制度，规范的司法和执法活动。

教育部颁行的《高等学校哲学社会科学研究学术规范（试行）》，对学者的学术研究工作提出了道德上的要求，也应当是法律学者必须遵守的行为规范。根据该规范的规定，学术研究应以马列主义、毛泽东思想邓小平理论和“三个代表”重要思想为指导，遵循解放思想、实事求是、与时俱进的思想路线，贯彻“百花齐放，百家争鸣”的方针，不断推动学术进步。学术研究者应以描动社会主义物质文明、政治文明和精神文明建设为己任，具有强烈的历史使命感和社会责任感，敢于学术创新，努力创造先进文化，积极弘扬科学精神、人文精神与民族精神。学术研究应该合法，不能违反相关法律、法规。

该规范指出，不得以任何方式抄袭、剽窃或侵吞他人学术成果；注重学术质量，反对粗制滥造和低水平重复，避免片面追求数量的倾向；应充分尊重和借鉴已有的学术成果，注重调查研究，在全面掌握相关研究资料和学术信息的基础上，精心设计研究方案，讲究科学方法；力求论证缜密，表达准确；学术成果文本应规范使用中国语言文字、标点符号、数字及外国语言文字；学术成果不应重复发表；另有约定再次发表时，应注明出处；学术成果的署名应实事求是；署名者应对该项成果承担相应的学术责任、道义责任和法律责任；凡接受合法资助的研究项目，其最终成果应与资助申请和立项通知相一致，若需修改，应事先与资助方协商，并征得其同意；研究成果发表时，应以适当的方式向提供过指导、建议、帮助或资助的个人或机构致谢。

三、高尚的师德

梅贻琦先生曾经讲过："大学者，非大楼之谓也，乃大师之谓也。"何谓大师？应有原创性、奠基性、开拓性、前沿性的学术成就。同时，治学的态度、治学的精神、做人的态度、对社会的责任感、对他人的责任感结合在一起堪为师表，就是大师。

1. 清廉、公正、刚直不阿

法律学者应该成为法学教育的大师，应当具备学者的一切优秀品质。考虑到法律工作的特殊要求，法律学者在清廉、公正、刚直不阿和富于人文精神等方面，应当有高于常人的要求。"清廉"指清白、廉洁。清白、廉洁是为政的要求，法律学者多数不是"为政"者，为什么应当具备这样的品质呢？法律学者承担着培养法律人才的任务，法律人才中的多数是要"从政"的，而且从事的是关乎国家长治久安、人民生命财产安全的工作。从事法律工作的人必须清白、廉洁，否则根本不能从事法律工作。如果作为老师的法律学者不是清白、廉洁的，他们的弟子也很难做到清白、廉洁。

公正是指公平、正义，这是法律最基本的价值追求。公正的法律由公正的人来制定，也要求公正的人来执行。没有法律人的公正，也就没有法律的公正。法律人的公正，首先取决于法律学者的公正。

刚直不阿能够产生凛然正气。法律人必须要有凛然正气，才能不折不扣地实行法律，才能保证做到"法律面前，人人平等"。刚直不阿的老师才能培养出刚直不阿的学生。如果老师是见风使舵、苟且势利之人，学生也可能不是刚直不阿之辈。

2. 深厚的人文精神

法律学者要有深厚的人文精神。人文精神在今天是指人类文化创造的价值和理想，是对人的主体生命层面的终极关怀，其本质上是一种珍视人的自由而全面发展的精神。只有将科学真理的认识与道德的真诚和情感的趋向有机地结合起来，才是完整的现代的人文精神。人文精神在当今应当是整个人类文化所体现的最根本的精神，是人类文化生活的内在灵魂。它以追求真、善、美等崇高的价值理想为核心，以人的自由和全面发展为终极目的。从这个意义上说，一切包含着道德精神、艺术精神的人文学科与人文活动，都是推动整个人类社会生生不息、向前发展的强有力的精神动力。

人文精神对法律学者而言有着特别重要的意义，因为现代法治是以权利为核心的，法律知识研究、传授者的人文精神直接关系到它的继受者的价值关怀，也就直接影响法治建设的进程与水平。

第三节　法律学者职业伦理的培育

一、法治使命感的养成

（一）法治使命感之必要

法律学者自诞生之日起便肩负着创造、传播与传承法治文明的神圣使命。在西方社会，法律一开始是与宗教紧密联系在一起的。最初的人们之所以服从法律，不仅仅是因为它能给自己带来好处，更是因为法律是神圣的，是神明的启示。如果违反法律，就会遭到神的惩罚，这也正是我们现代人看来似乎荒诞的“神明裁判”的根据所在。或许正是因为法律是象征神明的东西，作为法律的创造者、传播者和解释者的法学家从一开始便受到了人们如同神明般的敬畏。尽管现代法治已经摆脱了宗教的神秘而彻底趋向世俗和理性，然而笼罩在法律学者头上的神圣光环从来没有暗淡过。而这些荣耀与赞誉的获得所依靠的绝不是宗教的神秘力量，也不是法律所依靠的国家机器之强大，它们来自法律学者在崇高的历史使命感鞭策和号召下的神圣事业。使命绝不是一个空泛的口号，而是一种精神力量，它代表的是一种责任所在，一种对国家、对社会乃至对整个人类所担负的厚重的历史责任感。法律学者使命感的养成也绝不是虚无缥缈的东西，而是必将直接影响整个社会法治进程的关键因素。缺乏使命感的法律学者必定无法超脱于世俗的束缚，也必定会沦为庸俗的谋利者与法治的“绊脚石”。

（二）法治使命感之养成

法律学者法治使命感的养成，从根本上说是一个改造主观世界的过程。这是一个长期的、痛苦的过程，有时还会有反复。法律学者是社会的“精英阶层”，但这并不意味着他们就天然地更高尚，也并不意味着他们的世界观、人生观就不需要改造。学术界也面临着严重的道德危机。我们可以看到一些学者热衷于担任各种社会兼职，习惯游走于司法机关与商界巨贾之间，甚至甘心充当钱权联姻的媒婆；有的法律学者为垄断学术地位，封杀新秀、排除异己，也正是从这个角度上来说法律学者对自己主观世界的改造已经到了刻不容缓的地步。

改造主观世界首先要明确什么才是正确的世界观与人生观，什么才是法律学者应有的历史使命。主观世界的改造需要触及灵魂，有时需要刻骨铭心。法律学者要善于学习，努力提高自己的理论素养。在方法问题上，法律学者应当勇敢地面对批评，要听得进普通公众的声音，不要瞧不起普通大众，不能一听到老百姓谈法治就嗤之以鼻。另外，历史唯物主义告诉我们，“意识”不过是意识到了的“存在”，主观世界的改造要与客观世界的改造相结合，在改造客观世界的同时改造主观世界。转型时期的中国，种种诱惑、种种思潮在不断地冲击着我们的传统意识。面对着这个物欲横流的花花世界，作为肩负着法治重任的法律学者就更不能沉迷于其中，而应该抽身出来，站在“山外”看世界，再通过自己的努力改造社会，使之转向法治社会的同时改造自己的世界观、人生观，从而形成法律学者崇高的历史使命感。

二、学术道德的培育

（一）建构正确的评价体系

评价是一个与利益密切相关的机制，确立合理的评价机制是保证一个职业健康发展的必要条件。根据国家对学术评价的要求，综合各家观点，我们认为以下两点应该得到重视：其一，学术评价要突出质量导向。应当把教师的学术贡献、社会贡献以及科研对人才培养的支撑作用作为学术评价的核心要素，不要把发表的论文数、获得的研究项目数、课题经费额等科研的量化指标作为学术评价的主要标准。更不要把这些量化指标与教师的绩效工资、奖励挂钩。其二，代表性学术成果应当成为学术评价的重要指标。所谓代表性学术成果就是能够反映该学科领域的学术水平和学术地位的成果。对于一位学者,什么样的成果最能够代表自己的学术水平,应该由他自己来评价;而他的这些学术成果在该学科领域具有什么地位,则应由同行专家来评价。

(二)加强学术道德自律

道德是一个从"他律"到"自律"的过程,学术规范学术评价终归不过是一纸外在的纪律要求,只有学者们发自内心的"自省"和"自律",才能使这些外在的要求不至于成为一纸空文。要加强学术道德自律,首先,应当加强学术道德教育,提高教师的自律意识。恪守学术伦理是治学的起码要求,马克思主义世界观、人生观、价值观并没有过时,尤其是在回答"什么是学术""为什么而学术"的问题上。首先,高校对教师的教育负有主要责任,各学校、院系设立的学术委员会,应当担负起学术规范和学术道德教育的责任。其次,应当树立相应的榜样,淡化名利观念。无论自然科学还是社会科学都应当继承和弘扬老一辈科学家的"两弹一星"精神,学习他们隐姓埋名、无私奉献、潜心学问的学术精神。最后,应当加强教师维护知识产权的意识,尤其是法学教师更应当以身作则,尊重他人的劳动成果。

三、师德的培育

新时代高等学校教师的师德培育,从以下几个方面入手。

(一)加强教师职业道德的教育和培训,培育高校教师重德养德的良好风尚

教师不仅是一个职业,更是一份事业,一个崇高而神圣的事业,因而它对教师有着特殊的伦理要求。在中国文化传统中,教师本身就是伦理精神的象征、高尚道德的实践者、示范者。为人师表应当是教书育人的前提,这一点应该成为我们衡量高校教师资格的根本条件。

人格的伟大在于它塑造着一种正直的人,教师人格的伟大在于它能造就真正合格的教师。面对市场经济带来的负面影响,面对价值观念的混乱,使高校教师保持清醒的价值意识,拥有一份正直,守护一种人格尊严是至关重要的。如果我们能够在高校创造崇尚道德的文化氛围,能够使教师真正感受到人格的尊严与价值,他

们就会更加珍爱自己的人格。另外,塑造教师的道德人格,还应该加强思想政治工作。引导他们正确看待社会,正确看待自己的权利与义务,正确地对待他人,正确对待批评、荣誉和挫折。

（二）健全师德考核、评价机制,促进教师提高自身修养

客观、公正地评价师德是师德培育的一项核心工作。师德考核、评价的依据或者说标准是制度化的师德规范以及公众心目中自存的师德标准。师德评价的主体应该是多元的,包括院系领导评价、学生评价、同行评价、本人评价等。师德评价的方法应该是加权平均,即赋予上述评价主体以不同的权值,将他们加权平均得出相对客观的结果。

（三）强化师德监督,有效防止师德失范行为

无论是伦理精神的塑造还是道德人格的培养,如果没有相应的监督,仍然会是一种流于形式的口号。道德的最高境界是"自律",但也不是说不需要"他律"。道德人格的养成是一个从"他律"向"自律"的转化过程。"自律"是一种发自内心的意愿,在实现"自律"的过程中,需要"他律"。只有通过制度化的监督来约束,迫使主体在经历价值感受、习惯养成以及人格塑造的过程之后,师德才可能由敬畏服从外在的道德规范转化为自觉的约束。教师的工作是整个社会整个民族的灵魂工程,直接影响教育能否培养出合格人才。因此,只依靠社会舆论、传统习惯和内心信念来调节个人道德行为是不够的。师德评价机制的建立也并不仅仅为激励提供参考,也是师德惩戒的重要依据。在师德规范中,应明确不同程度的师德惩戒办法,对于严重背离师德、影响恶劣的教师,应当坚决清理出教师队伍,而不论其学术水平如何。

（四）注重师德激励,引导教师提升精神境界

学术研究有激励机制,师德建设也应当有相应的激励机制。通过建立激励机制,激发教师自觉遵守职业道德规范,激励他们以高度的热情和创新精神来自觉提高自身的师德修养。在激励方法上,应当把精神鼓励与物质鼓励紧密地结合起来,可以把师德表现与教师的切身利益挂钩,对师德的模范者应当比照在科研上有贡献的教师,在职称评定、工资津贴等方面有所倾斜。

世界上不存在不食人间烟火的神仙,高校教师也是人,也有七情六欲,也食五谷杂粮。尽管我们提倡"老黄牛"精神,但适当提高教师待遇对于优良师德的建立还是必要的。提高教师的待遇,使其复杂的脑力劳动付出与收入基本相适应,使高校教师成为令社会尊重和羡慕的职业,这样会更有效地提升教师的职业自豪感和荣誉感,而职业荣誉感的建立正是职业道德产生的重要一环。

参考文献

[1]许身健.法律职业伦理[M].北京:高等教育出版社,2019.

[2]王琳.法律职业伦理[M].北京:中国人民大学出版社,2022.

[3]巢容华.法律职业伦理[M].北京:北京大学出版社,2019.

[4]李本森.法律职业伦理[M].北京:北京大学出版社,2022.

[5]王新清.法律职业伦理[M].北京:法律出版社,2021.

[6]许身健.法律职业伦理:原理与案例[M].北京:北京大学出版社,2019.

[7]王进喜.法律职业伦理[M].北京:中国人民大学出版社,2021.

[8]李旭东.法律职业伦理[M].广州:华南理工大学出版社,2019.

[9]石先钰,韩桂君,陈光斌.法律职业伦理学[M].北京:高等教育出版社,2019.

[10]王进喜.律师法实施与再修问题研究[M].北京:知识产权出版社,2020.

[11]陆俊松,杨曼.伦理与法律职业实务[M].北京:中国政法大学出版社,2018.

[12]韩哲.法律职业伦理教程[M].北京:高等教育出版社,2018.

[13]许身健.法律职业伦理案例教程[M].北京:北京大学出版社,2015.

[14]袁钢.法律职业伦理案例研究指导[M].北京:中国政法大学出版社,2019.